AF556453

1000

भौतिक विज्ञान प्रश्नोत्तरी

1000 भौतिक विज्ञान प्रश्नोत्तरी

सीताराम सिंह

सत्साहित्य प्रकाशन, दिल्ली

प्रकाशक : **सत्साहित्य प्रकाशन**
694-ए, (पहली मंजिल) चावड़ी बाजार, दिल्ली-110006
 / संस्करण : 2025 / मूल्य : पाँच सौ रुपए
मुद्रक : नरुला प्रिंटर्स, दिल्ली ISBN 978-81-7721-174-0

1000 BHAUTIK VIGYAN PRASHNOTTARI
by Shri Sitaram Singh ₹ 500.00
Published by **SATSAHITYA PRAKASHAN**
694-A, (First Floor) Chawri Bazar, Delhi-110006

मेरे पूज्य माता-पिता
श्रीमती बिंदेश्वरी देवी एवं श्री विश्वनाथ सिंह
तथा
स्व. दादाजी श्री जगन्नाथ सिंह को
जिनकी स्नेह छाया में तमाम झंझावतों के बीच
जीवन का वट वृक्ष निरंतर बढ़ता ही चला गया!

भूमिका

सच पूछिए तो भौतिक शब्द की व्युत्पत्ति ग्रीक शब्द 'फ्यूसिस' से हुई है जिसका अर्थ है प्रकृति (Nature)। संस्कृत में लंबे समय से 'प्राकृतिक' (Natural) के लिए भौतिक (Physical) शब्द का उपयोग किया जाता रहा है। इसी से 'भौतिकी' शब्द बना है। भौतिकी वह विषय है, जिसके अंतर्गत प्रकृति और प्राकृतिक घटनाओं का अध्ययन किया जाता है।

ज्ञात हो कि प्रकृति में ब्रह्मांड (Universe) की समस्त वस्तुएँ सम्मिलित हैं। सजीव और निर्जीव (Living & Non-living) सभी प्रकार की वस्तुएँ द्रव्य और ऊर्जा से मिलकर बनी हैं। भौतिकी के अंतर्गत इसी द्रव्य, ऊर्जा उनकी अंतर्क्रियाओं (Interactions) का अध्ययन किया जाता है। अत: भौतिकी वह विषय है, जिसके अंतर्गत द्रव्य, ऊर्जा और उनकी अंतर्क्रियाओं का अध्ययन किया जाता है।

प्राचीन काल से ही मानव प्राकृतिक घटनाओं, मसलन रात-दिन का होना, ऋतु में परिवर्तन होना, भूकंप के झटके लगना, ज्वालामुखी का विस्फोट होना, उल्कापात होना इत्यादि के कारणों को समझने का प्रयास करता रहा है। तात्पर्य यह है कि मानव मन में सहज रूप से प्रकृति के नियमों को जानने एवं प्राकृतिक घटनाओं का रहस्योद्घाटन करने की जिज्ञासा रही है। इस अध्ययन में उसने अपनी ज्ञानेंद्रियों का सहारा लिया। मस्तिष्क और वैज्ञानिक विकास के साथ ही मानव ने अपनी सुविधा के लिए अनेक यंत्रों का आविष्कार भी किया।

भौतिकी को निम्न दो भागों में विभाजित करके अध्ययन किया जाता है—

1. चिरसम्मत भौतिक (Classical Physics, Pre-1900)—इसके अंतर्गत यांत्रिकी, उष्मा, प्रकाश, ध्वनि, चुंबकत्व एवं विद्युत् का अध्ययन किया जाता है।
2. आधुनिक भौतिक (Modern Physics, Post-1900)—इसके अंतर्गत परमाणु, नाभिक, मौलिक कण (Fundamental Particles), संघनित द्रव्य (Condense Matter), आपेक्षिकता का सिद्धांत (Theory of Relativity), क्वांटम-यांत्रिकी आदि का अध्ययन किया जाता है।

भौतिक शास्त्र विज्ञान की एक प्रमुख शाखा है। इसके बिना विज्ञान का अध्ययन अधूरा ही कहा जाएगा। समस्त विज्ञान विषयक एवं प्रतियोगी परीक्षाओं में भौतिकी के प्रश्न निश्चित रूप से शामिल रहते हैं। प्रस्तुत पुस्तक में भौतिक विज्ञान की प्रमुख शाखाओं से संबंधित वस्तुनिष्ठ प्रश्नों का संकलन किया गया है। विद्यार्थियों, प्रतियोगिताओं में शामिल हो रहे छात्र-छात्राओं एवं सामान्य वर्ग के पाठकों कें लिए यह पुस्तक अत्यंत उपयोगी साबित होगी, ऐसा मेरा विश्वास है। पाठकों की प्रतिक्रिया का सदैव स्वागत है।

—सीताराम सिंह

अनुक्रम

1

प्रस्तावना

(INTRODUCTION)

1. निम्नलिखित में से कौन सा मूलभूत विज्ञान (Basis of all Sciences) है—

(क) भौतिकी (ख) रसायन विज्ञान

(ग) गणित (घ) जीव विज्ञान

2. "सूर्य विश्व का केंद्र है और पृथ्वी सूर्य की परिक्रमा करती है।" इस अभिधारणा का प्रतिपादन किसने किया था—

(क) केपलर ने (ख) गैलीलियो ने

(ग) कोपरनिकस ने (घ) न्यूटन ने

3. प्रकाश के कणिका-सिद्धांत (Corpuscular Theory) का प्रतिपादन किया था—

(क) न्यूटन ने (ख) हाइगेन ने

(ग) फ्रेनेल ने (घ) थॉमस यंग ने

4. विद्युत-चुंबकीय तरंग सिद्धांत (Electro-magnetic wave theory) का प्रतिपादन किया था—

(क) नील्स बोर ने (ख) क्लार्क मैक्सवेल ने

(ग) माइकल फैराडे ने (घ) जॉन केपलर ने

5. सन् 1921 में अल्बर्ट आइंस्टीन को नोबेल पुरस्कार निम्नलिखित कार्य के लिए प्राप्त हुआ—

(क) सापेक्षिकता का सिद्धांत

(ख) प्रकाश विद्युत प्रभाव के सिद्धांत की खोज

(ग) विशिष्ट ऊष्मा का सिद्धांत

(घ) इनमें से कोई नहीं

उत्तर के लिए कृपया पृष्ठ सं. 193 देखें।

6. मेघनाथ साहा का कार्य किससे संबंधित है—

(क) ब्रह्मांड किरणों की बौछार से (ख) तारों की जीवन गाथा से

(ग) तापीय आयनीकरण के सिद्धांत से (घ) न्यूट्रॉन की खोज से

7. प्रकाश के विद्युत-चुंबकीय सिद्धांत (Electro-Magnetic theory of Light) की खोज करने वाले वैज्ञानिक हैं—

(क) मैक्सवेल (ख) सर सी.वी. रमण

(ग) जे.जे. थॉमसन (घ) चैडविक

8. किस वैज्ञानिक ने अनिश्चितता के सिद्धांत (Theory of Uncertainity) का प्रतिपादन किया था—

(क) एच. यूकावा (ख) चैडविक

(ग) मैक्सवेल (घ) हेसन्बर्ग

9. इनमें न्यूट्रॉन की खोज करने वाले वैज्ञानिक हैं—

(क) पाउली (ख) डी-ब्रॉग्ली

(ग) चैडविक (घ) जी. मारकोनी

10. आइंस्टीन का द्रव्यमान-ऊर्जा तुल्यता समीकरण है—

(क) $E = mc^2$ (ख) $F = \frac{GMm}{R^2}$

(ग) $K_E = \frac{1}{2}mv^2$ (घ) $E = T + U$

11. वायुमंडल (Atmosphere) की ऊपरी सतह गरम होती है—

(क) संवहन द्वारा (ख) चालन द्वारा

(ग) विकिरण द्वारा (घ) चालन तथा विकिरण द्वारा

□

उत्तर के लिए कृपया पृष्ठ सं. 193 देखें।

मापन
(MEASUREMENT)

12. निम्नलिखित में से कौन सा मूल मात्रक नहीं है—

(क) मीटर	(ख) ऐम्पियर
(ग) केल्विन	(घ) लिटर

13. निम्नलिखित में से ऐसा जोड़ा चुनिए जिनके विमीय सूत्र समान हैं—

(क) दाब और प्रतिबल	(ख) प्रतिबल और विकृति
(ग) दाब और बल	(घ) शक्ति और बल

14. प्रकाश-वर्ष (Light year) मात्रक है—

(क) समय का	(ख) द्रव्यमान का
(ग) दूरी का	(घ) ऊर्जा का

15. विमीय सूत्र $[ML^{-1}T^{-2}]$ किस भौतिक राशि को व्यक्त नहीं करता—

(क) यंत्र प्रत्यास्थता-गुणांक	(ख) प्रतिबल
(ग) विकृति	(घ) दाब

16. विमीय सूत्र $[ML^{2}T^{-3}]$ दर्शाता है—

(क) बल	(ख) शक्ति
(ग) ऊर्जा	(घ) कार्य

17. एक मीटर में Kr^{86} की कितनी तरंग-दैर्घ्य होती है—

(क) 1553164.13	(ख) 1650763.73
(ग) 652189.63	(घ) 2348123.73

18. विमीय सूत्र $[MLT^{-2}]$ निम्नलिखित को दर्शाता है—

(क) वेग को	(ख) कार्य को
(ग) बल को	(घ) दाब को

उत्तर के लिए कृपया पृष्ठ सं. 193 देखें।

19. एक प्रकाश-वर्ष (Light year) होता है—
(क) 9.46×10^{10} किमी. (ख) 9.46×10^{12} किमी.
(ग) 9.46×10^{12} मी. (घ) 9.46×10^{12} सेमी.

20. विमीय समीकरण तथा राशि की सही जोड़ी है—
(क) वेग—$[MLT^{-2}]$ (ख) दाब—$[ML^{-1}T^{-2}]$
(ग) बल—$[M^0LT^{-1}]$ (घ) कार्य—$[M^2L^3T^{-2}]$

21. प्रतिबल का विमीय सूत्र (Dimensional Formula) है—
(क) $[MLT^{-2}]$ (ख) $[ML^2T^{-1}]$
(ग) $[ML^{-1}T^{-2}]$ (घ) $[ML^{-2}T^{-2}]$

22. किस जोड़े की विमाएँ समान हैं—
(क) कार्य तथा शक्ति
(ख) घनत्व तथा आपेक्षिक घनत्व
(ग) संवेग तथा आवेग
(घ) प्रतिबल तथा विकृति

23. एक सेकेंड बराबर है—
(क) क्रिप्टन घड़ी के 1650763.73 आवर्त काल
(ख) क्रिप्टन घड़ी के 652189.63 आवर्त काल
(ग) सीज़ियम घड़ी के 1650763.73 आवर्त काल
(घ) सीज़ियम घड़ी के 9192631770 आवर्त काल

24. एक नैनोमीटर (Nanometre) बराबर है—
(क) 10^9 मिमी. (ख) 10^{-6} सेमी.
(ग) 10^{-7} सेमी. (घ) 10^{-9} सेमी.

25. गुप्त ऊष्मा का विमीय सूत्र है—
(क) $[M^0L^2T^{-2}]$ (ख) $[MLT^{-2}]$
(ग) $[ML^2T^{-2}]$ (घ) $[ML^2T^{-1}]$

26. लंबाई का मात्रक नहीं है—
(क) फर्मी (ख) क्यूरी
(ग) प्रकाश वर्ष (घ) ऐंग्स्ट्रॉम

27. किसी भौतिक राशि का परिमाण—
(क) मापन की पद्धति पर निर्भर करता है
(ख) मापन की पद्धति पर निर्भर नहीं करता है
(ग) S.I. पद्धति में C.G.S. पद्धति से अधिक होता है
(घ) मूल मात्रकों, द्रव्यमान, लंबाई तथा समय के अनुक्रमानुपाती होता है

उत्तर के लिए कृपया पृष्ठ सं. 193 देखें।

28. मानकों की सबसे बाद में विकसित की गई पद्धति है—
(क) C.G.S. पद्धति
(ख) M.K.S. पद्धति
(ग) S.I. पद्धति
(घ) F.P.S. पद्धति

29. न्यूटन सेकेंड निम्नलिखित का मात्रक है—
(क) वेग
(ख) कोणीय संवेग
(ग) संवेग
(घ) ऊर्जा

30. कैलोरी की विमा है—
(क) $[ML^2T^{-2}]$
(ख) $[MLT^{-2}]$
(ग) $[ML^2T^{-1}]$
(घ) $[ML^2T^{-3}]$

31. यदि लंबाई तथा बल प्रत्येक के मात्रक चार गुना कर दिए जाएँ, तो ऊर्जा का मात्रक हो जाएगा—
(क) 4 गुना
(ख) 8 गुना
(ग) 16 गुना
(घ) 32 गुना

32. निम्नलिखित में से किसका मात्रक व्युत्पन्न मात्रक है—
(क) लंबाई
(ख) द्रव्यमान
(ग) समय
(घ) वेग

33. निम्नलिखित में से ताप किसके रूप में व्युत्पन्न राशि की भाँति प्रकट किया जा सकता है—
(क) लंबाई तथा द्रव्यमान
(ख) द्रव्यमान तथा समय
(ग) लंबाई, द्रव्यमान तथा समय
(घ) इनमें से किसी के भी रूप में नहीं

34. एक द्रव का पृष्ठ-तनाव 70 डाइन/सेमी. है। M.K.S. पद्धति में इसे व्यक्त किया जा सकता है—
(क) 70 न्यूटन/मीटर
(ख) 7×10^{-2} न्यूटन/मीटर
(ग) 7×10^{3} न्यूटन/मीटर
(घ) 7×10^{2} न्यूटन/मीटर

35. श्यानता की S.I. मात्रक किसके तुल्य है—
(क) पोइज की 10 गुनी
(ख) पोइज की 9.8 गुनी
(ग) पोइज की $\frac{1}{9.8}$ गुनी
(घ) पोइज के बराबर

उत्तर के लिए कृपया पृष्ठ सं. 193 देखें।

36. निम्न में कौन सी वाट के तुल्य नहीं है—
(क) जूल/सेकेंड (ख) ऐम्पियर वोल्ट
(ग) $(\text{ऐम्पियर})^2$ ओम (घ) ऐम्पियर/वोल्ट

37. $[ML^2T^{-1}]$ विमा किसकी है—
(क) बल आघूर्ण (ख) कोणीय संवेग
(ग) शक्ति (घ) कार्य

38. यदि C तथा R क्रमशः धारिता तथा प्रतिरोध प्रदर्शित करें तो RC की विमा होगी—
(क) $[M^0L^0T^2]$ (ख) $[M^0L^0T]$
(ग) $[ML^{-1}]$ (घ) कोई नहीं

39. यदि L,C तथा R क्रमशः प्रेरकत्व, धारिता तथा प्रतिरोध प्रदर्शित करें तो कौन सा आवृत्ति प्रदर्शित नहीं करता—
(क) $\frac{1}{RC}$ (ख) $\frac{R}{L}$
(ग) $\frac{1}{\sqrt{LC}}$ (घ) $\frac{C}{L}$

40. निम्न में से कौन सा सही मात्रक में प्रदर्शित नहीं है—
(क) $\frac{\text{प्रतिबल}}{\text{विकृति}}$ = न्यूटन/मीटर^2 (ख) पृष्ठ-तनाव = न्यूटन/मीटर
(ग) ऊर्जा = कि.ग्रा. मीटर/सेकेंड (घ) दाब = न्यूटन/मीटर^2

41. यदि L तथा R क्रमशः प्रेरकत्व तथा प्रतिरोध प्रदर्शित करते हैं तो $\frac{L}{R}$ की विमा होगी—
(क) $M^0L^0T^{-1}$
(ख) M^0LT
(ग) M^0L^0T
(घ) M,L,T के रूप में प्रदर्शित नहीं की जा सकती

42. ऐल्युमिनियम का द्रव्यमान ज्ञात करते समय एक पतली चादर के द्रव्यमान में लंबाई में 1%, चौड़ाई में 1% तथा मोटाई में 8% त्रुटि होती है तो घनत्व में त्रुटि होगी—
(क) 5% (ख) 11%
(ग) 9% (घ) 8%

उत्तर के लिए कृपया पृष्ठ सं. 193 व 194 देखें।

43. एक वस्तु का द्रव्यमान 5.74 ग्राम तथा आयतन 1.2 घन सेमी. है। सार्थक अंकों की दृष्टि से उसका घनत्व होगा—

(क) 4.8 ग्राम/घन सेमी. (ख) 4.78 ग्राम/घन सेमी.

(ग) 4.783 ग्राम/घन सेमी. (घ) इनमें से कोई नहीं

44. गोले की त्रिज्या के मापन में 1% की त्रुटि आती है तो आयतन में त्रुटि होगी—

(क) 1% (ख) 5%

(ग) 3% (घ) 8%

45. किसी घन के आयतन मापन में 8% की त्रुटि होती है तो कोर के मापने में त्रुटि होगी—

(क) 2% (ख) 2.7%

(ग) 2.8% (घ) 6%

46. एक गज का S.I. पद्धति में मान है—

(क) 1.9144 मीटर (ख) 0.9144 मीटर

(ग) 0.09144 किलोमीटर (घ) 1.0936 किलोमीटर

47. शक्ति का विमीय सूत्र है—

(क) $[ML^2T^{-2}]$ (ख) $[ML^1T^{-2}]$

(ग) $[ML^2T^{-3}]$ (घ) $[ML^{-1}T^{-2}]$

48. प्लांक नियतांक का विमीय सूत्र है—

(क) $[MLT^{-2}]$ (ख) $[ML^2T^{-3}]$

(ग) $[ML^2T^{-1}]$ (घ) $[ML^0T^{-3}]$

49. विमीय समीकरण की सहायता से नहीं की जा सकती—

(क) भौतिक समीकरणों की शुद्धता की जाँच

(ख) भौतिक राशियों में परस्पर संबंध की प्राप्ति

(ग) भौतिक राशि का मात्रक

(घ) विमाहीन राशि की प्रकृति

50. समान विमाओं वाला युग्म है—

(क) कोणीय संवेग, कार्य

(ख) कार्य, बल-आघूर्ण

(ग) स्थितिज ऊर्जा, रेखीय संवेग

(घ) गतिज ऊर्जा, वेग

उत्तर के लिए कृपया पृष्ठ सं. 194 देखें।

51. गैस नियतांक की S.I. पद्धति में इकाई है—

(क) कैलोरी/डिग्री सेल्सियस (ख) जूल/मोल

(ग) जूल/K-मोल (घ) जूल/किलोग्राम

52. घन की लंबाई और द्रव्यमान के मापन में अधिकतम प्रतिशत त्रुटि 3% और 2% है। आयतन के मापन में अधिकतम प्रतिशत त्रुटि होगी—

(क) 3% (ख) 27%

(ग) 9% (घ) 8%

53. उपर्युक्त प्रश्न में घनत्व के मापन में अधिकतम प्रतिशत त्रुटि होगी—

(क) 5% (ख) 11%

(ग) 2/3% (घ) 8%

54. g का प्रामाणिक मान 9.8 मी./से.^{2} और प्राप्त किया मान 10 मी./से.^{2} है। मापन में लगभग प्रतिशत त्रुटि है—

(क) 2% (ख) 5%

(ग) 10% (घ) 1%

55. सरल लोलक की प्रभावी लंबाई के मापन में प्रतिशत त्रुटि 2% तथा आवर्त काल के मापन में प्रतिशत त्रुटि 1% है। g के मापन में अधिकतम प्रतिशत त्रुटि होती है—

(क) 3% (ख) 2%

(ग) 6% (घ) 4%

56. एक घन की लंबाई 2.1×10^{-2} मी. है। उसका आयतन होगा—

(क) 9.261×10^{-6} मी.^{3} (ख) 9.26×10^{-6} मी.^{3}

(ग) 9.2×10^{-6} मी.^{3} (घ) 9.3×10^{-6} मी.^{3}

57. एक वर्ग की लंबाई मापन में प्रतिशत त्रुटि 3% है। क्षेत्रफल मापन में त्रुटि होगी—

(क) 5% (ख) 9%

(ग) 6% (घ) 12%

58. प्लांक नियतांक (Planck Constant) h की विमा समान है—

(क) ऊर्जा के (ख) आवृत्ति के

(ग) कोणीय संवेग के (घ) संवेग के

उत्तर के लिए कृपया पृष्ठ सं. 194 देखें।

59. कौन सा कथंन गलत है—
   (क) K.E. का मात्रक न्यूटन मीटर है
   (ख) श्यानता गुणांक का मात्रक पायस है
   (ग) कार्य और ऊर्जा की विमाएँ समान हैं
   (घ) पृष्ठ-तनाव का मात्रक न्यूटन मीटर है
60. सरल लोलक की लंबाई 1% बढ़ा दी जाती है। उसका आवर्त काल—
   (क) 0.5% बढ़ जाएगा
   (ख) 0.5% घट जाएगा
   (ग) 1% बढ़ जाएगा
   (घ) उपर्युक्त में से कोई नहीं
61. जल का घनत्व C.G.S. पद्धति में 1 ग्राम/मिलीलिटर है। M.K.S. पद्धति में घनत्व है—
   (क) 10 कि.ग्रा./मी.^{3}
   (ख) 1 कि.ग्रा./लिटर
   (ग) 10^{-3} कि.ग्रा./मी.^{3}
   (घ) 10^3 कि.ग्रा./मी.^{3}
62. सरल लोलक के प्रयोग में धागे की लंबाई 125.2 सेमी. और गोले का व्यास 3.42 सेमी. है। प्रभावी लंबाई होगी—
   (क) 126.9 सेमी.
   (ख) 126.91 सेमी.
   (ग) 126.912 सेमी.
   (घ) उपर्युक्त में से कोई नहीं
63. दृढ़ता-गुणांक का मात्रक है—
   (क) न्यूटन-मीटर
   (ख) न्यूटन/मीटर
   (ग) न्यूटन-मीटर^2
   (घ) न्यूटन/मीटर^2

□

उत्तर के लिए कृपया पृष्ठ सं. 194 देखें।

3

गति के नियम
(LAWS OF MOTION)

64. किसी वस्तु के जड़त्व का कारण है—
(क) सिर्फ द्रव्यमान (ख) सिर्फ वेग
(ग) द्रव्यमान और वेग दोनों (घ) इनमें से कोई नहीं

65. एक पिंड पर नियत बल लगा है, तो निम्न में से कौन सी राशि एक समान होगी—
(क) उसका वेग (ख) उसका त्वरण
(ग) उसका संवेग (घ) इनमें से कोई नहीं

66. न्यूटन के गति के द्वितीय नियम के अनुसार किसी पिंड पर आरोपित बल अनुक्रमानुपाती होता है—
(क) उसके संवेग परिवर्तन के
(ख) उसके द्रव्यमान तथा वेग के गुणनफल के
(ग) उसके द्रव्यमान तथा त्वरण के गुणनफल के
(घ) उपर्युक्त में से कोई नहीं

67. जड़त्व का गुण होता है—
(क) गोलाकार वस्तुओं में (ख) केवल सजीव वस्तुओं में
(ग) केवल लंबी वस्तुओं में (घ) सभी वस्तुओं में

68. न्यूटन के गति का द्वितीय नियम निम्नलिखित में संबंध स्थापित करता है—
(क) बल और गति (ख) बल और वेग
(ग) बल और त्वरण (घ) इनमें से कोई नहीं

उत्तर के लिए कृपया पृष्ठ सं. 194 देखें।

69. जब एक कृत्रिम उपग्रह (Artificial Satellite) से पिंड को छोड़ा जाता है, वह पिंड—
(क) पृथ्वी की ओर गिरने लगेगा
(ख) बाह्य अंतरिक्ष में विलीन हो जाएगा
(ग) उसी वेग से उसी कक्षा में उपग्रह के साथ घूमता रहेगा
(घ) इनमें से कोई नहीं

70. किसी पिंड पर आवेग का मान बराबर होता है—
(क) उसके संवेग में परिवर्तन के
(ख) उसके संवेग परिवर्तन की दर के
(ग) उसके वेग परिवर्तन की दर के
(घ) बल तथा पिंड के द्रव्यमान के गुणनफल के

71. यदि किसी वस्तु पर क्रियाशील तीन असमांतर बल पिंड को संतुलन में रखें तब—
(क) तीनों बल संमागी होंगे
(ख) तीनों बल समतलीय होंगे
(ग) तीनों बल संमागी तथा समतलीय होंगे
(घ) इनमें से कोई नहीं

72. एक लड़का एक ट्रेन के डिब्बे में सबसे ऊपर की बर्थ पर बैठा है, जो कि एक स्टेशन पर रुकने वाली है। लड़का अपने से ठीक नीचे बैठे अपने भाई के खुले हाथ पर ऊपर से सेव गिराता है। सेव गिरेगा—
(क) ठीक उसके भाई के हाथ में
(ख) उसके भाई के हाथ से कुछ दूर ट्रेन के चलने की दिशा में
(ग) उसके भाई के हाथ से कुछ दूर ट्रेन के चलने की विपरीत दिशा में
(घ) इनमें से कोई नहीं

73. रॉकेट नोदन की कार्यविधि आधारित है—
(क) न्यूटन के गति संबंधी प्रथम नियम पर
(ख) संवेग संरक्षण के नियम पर
(ग) द्रव्यमान संरक्षण के सिद्धांत पर
(घ) न्यूटन के गति संबंधी द्वितीय नियम पर

उत्तर के लिए कृपया पृष्ठ सं. 194 देखें।

74. घर्षण (Friction) कार्य करता है—
(क) गति की दिशा में
(ख) गति की विपरीत दिशा में
(ग) कभी गति की दिशा में कभी विपरीत दिशा में
(घ) इनमें से कोई नहीं

75. सीमांत घर्षण निर्भर करता है—
(क) तल के क्षेत्रफल पर
(ख) तल की प्रकृति पर
(ग) अभिलंब प्रतिक्रिया पर
(घ) तल की प्रकृति और अभिलंब प्रतिक्रिया पर

76. एक बंदूक 40 ग्राम की गोली 1200मीटर/सेकेंड के वेग से छोड़ती है। कोई व्यक्ति अधिकतम 144 न्यूटन का बल बंदूक पर लगा सकता है। बंदूक द्वारा प्रति सेकेंड छोड़ी गई गोलियों की संख्या है—
(क) 3 (ख) 4
(ग) 5 (घ) 6

77. दो तलों के मध्य सीमांत घर्षण 8 न्यूटन तथा उनके बीच अभिलंब प्रतिक्रिया बल 100 न्यूटन है। घर्षण गुणांक का मान होगा—
(क) 0.08 (ख) 12.5
(ग) 1 (घ) इनमें से कोई नहीं

78. पृथ्वी से जुड़ा निर्देश तंत्र—
(क) जड़त्वीय तंत्र नहीं हो सकता, क्योंकि पृथ्वी सूर्य के परितः घूम रही है
(ख) परिभाषानुसार एक जड़त्वीय तंत्र है
(ग) जड़त्वीय तंत्र है, क्योंकि इस तंत्र में न्यूटन के नियम लागू होते हैं
(घ) जड़त्वीय तंत्र नहीं हो सकता, क्योंकि पृथ्वी अपने अक्ष के परितः घूम रही है

79. नियत वेग v से गतिशील m द्रव्यमान की एक वस्तु उसी वेग v से विपरीत दिशा में गतिशील m द्रव्यमान की दूसरी वस्तु से टकराती है तथा चिपक जाती है। टक्कर के पश्चात् संयुक्त वस्तु का वेग होगा—
(क) v (ख) 2v
(ग) शून्य (घ) v/2

उत्तर के लिए कृपया पृष्ठ सं. 194 देखें।

80. 2 कि.ग्रा. द्रव्यमान का एक पिंड एक रुक्ष नत समतल पर रखा है। यह तल क्षैतिज से 30° के कोण पर झुका है। तल तथा पिंड के बीच स्थैतिक घर्षण गुणांक 0.7 है। पिंड पर घर्षण बल होगा—

(क) 9.8 N (ख) $0.7 \times 9.8 \times \sqrt{3}$ N

(ग) $9.8 \times \sqrt{3}$ N (घ) 0.7×9.8 N

81. एक वस्तु एक बीकर में भरे द्रव में तैरती है जैसाकि चित्र में प्रदर्शित है। यदि संपूर्ण निकाय गुरुत्वीय क्षेत्र में स्वतंत्रतापूर्वक नीचे गिरता है, तो द्रव के कारण वस्तु पर उत्प्लावन बल होगा—

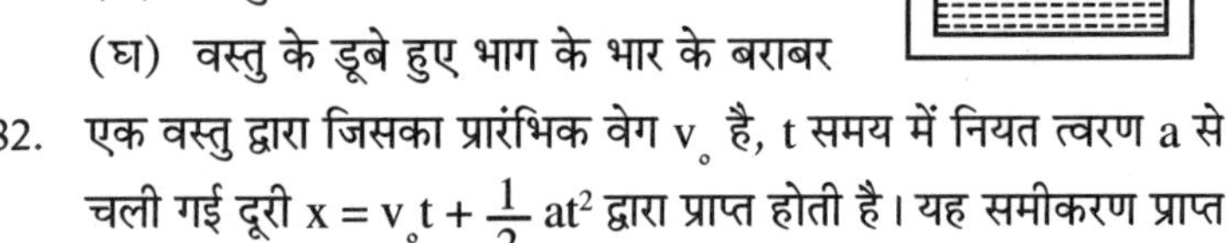

(क) शून्य

(ख) हटाए गए द्रव के भार के बराबर

(ग) वस्तु के भार के बराबर

(घ) वस्तु के डूबे हुए भाग के भार के बराबर

82. एक वस्तु द्वारा जिसका प्रारंभिक वेग v_o है, t समय में नियत त्वरण a से चली गई दूरी $x = v_o t + \frac{1}{2} at^2$ द्वारा प्राप्त होती है। यह समीकरण प्राप्त होता है—

(क) न्यूटन के गति के प्रथम नियम से

(ख) न्यूटन के गति के द्वितीय नियम से

(ग) न्यूटन के गति के तृतीय नियम से

(घ) उपर्युक्त में से किसी से नहीं

83. 20 ग्राम द्रव्यमान की एक गोली एक बंदूक से 250 मीटर/सेकेंड के वेग से बाहर निकलती है। बंदूक का प्रतिक्षेप संवेग होगा—

(क) शून्य (ख) 1 कि.ग्रा. मीटर/सेकेंड

(ग) 2.5 कि.ग्रा. मीटर/सेकेंड (घ) 5 कि.ग्रा. मीटर/सेकेंड

84. दो पिंडों के संवेग समान हैं तब—

(क) हलके पिंड का वेग भारी पिंड के वेग से कम है

(ख) हलके पिंड का वेग भारी पिंड के वेग से अधिक है

(ग) दोनों के वेग भी समान हैं

(घ) इनमें से कोई नहीं

उत्तर के लिए कृपया पृष्ठ सं. 194 देखें।

85. संलग्न चित्र के अनुसार 1 कि.ग्रा. का द्रव्यमान एक धागे से लटकाया गया है। यदि धागे के सिरे C को एकाएक झटका दिया जाए तो—

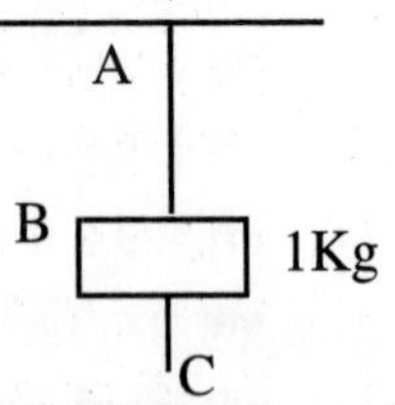

(क) धागे का AB भाग टूटेगा
(ख) धागे का BC भाग टूटेगा
(ग) धागा बिलकुल नहीं टूटेगा
(घ) इनमें से कोई नहीं

86. उपर्युक्त प्रश्न में यदि धागे के सिरे C को धीरे-धीरे खींचा जाए तो—
(क) धागे का AB भाग टूटेगा (ख) धागे का BC भाग टूटेगा
(ग) धागा बिलकुल नहीं टूटेगा (घ) इनमें से कोई नहीं

87. एक पिंड दो खंडों में जिनके द्रव्यमानों में 1:2 का अनुपात है विभक्त हो जाता है। खंड विपरीत दिशा में चलते हैं। उनके वेगों का अनुपात होगा—
(क) 2:1 (ख) 1:2
(ग) 1:4 (घ) 1:1

88. एक बरतन जिसमें कुछ पानी है, दाईं ओर एक समान त्वरण से गतिशील है। पानी की सतह निम्नानुसार होगी—

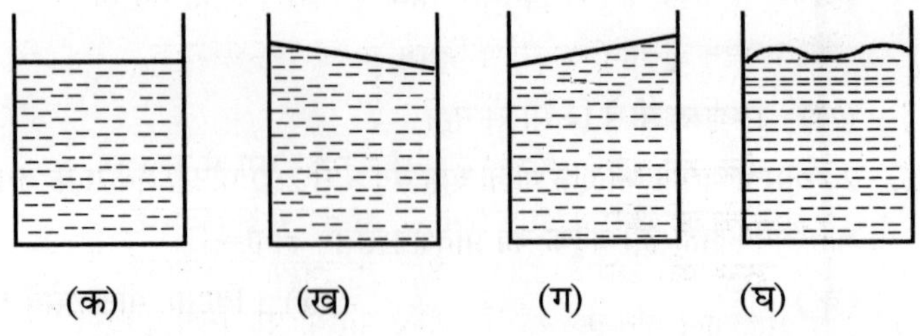

(क) (ख) (ग) (घ)

89. कोई द्रव्यमान m की वस्तु प्रारंभ में विरामावस्था में है। जब इस पर एक नियत बल लगाया जाता है तो इसके द्वारा तय किए गए विस्थापन में प्राप्त वेग अनुक्रमानुपाती होगा—
(क) $\sqrt{m}$ के (ख) $\frac{1}{\sqrt{m}}$ के
(ग) m के (घ) $\frac{1}{m}$ के

उत्तर के लिए कृपया पृष्ठ सं. 194 व 195 देखें।

90. 100 कि.ग्रा. द्रव्यमान वाली एक गाड़ी 5 मी./से. के वेग से गतिमान है। इसे $\frac{1}{10}$ सेकेंड में विरामावस्था में लाने के लिए विपरीत दिशा में बल लगाना पड़ेगा—

(क) 5000 N (ख) 500 N

(ग) 50 N (घ) 1000 N

91. m_1, m_2 व m_3 द्रव्यमान के तीन पिंड क्रमागत भार रहित डोरी से जुड़े हैं और एक घर्षण रहित क्षैतिज मेज पर रखे हैं। यदि m_3 को T बल से खींचा जाए तो m_2 व m_3 के बीच डोरी में तनाव है—

(क) $\frac{m_2T}{m_1+m_2+m_3}$ (ख) $\frac{m_3T}{m_1+m_2+m_3}$

(ग) $\frac{(m_1+m_2)T}{m_1+m_2+m_3}$ (घ) $\frac{(m_2+m_3)T}{m_1+m_2+m_3}$

92. एक कार जिसका द्रव्यमान 1000 कि.ग्रा. है, 30 मीटर/सेकेंड की चाल से गति कर रही है। इसे रोकने के लिए ब्रेक लगाए जाते हैं। यदि कार तथा टायर के बीच घर्षण बल का मान 5000 N हो, तो कार के रुकने में लगने वाला समय होगा—

(क) 5 सेकेंड (ख) 10 सेकेंड

(ग) 12 सेकेंड (घ) 6 सेकेंड

93. एक लड़का, जिसका द्रव्यमान 40 कि.ग्रा. है, एक ऐलिवेटर में खड़ा है। इस लड़के के पैरों द्वारा अनुभव किया गया बल सर्वाधिक होगा, जबकि ऐलिवेटर—

(क) स्थिर खड़ा है

(ख) नीचे की ओर 4 मीटर/सेकेंड के स्थिर वेग से चल रहा है

(ग) नीचे की ओर 4 मीटर/सेकेंड^2 के त्वरण से चल रहा है

(घ) ऊपर की ओर 4 मीटर/सेकेंड^2 के त्वरण से चल रहा है

94. एक साइकिल गति कर रही है। दोनों पहियों पर पृथ्वी द्वारा लगाया गया घर्षण बल—

(क) अगले पहिए पर पीछे की ओर तथा पिछले पहिए पर आगे की ओर कार्य करता है

(ख) अगले पहिए पर आगे की ओर तथा पिछले पहिए पर पीछे की ओर कार्य करता है

(ग) दोनों पहियों पर पीछे की ओर कार्य करता है

(घ) दोनों पहियों पर आगे की ओर कार्य करता है

उत्तर के लिए कृपया पृष्ठ सं. 195 देखें।

95. घर्षण रहित क्षैतिज सतह पर रखी L लंबाई की एक एक समान रस्सी को एक सिरे से बल F द्वारा खींचा जाता है। इस सिरे से l दूरी पर रस्सी में तनाव होगा—

(क) F (ख) $\frac{l}{L}F$

(ग) $\frac{L}{l}F$ (घ) $\left(l - \frac{l}{L}\right)$ F

96. एक कण XY तल में बल $\vec{F}$ के प्रभाव से इस प्रकार गतिमान है कि उसके रेखीय संवेग $\vec{P}$ के किसी क्षण t पर घटक $P_x = 2 \cos t$ और $P_y = 2 \sin t$ हैं। समय t पर F व $\vec{P}$ के बीच कोण है—

(क) 90° (ख) 0°

(ग) 180° (घ) 30°

97. m द्रव्यमान का एक कण r त्रिज्या के पथ पर एक समान वृत्तीय गति कर रहा है। यदि इसके रेखीय संवेग का परिमाण p हो, तो कण पर कार्यकारी त्रिज्या बल होगा—

(क) pmr (ख) $\frac{rm}{p}$

(ग) $\frac{mp^2}{r}$ (घ) $\frac{p^2}{rm}$

98. 3 कि.ग्रा. और 4 कि.ग्रा. द्रव्यमान के दो पिंड एक भारहीन डोरी के सिरों से बाँधकर एक घर्षण रहित घिरनी से लटकाए गए हैं। निकाय में त्वरण होगा (g =9.8 मी./से.^{2})

(क) 4.9 मी./से.^{2} (ख) 2.45 मी./से.^{2}

(ग) 1.4 मी./से.^{2} (घ) 9.8 मी.से.^{2}

99. दो गुटकों A और B को चित्र के अनुसार व्यवस्थित किया गया है। घिरनी घर्षण रहित है। गुटके A का द्रव्यमान 10 कि.ग्रा. है। गुटके A तथा क्षैतिज तल के बीच घर्षण गुणांक (Cofficient of Friction) 0.20 है। गति प्रारंभ करने के लिए गुटके B का न्यूनतम द्रव्यमान होगा—

(क) 2 कि.ग्रा.

(ख) 0.2 कि.ग्रा.

(ग) 5 कि.ग्रा.

(घ) 10 कि.ग्रा.

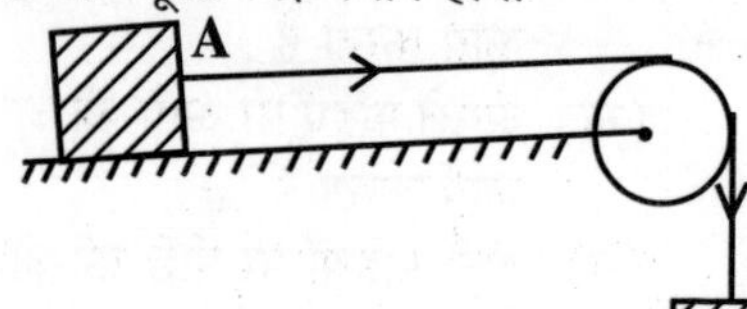

उत्तर के लिए कृपया पृष्ठ सं. 195 देखें।

100. विराम में खड़ी लिफ्ट में भौतिक तुला से मापने पर किसी पिंड का द्रव्यमान m प्राप्त होता है। यदि लिफ्ट a त्वरण से ऊपर जा रही हो तो उसका द्रव्यमान मापा जाएगा—

(क) $m\left(1-\frac{a}{g}\right)$ (ख) $m\left(1+\frac{a}{g}\right)$

(ग) m (घ) शून्य

101. एक गन 40 ग्राम की गोली 1200 मीटर/सेकंड के वेग से छोड़ती है। कोई व्यक्ति अधिकतम 144 न्यूटन का बल गन पर लगा सकता है। गन द्वारा प्रति सेकंड छोड़ी गई गोलियों की संख्या है—

(क) 3 (ख) 4

(ग) 5 (घ) 6

102. एक कमानीदार तुला (Spring Balance) को समुद्र तल पर अंशांकित किया गया है। इस तुला से किसी वस्तु को पृथ्वी तल से क्रमोत्तर बढ़ती ऊँचाइयों पर तौलने पर तुला द्वारा दर्शाया भार—

(क) निरंतर बढ़ता जाएगा

(ख) निरंतर घटता जाएगा

(ग) नियत रहेगा

(घ) पहले बढ़ेगा तथा बाद में घटेगा

103. M द्रव्यमान वाले गिट्टे को क्षैतिज घर्षण रहित तल पर m द्रव्यमान वाली डोरी से खींचा जाता है। डोरी के सिरे पर बल P लगाया जाता है। डोरी द्वारा M द्रव्यमान के गिट्टे पर बल होता है—

(क) $\left(\frac{m}{M+m}\right)P$ (ख) $\left(\frac{M+m}{M}\right)P$

(ग) $\left(\frac{M+m}{m}\right)P$ (घ) $\left(\frac{M}{M+m}\right)P$

104. दो पिंड जिनके द्रव्यमान 5 व 10 कि.ग्रा. हैं, एक स्प्रिंग से चित्रानुसार जुड़े हुए हैं। यदि स्प्रिंग को एक समान 20 न्यूटन बल से दोनों तरफ खींचकर छोड़ दिया जाए तो उनमें उत्पन्न त्वरण क्रमशः होंगे—

20N ——— (5) —ooooo— (10) ——— 20N

(क) 2 मी./से.^{2}, 4 मी./से.^{2} (ख) 0 मी./से.^{2}, 2 मी./से.^{2}

(ग) 4 मी./से.^{2}, 6 मी./से.^{2} (घ) 4 मी./से.^{2}, 2 मी./से.^{2}

उत्तर के लिए कृपया पृष्ठ सं. 195 देखें।

105. कृत्रिम उपग्रह (Artificial Satellite) पर बैठा हुआ मनुष्य भारहीनता (Weightlessness) का अनुभव करता है, क्योंकि पृथ्वी का आकर्षण बल—

(क) उस स्थान पर शून्य होता है

(ख) चंद्रमा के आकर्षण बल द्वारा संतुलित हो जाता है

(ग) अभिकेंद्र बल के बराबर होता है

(घ) उपग्रह की विशेष आकृति के कारण कोई बल प्रभावी नहीं होता है

106. लिफ्ट में किसी व्यक्ति का भार अधिक होगा जब—

(क) लिफ्ट ऊपर जाती है

(ख) लिफ्ट ऊपर की ओर समान वेग से जाती है

(ग) लिफ्ट नीचे की ओर आ रही है

(घ) लिफ्ट मुक्त रूप से गिर रही हो

107. 500 न्यूटन के अपकर्षण बल से 500 कि.ग्रा. द्रव्यमान की कार का वेग शून्य से बढ़कर 20 मी./से. हो जाता है। 100 मीटर चलने में कार का त्वरण होगा—

(क) 10 मी./से.^{2} (ख) 5 मी./से.^{2}

(ग) 4 मी./से.^{2} (घ) 2 मी./से.^{2}

108. एक वस्तु द्वारा t समय में चली गई दूरी s है। यदि उसका प्रारंभिक वेग u तथा नियत त्वरण a हो तो निम्न समीकरण $s=ut+\frac{1}{2}at^2$ परिणाम मिलता है—

(क) न्यूटन के प्रथम नियम से (ख) न्यूटन के द्वितीय नियम से

(ग) न्यूटन के तृतीय नियम से (घ) तीनों में से किसी से नहीं

109. एक अग्निशामक दल के एक व्यक्ति को एक ऐसे रस्से से किस न्यूनतम त्वरण से उतरना चाहिए जिसका त्रोटन बल उसके भार का 2/3 हो—

(क) $\frac{2}{3}g$ (ख) g

(ग) $\frac{1}{3}g$ (घ) शून्य

110. कौन से नियम से न्यूटन के गति के अन्य दो नियम निकाले जा सकते हैं—

(क) प्रथम नियम से (ख) द्वितीय नियम से

(ग) तृतीय नियम से (घ) कोई नहीं

उत्तर के लिए कृपया पृष्ठ सं. 195 देखें।

111. कौन सी सदिश राशि है—

(क) ऊर्जा (ख) द्रव्यमान

(ग) बल (घ) कार्य

112. जब 1 न्यूटन बल 1 कि.ग्रा. के पिंड पर लगता है, स्वतंत्रता से गति कर रहा पिंड प्राप्त करेगा—

(क) 1 मी./से. की चाल (ख) 1 मी./से.^{2} का त्वरण

(ग) 980 सेमी./से.^{2} का त्वरण (घ) 1 सेमी./से.^{2} का त्वरण

113. लिफ्ट का द्रव्यमान 100 कि.ग्रा. है जो धागे से बँधी है। लिफ्ट में तनाव, जब वह स्थिर है, है (g = 9.8 मी./से.^{2})

(क) 100 N (ख) 980 N

(ग) 980 kg (घ) गणना नहीं की जा सकती

114. उपर्युक्त प्रश्न में लिफ्ट 1.0 मी./से.^{2} त्वरण से ऊपर जा रही है। तनाव होगा—

(क) 980 न्यूटन (ख) 100 न्यूटन

(ग) 1080 न्यूटन (घ) 880 न्यूटन

115. उपर्युक्त प्रश्न में लिफ्ट 1 मी./से.^{2} त्वरण से नीचे जा रही है। तनाव होगा—

(क) 980 न्यूटन (ख) 100 न्यूटन

(ग) 1080 न्यूटन (घ) 880 न्यूटन

116. यदि लिफ्ट गुरुत्व के अधीन स्वतंत्रतापूर्वक गिर रही है तो 100 कि.ग्रा. के पिंड का भार होगा—

(क) 980 कि.ग्रा. (ख) 980 न्यूटन

(ग) 880 न्यूटन (घ) शून्य

117. एक रेल की पटरी के ढलान पर समान मंदन (Relandation) बल लगाया। यदि चाल दुगुनी है तो दूरी होगी—

(क) समान (ख) दुगुनी

(ग) आधी (घ) चार गुनी

118. एक गोला 500 न्यूटन बल लगाने पर 0.06 सेकेंड में रुक जाता है। गोले का संवेग था—

(क) 500 N (ख) 500 kg ms^{-1}

(ग) 30 kg ms^{-1} (घ) 300 N

उत्तर के लिए कृपया पृष्ठ सं. 195 देखें।

119. 2 कि.ग्रा. द्रव्यमान का पिंड स्प्रिंग पर लटका है। यदि लिफ्ट गुरुत्वीय त्वरण के समान त्वरण से नीचे आ रही है तो स्प्रिंग तुला (Spring Balance) पर पठन होगा—

(क) 2 कि.ग्रा. (ख) 2g कि.ग्रा.

(ग) $\frac{2}{g}$ कि.ग्रा. (घ) शून्य

120. उपर्युक्त प्रश्न में लिफ्ट ऊपर स्थित वेग 2 मी./से. से जा रही है तुला की रीडिंग होगी—

(क) 4 कि.ग्रा. (ख) 2 कि.ग्रा.

(ग) शून्य (घ) 1 कि.ग्रा.

121. एक साधारण लोलक लिफ्ट की छत से लटका है। जब लिफ्ट a त्वरण ($a < g$) से नीचे आ रही है। तब $T = 2\pi\sqrt{\frac{l}{g'}}$ जहाँ g' समान है—

(क) g (ख) $g - a$

(ग) $g + a$ (घ) $\sqrt{g^2 + a^2}$

122. तीन पिंड चित्रानुसार क्षैतिज मेज पर जुड़े हैं। $m_1 = 10$ कि.ग्रा., $m_2 = 20$ कि.ग्रा. तथा $m_3 = 30$ कि.ग्रा.। यदि $T_3 = 60$ N हो तो T_1 का मान होगा—

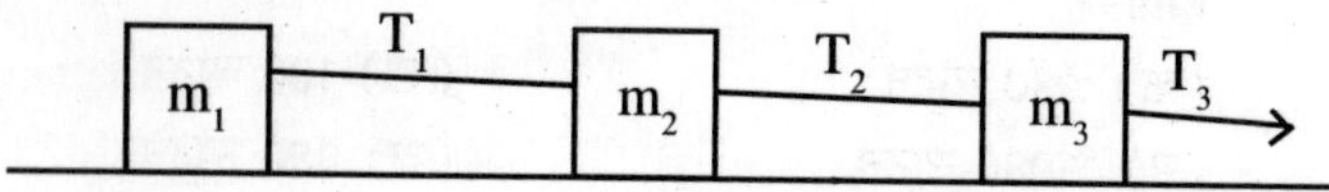

(क) शून्य (ख) 45 न्यूटन

(ग) 30 न्यूटन (घ) 10 न्यूटन

123. एक रॉकेट का प्रारंभिक द्रव्यमान 20×10^3 कि.ग्रा. है। यदि इसका प्रारंभिक त्वरण 4 मी./से.^{2} हो तो प्रारंभिक उत्प्लावन बल होगा ($g = 10$ मी./से.^{2})—

(क) 6×10^4 N (ख) 28×10^4 N

(ग) 20×10^4 N (घ) 12×10^4 N

124. 1000 कि.ग्रा. द्रव्यमान वाले रॉकेट में ईंधन की खपत 40 कि.ग्रा. प्रति सेकेंड की दर से हो रही है। रॉकेट से 5×10^4 मी./से. के वेग से गैस निष्कासित हो रही है। रॉकेट का प्रणोद होगा—

(क) 2×10^3 N (ख) 5×10^4 N

(ग) 2×10^6 N (घ) 2×10^9 N

उत्तर के लिए कृपया पृष्ठ सं. 195 देखें।

125. 2 कि.ग्रा. द्रव्यमान की कोई वस्तु घर्षणहीन मेज पर 4 मी./से. के वेग से सरक रही है, तो वस्तु को उसी वेग से गतिमान बनाए रखने के लिए आवश्यक बल होगा—

(क) 8 N (ख) 0

(ग) 10^2 N (घ) 0.5 N

126. एक खिलाड़ी 5 कि.ग्रा. की स्थिर गेंद को किक द्वारा 10 मी./से. का वेग देता है। यदि गेंद पर पैर का संपर्क $\frac{1}{50}$ सेकेंड हो, तो लगा बल होगा—

(क) 2500 N (ख) 1250 N

(ग) 250 N (घ) 625 N

127. न्यूटन के गति का प्रथम नियम निम्नलिखित को व्यक्त करता है—

(क) ऊर्जा (ख) कार्य

(ग) जड़त्व (घ) जड़त्व-आघूर्ण

128. रॉकेट उड़ान का सिद्धांत है—

(क) ऊर्जा का संरक्षण (ख) द्रव्यमान का संरक्षण

(ग) रेखीय संवेग का संरक्षण (घ) कोणीय संवेग का संरक्षण

129. जड़त्वीय द्रव्यमान और गुरुत्वीय द्रव्यमान में अनुपात होता है—

(क) $\frac{1}{2}$

(ख) 1

(ग) 2

(घ) कोई निश्चित संख्या नहीं है

130. आवेग है—

(क) ऊर्जा संरक्षण नियम (ख) संवेग

(ग) संवेग परिवर्तन की दर (घ) संवेग परिवर्तन

131. A के त्वरण की गणना कीजिए—

(क) 2.7 मी./से.^{2}

(ख) 2.5 मी./से.^{2}

(ग) 4.8 मी./से.^{2}

(घ) 1.3 मी./से.^{2}

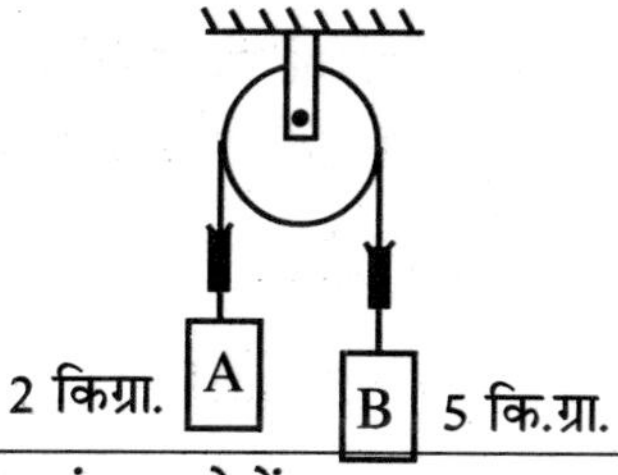

2 किग्रा. A

B 5 कि.ग्रा.

उत्तर के लिए कृपया पृष्ठ सं. 195 देखें।

132. उपर्युक्त प्रश्न में धागे में तनाव होगा—

(क) 28 N (ख) 22 N

(ग) 24 N (घ) 20 N

133. 30 कि.मी./घंटा के वेग से गतिशील कार, ब्रेक का प्रयोग करके 8 मीटर की दूरी पर रोकी जाती है। यदि यही कार 60 कि.मी./घंटा के वेग से गतिशील हो तो उसी ब्रेकिंग बल से यह कितनी दूरी पर रोकी जाएगी—

(क) 8 मी. (ख) 16 मी.

(ग) 24 मी. (घ) 32 मी.

134. एक रॉकेट पृथ्वी के धरातल से ऊपर इस प्रकार छोड़ा गया है कि उसमें 19.6 मी./से.^{2} का त्वरण उत्पन्न होता है। 5 सकेंड बाद उसका इंजन बंदकर दिया जाए तो रॉकेट की पृथ्वी से अधिक ऊँचाई होगी—

(क) 245 मी. (ख) 490 मी.

(ग) 980 मी. (घ) 735 मी.

135. एक व्यक्ति का लिफ्ट में भारों का अनुपात, जब वह स्थिर है और जब एक समान त्वरण से नीचे जाती है, 3:2 है, तो a का मान होगा—

(क) $\frac{3}{2}g$ (ख) $\frac{g}{3}$

(ग) $\frac{2}{3}g$ (घ) g

136. द्रव्यमान M की एक वस्तु एक रुक्ष क्षैतिज पृष्ठ (घर्षण गुणांक μ) पर रख दी जाती है। एक व्यक्ति एक क्षैतिज बल लगाकर वस्तु को खींचने का प्रयत्न कर रहा है, लेकिन वस्तु गति नहीं कर रही है। वस्तु पर पृष्ठ द्वारा बल होगा—

(क) $F = Mg$

(ख) $F = \mu Mg$

(ग) $Mg \le F \le Mg\sqrt{1+\mu^2}$

(घ) $Mg \ge F \ge Mg\sqrt{1+\mu^2}$

137. L लंबाई की एक रस्सी को F बल से खींचा जाता है। यदि जिस सिरे पर बल लगा है, उससे x दूरी पर रस्सी में तनाव है तो T का मान होगा—

(क) $\frac{FL}{L-x}$ (ख) $F.\frac{L}{x}$

(ग) $\frac{F(L-x)}{L}$ (घ) $F.\frac{x}{L}$

उत्तर के लिए कृपया पृष्ठ सं. 195 देखें।

138. m_1, m_2 तथा m_3 द्रव्यमान के तीन पिंड चित्रानुसार भारहीन रस्सी से बाँधकर घर्षणहीन मेज पर रखे हैं। उन्हें 40 न्यूटन के बल से खींचा जाता है। यदि $m_1 = 10$ कि.ग्रा., $m_2 = 6$ कि.ग्रा तथा $m_3 = 4$ कि.ग्रा. हो, तो T_2 का मान होगा—

(क) 20 न्यूटन (ख) 40 न्यूटन
(ग) 10 न्यूटन (घ) 32 न्यूटन

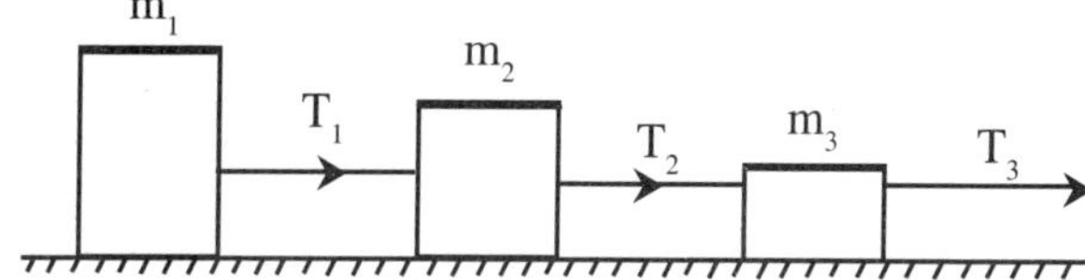

139. एक स्थिर बल F के अनुप्रयोग से 10 मी./से. के वेग से चलती हुई कार को 20 मी. की दूरी पर रोका जा सकता है। यदि कार का वेग 30 मी./से. हो, तो किस बल द्वारा इसे रोका जा सकता है—

(क) $\frac{20}{3}$ मीटर में (ख) 20 मीटर में
(ग) 60 मीटर में (घ) 180 मीटर में

140. 5 मीटर की ऊँचाई से 400 ग्राम की एक गेंद को गिरा दिया जाता है। जमीन पर एक लड़का बल्ले से 100 न्यूटन के औसत बल के साथ इस गेंद को ऊपर की ओर मारता है जिससे वह 20 मीटर की उर्ध्वाकार ऊँचाई तक पहुँच जाती है। गेंद के बल्ले के साथ संपर्क में रहने का समय है ($g = 10$ मी./से.^{2})

(क) 0.12 सेकेंड (ख) 0.08 सेकेंड
(ग) 0.04 सेकेंड (घ) 12 सेकेंड

141. एक कमानीदार तुला पर एक बड़ा बंद पिंजरा रखा हुआ है, जिसमें एक पक्षी बैठा हुआ है। यह 25 N का भार बतलाता है। पिंजरे में यह पक्षी (द्रव्यमान = 0.5 कि.ग्रा.) ऊपर की ओर 2 मी./से.^{2} के त्वरण से उड़ता है, तो कमानीदार तुला अब भार बतलाएगी—

(क) 24 N (ख) 25 N
(ग) 26 N (घ) 27 N

142. एक कण क्षैतिज तल पर 2 कि.ग्रा. द्रव्यमान की एक वस्तु को 10 मी./से. का वेग दिया जाता है। यदि घर्षण गुणांक 0.2 और $g = 10$ मी./से.^{2} हो तो वस्तु कितनी दूर चलकर रुक जाएगी—

(क) 10 मीटर (ख) 25 मीटर
(ग) 50 मीटर (घ) 250 मीटर

उत्तर के लिए कृपया पृष्ठ सं. 196 देखें।

143. एक लिफ्ट का द्रव्यमान 500 कि.ग्रा. है। जब यह 2 मी./से.^{2} के त्वरण से ऊपर उठती है तो केबिल में तनाव होगा (g = 10 मी./से.^{2})—

(क) 6000 न्यूटन (ख) 5000 न्यूटन

(ग) 4000 न्यूटन (घ) 50 न्यूटन

144. न्यूटन ने गति के तीनों नियमों का प्रतिपादन अपनी प्रसिद्ध पुस्तक में किया है जिसका नाम है—

(क) प्रिंसीपिया (ख) कामायनी

(ग) रसरत्नाकर (घ) इनमें से कोई नहीं

संकेत

76. बल = संवेग परिवर्तन की दर

$$144 = \frac{40}{1000} \times 1200 \times n.$$

89. $F = ma$ से, $a = F/m$ अब $v^2 = u^2 + 2as$ से,

$v^2 = O^2 + 2\frac{F}{m}s$ या $v = \sqrt{\frac{2F}{m}s}$ या $v \propto \frac{1}{\sqrt{m}}$

90. $v = u - at$ से, $0 = 5 - \frac{1}{10}a \Rightarrow a = 50$ अब $F = ma = 100 \times 50$

91.

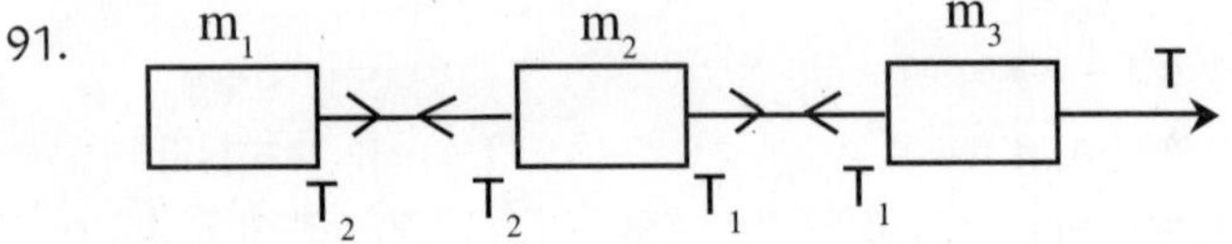

$T_2 = m_1 a$; $T_1 - T_2 = m_2 a$ तथा $T - T_1 = m_3 a$

तीनों को जोड़ने पर $(m_1+m_2+m_3)\,a = T$

तीसरे समीकरण में a का मान रखकर T_1 का मान ज्ञात कीजिए।

92. $a = \frac{F}{m} = \frac{5000}{1000}$ अब $v = u - at$ से, $O = 30 - 5t$.

96. $P = \sqrt{P_x^2 + P_y^2} = 2$ नियत है।

97. अभिकेंद्र बल $= \frac{mv^2}{r} = \frac{m^2v^2}{mr} = \frac{p^2}{mr}$

उत्तर के लिए कृपया पृष्ठ सं. 196 देखें।

98. त्वरण $a = \frac{m_2 - m_1}{m_1 + m_2}\ g$

99. A और B से जुड़ी रस्सी पर तनाव समान होगा।
घर्षण बल $F = \mu R = \mu Mg$ अत: $\mu Mg = mg$, जहाँ
M व m क्रमश: A और B के द्रव्यमान हैं।
अत: $m = \mu M = 0.20 \times 10$

100. लिफ्ट ऊपर की ओर जा रही है अत: प्रतिक्रिया $m (g + a)$ होगी। अत: यदि अब द्रव्यमान m हो तो $mg = m (g + a)$

101. कार्य = घर्षण बल × दूरी = $\mu R \times d = \mu mg \cos\theta \times d$

102. ऊपर जाने पर g का मान कम होने लगता है।

103. निकाय का त्वरण = $\frac{P}{M + m}$ अत: गिट्टे पर बल =
द्रव्यमान × त्वरण = $\frac{M \times P}{M + m}$

104. $a_1 = \frac{F}{m_1} = \frac{20}{5}$ तथा $a_2 = \frac{F}{m_2} = \frac{20}{10}$

107. $v^2 = u^2 + 2ad$

113. $W = mg = 100 \times 9.8$

114. $R = m (g + a)$

115. $R = m (g - a)$

120. $P \times t = 500 \times 6$ = संवेग में परिवर्तन

122. $T_3 = (m_1 + m_2 + m_3)\ a$ से, $a = 1$ अब $T_1 = m_1 a = 10 \times 1 = 10$

123. $F = m (g + a) = 20 \times 10^3 (10 + 4)$

124. प्रणोद $= \left(\frac{\Delta m}{\Delta t}\right) u = 40 \times 5 \times 10^4$

126. $F = \frac{\Delta(mv)}{\Delta t} = \frac{5 \times (10 - 0)}{1/50}$

131. $a = \left(\frac{m_1 - m_2}{m_1 + m_2}\right) g = \left(\frac{5 - 2}{5 + 2}\right) \times 9.8$

132. $T = \left(\frac{2m_1 m_2}{m_1 + m_2}\right) g = \frac{2 \times 5 \times 2}{5 + 2} \times 9.8$

133. $v^2 = u^2 + 2as$ में $v = 0$ तथा $a = -a$ अत:

$o = u^2 - 2as$ या $u^2 = 2as$

a नियत है। अत: $u^2 \propto s$

या $\left(\frac{u_1}{u_2}\right)^2 = \frac{S_1}{S_2}$ या $\left(\frac{30}{60}\right)^2 = \frac{8}{s_2}$

136. दिया गया अनुपात $\frac{mg}{mg - ma} = \frac{3}{2} \Rightarrow 2g = 3(g - a) \Rightarrow a = \frac{1}{3}g$

138. यदि रस्सी का द्रव्यमान M हो तो सूत्र F = ma से,

$F = ma \Rightarrow a = \frac{F}{M}$ (एकांक लंबाई का द्रव्यमान $= \frac{M}{L}$)

अब x दूरी पर तनाव $T = (L-x).\frac{M}{L}.a = (L-x)\frac{M}{L}.\frac{F}{M} = \frac{F(L-x)}{L}$

139. प्रश्न क्रमांक 138 की भाँति $\left(\frac{u_1}{u_2}\right)^2 = \frac{S^1}{S_2} \Rightarrow \left(\frac{10}{30}\right)^2 = \frac{20}{S_2}$ या $S_2 = 180$ मीटर

140. पहली स्थिति में $mgh = \frac{1}{2}mv_1^2$ $v_1 = \sqrt{2}gh = \sqrt{2 \times 10 \times 5} =$ 10 मी./से.

दूसरी स्थिति में प्रारंभिक वेग v_2 हो तो $\frac{1}{2}mv_2^2 = mgh_1 \Rightarrow v_2 = \sqrt{2gh_1}$

$= \sqrt{2 \times} 10 \times 20 = 20$ मी./से.

अब $F.\Delta t$ = संवेग में परिवर्तन $= mv_2 - mv_1$

$\Delta t = \frac{mv_2 - mv_1}{F} = \frac{0.4 \times 20 - 0.4 \times 10}{100} = 0.04$ सेकेंड

141. बैठे हुए पक्षी का भार $= mg = 0.5 \times 10 = 5N$

पिंजरे का भार $= 25 - 5 = 20$ N

यदि पक्षी ऊपर की ओर त्वरित गति से उड़े तो उसका भार

$W = m(g + a) = 0.5(10 + 2) = 6$ N

अत: कमानीदार तुला का पाठ्यांक = 20 + 6 = 26 N

143. $T = m(g + a) = 500(10 + 12) = 6000$ न्यूटन।

□

4

कार्य, ऊर्जा एवं शक्ति
(WORK, ENERGY AND POWER)

145. यदि सदिश $\vec{A}$ और $\vec{B}$ परस्पर लंबवत् हैं तो $\vec{A}\vec{B}$ का मान होगा—

(क) O
(ख) AB
(ग) $\frac{1}{2}AB$
(घ) πAB

146. कौन सा कथन असत्य है—

(क) शक्ति = $\frac{\text{कार्य}}{\text{समय}}$
(ख) कार्य = बल × विस्थापन
(ग) कार्य = ऊर्जा
(घ) कार्य = शक्ति × विस्थापन

147. वाट निम्नलिखित का मात्रक है—

(क) शक्ति
(ख) ऊर्जा
(ग) कार्य
(घ) इनमें से कोई नहीं

148. चाबी भरी कमानी में संग्रहित रहती है—

(क) यांत्रिक गतिज ऊर्जा
(ख) यांत्रिक स्थितिज ऊर्जा
(ग) स्थैतिक विद्युत ऊर्जा
(घ) कोई भी ऊर्जा नहीं

149. एक कुली होल्डाल को अपने सिर पर रखकर समतल प्लेटफार्म पर गति करता है। तब गुरुत्वाकर्षण के विरुद्ध—

(क) वह अधिकतम कार्य करता है
(ख) वह ऋणात्मक कार्य करता है
(ग) वह न्यूनतम कार्य करता है
(घ) वह कार्य नहीं करता है

उत्तर के लिए कृपया पृष्ठ सं. 196 देखें।

150. एक वस्तु के R त्रिज्या वाले एक वृत्त के चारों ओर एक घेरा पूरा करने पर अभिकेंद्र (Centripratal) बल F द्वारा किया गया कार्य होगा—

(क) $2 \pi RF$ (ख) 2 RF

(ग) शून्य (घ) RF

151. यदि एक वस्तु के द्रव्यमान और वेग दोनों को दुगुना कर दिया जाए तो उसकी गतिज ऊर्जा—

(क) दुगुनी हो जाएगी (ख) चार गुनी हो जाएगी

(ग) आठ गुनी हो जाएगी (घ) वही रहेगा

152. ऊर्जा का मात्रक है—

(क) जूल/सेकेंड (ख) किलोवाट

(ग) किलोवाट-घंटा (घ) जूल × सेकेंड

153. गतिज ऊर्जा (Kinetic Energy) का सूत्र है—

(क) mv (ख) mv^2

(ग) $\frac{1}{2} mv^2$ (घ) $\frac{1}{2} m^2v$

154. एक अश्वशक्ति (Horse power) बराबर है—

(क) 74.6 वाट (ख) 746 वाट

(ग) 7460 वाट (घ) 550 वाट

155. यदि समान द्रव्यमान के प्रत्यास्थ गोले A और B के वेग क्रमशः V_1 और V_2 हों तो सीधी टक्कर के बाद उनके वेग हो जाएँगे—

(क) $-V_1$ और $-V_2$ (ख) $-V_2$ और $-V_1$

(ग) V_2 और V_1 (घ) V_1 और V_2 ही रहेंगे

156. विराम में रखा एक बम एकाएक दो टुकड़ों में विस्फोटित हो जाता है तब—

(क) दोनों टुकड़े विपरीत दिशा में चलते हैं

(ख) दोनों टुकड़े एक ही दिशा में चलते हैं

(ग) प्रारंभिक संवेग शून्य नहीं है

(घ) अंतिम संवेग शून्य नहीं है

157. यदि एक बल F किसी वस्तु पर लगने पर उसे v वेग प्रदान करता हो तो शक्ति का मान होगा—

(क) $F \times v$ (ख) F/v

(ग) F/v^2 (घ) Fv^2

उत्तर के लिए कृपया पृष्ठ सं. 196 देखें।

158. आइंस्टीन का द्रव्यमान-ऊर्जा तुल्यता समीकरण है—

(क) $E = mc^2$ (ख) $E = mc$

(ग) $E = F \times S$ (घ) $E = m/c^2$

159. एक कण बल $F = cx$ के प्रभाव में $x = O$ से $x = x_1$ तक गति करता है। इस क्रिया में किया गया कार्य होगा—

(क) cx_1 (ख) $\frac{1}{2}cx_1^2$

(ग) cx_1^2 (घ) शून्य

160. बल लगाने से 2 कि.ग्रा. द्रव्यमान की एक वस्तु गति करती है जिसकी स्थिति x, समय के साथ निम्नलिखित फलन के अनुसार बदलती है—

$$x = \frac{t^3}{3}$$

जहाँ x मीटर में तथा t सेकेंड में है। इस बल द्वारा पहले दो सेकेंड में किया गया कार्य है—

(क) 1600 जूल (ख) 160 जूल

(ग) 16 जूल (घ) 1.6 जूल

161. m द्रव्यमान के एक कण का संवेग p है तो उसकी गतिज ऊर्जा होगी—

(क) mp (ख) p^2m

(ग) p^2/m (घ) $p^2/2m$

162. एक हलकी और भारी वस्तु की गतिज ऊर्जा एक समान है तब—

(क) भारी वस्तु का संवेग अधिक है

(ख) भारी वस्तु का संवेग कम है

(ग) दोनों के संवेग बराबर हैं

(घ) इनमें से कोई नहीं

163. एक हलकी और भारी वस्तु के संवेग समान हैं तब—

(क) भारी वस्तु की गतिज ऊर्जा अधिक होगी

(ख) भारी वस्तु की गतिज ऊर्जा कम होगी

(ग) दोनों की गतिज ऊर्जा समान होगी

(घ) इनमें से कोई नहीं

164. 1 ग्राम और 4 ग्राम द्रव्यमान के दो पिंड समान गतिज ऊर्जा से गति कर रहे हैं। उनके रैखिक संवेगों का अनुपात होगा—

(क) 4 : 1 (ख) $\sqrt{2}$: 1

(ग) 1 : 2 (घ) 1 : 16

उत्तर के लिए कृपया पृष्ठ सं. 196 देखें।

165. किसी बंदूक से एक गोली छोड़ी जाती है जिससे कि बंदूक पीछे की ओर हटती है। बताइए कि बंदूक की गतिज ऊर्जा गोली की गतिज ऊर्जा से—

(क) कम होगी (ख) अधिक होगी

(ग) बराबर होगी (घ) कुछ कहा नहीं जा सकता

166. दो स्प्रिंग जिनके बल नियतांक K_1 और K_2 हैं ($K_1 > K_2$) समान बल से खींची जाती हैं। इनमें किया गया कार्य—

(क) K_1 बल नियतांक वाली स्प्रिंग के लिए अधिक होगा

(ख) K_2 बल नियतांक वाली स्प्रिंग के लिए अधिक होगा

(ग) दोनों के लिए समान होगा

(घ) कुछ कहा नहीं जा सकता

167. एक चिकनी मेज पर लंबाई L तथा द्रव्यमान M की एक समरूप चेन इस प्रकार रखी है कि इसकी लंबाई का $\frac{1}{3}$ भाग मेज के किनारे से नीचे लटका है। यदि g गुरुत्वीय त्वरण है तो इसके लटके हुए भाग को मेज के ऊपर खींचने में कार्य होगा—

(क) MgL (ख) MgL/3

(ग) MgL/9 (घ) MgL/18

168. एक गेंद जिसकी गतिज ऊर्जा E है, क्षैतिज से 45° झुकाव पर फेंकी गई है। उड़ान के दौरान उच्चतम बिंदु पर इसकी गतिज ऊर्जा होगी—

(क) O (ख) $\frac{E}{2}$

(ग) $\frac{E}{\sqrt{2}}$ (घ) E

169. 12 कि.ग्रा. का एक बम विस्फोटित होने पर 4 कि.ग्रा. और 8 कि.ग्रा. के दो द्रव्यमानों में टूटता है। 8 कि.ग्रा. द्रव्यमान वाले टुकड़े का वेग 6 मीटर/सेकेंड है। दूसरे टुकड़े की गतिज ऊर्जा होगी—

(क) 48 जूल (ख) 32 जूल

(ग) 24 जूल (घ) 288 जूल

170. m द्रव्यमान के एक पिंड का वेग v है, यह इसी प्रकार के एक अन्य पिंड से टकराता है तथा उससे चिपक जाता है। टकराने के पश्चात् इनका प्रारंभिक वेग u हो जाता है तथा घर्षण बल F के प्रभाव में S दूरी चलकर विरामावस्था में आ जाता है तो—

(क) $2u = v$ (ख) $\frac{1}{2}mu^2 = mv^2$

(ग) $mu^2 = 2FS$ (घ) $mu^2 = 4FS$

उत्तर के लिए कृपया पृष्ठ सं. 196 देखें।

171. रबड़ की दो ठोस गेंदें A तथा B जिनके द्रव्यमान क्रमशः 200 ग्राम तथा 400 ग्राम हैं विपरीत दिशा में गति कर रही हैं। यदि A का वेग 0.3मी./से. है तथा संघट्ट के पश्चात् दोनों गेंदें विरामावस्था में आ जाती हैं तो गेंद B का वेग है—

(क) 0.15 मी./से. (ख) 1.5 मी./से.

(ग) —0.15 मी./से. (घ) उपर्युक्त में से कोई नहीं

172. स्थिर शक्ति देने वाली मशीन के द्वारा एक पिंड को सरल रेखा के अनुदिश चलाया जाता है। समय t में पिंड द्वारा चली गई दूरी अनुक्रमानुपाती है—

(क) $t^{1/2}$ (ख) $t^{3/4}$

(ग) $t^{3/2}$ (घ) t^2

173. एक व्यक्ति जिसका भार 60 कि.ग्रा. है, एक 15 कि.ग्रा. भार की वस्तु को 3 मिनट में 10 मीटर ऊँचाई की इमारत पर ले जाता है। उसकी क्षमता होगी—

(क) 10% (ख) 20%

(ग) 30% (घ) 40%

174. एक गेंद फर्श पर टकराती है तथा अप्रत्यास्थ टक्कर के उपरांत प्रतिक्षिप्त होती है। इस दशा में—

(क) टकराने के ठीक बाद गेंद का संवेग उतना ही है जितना टकराने से ठीक पहले

(ख) टक्कर में गेंद की यांत्रिक ऊर्जा उतनी ही बनी रहती है

(ग) गेंद तथा पृथ्वी का कुल संवेग संरक्षित रहता है

(घ) गेंद तथा पृथ्वी की कुल ऊर्जा संरक्षित रहती है

175. एक गेंद 8 सेमी. ऊँचाई से गिराई जाती है। यदि गेंद का फर्श से संघट्ट पूर्ण प्रत्यास्थ है तो वह पुनः उछलेगी—

(क) 8 सेमी. (ख) 1 सेमी.

(ग) 0.5 सेमी. (घ) शून्य

176. 8 न्यूटन/सेमी. स्प्रिंग नियतांक वाली स्प्रिंग की लंबाई में 5 सेमी. की वृद्धि होती है। लंबाई में 5 सेमी. से 15 सेमी. वृद्धि करने के लिए न्यूनतम किया गया कार्य होगा—

(क) 4 जूल (ख) 16 जूल

(ग) 8 जूल (घ) 10 जूल

उत्तर के लिए कृपया पृष्ठ सं. 196 देखें।

177. m कि.ग्रा. द्रव्यमान वाली एक वस्तु को एक व्यक्ति 1 मीटर ऊँचाई तक उठाने में 30 सेकेंड का समय लगता है और दूसरा व्यक्ति उसी वस्तु को उसी ऊँचाई तक उठाने में 60 सेकेंड का समय लगाता है। इन व्यक्तियों द्वारा किए गए कार्यों का अनुपात होगा—

(क) 1 : 2 (ख) 1 : 1

(ग) 2 : 1 (घ) 4 : 1

178. m द्रव्यमान की एक वस्तु R त्रिज्या वाले अर्द्धगोलीय बाउल के धरातल पर इसके किनारे से नीचे की ओर सरकती है। बाउल की तली पर पहुँचने पर वस्तु का वेग है—

(क) $\sqrt{2gR}$ (ख) $\sqrt{mg}R$

(ग) $2mgR$ (घ) gR

179. निम्न में से सही कथन है—

(क) एक वस्तु का वेग शून्य हो फिर भी उसमें त्वरण हो सकता है

(ख) एक वस्तु का वेग शून्य हो तो उसका त्वरण भी आवश्यक रूप से शून्य होगा

(ग) एक वस्तु जिसकी चाल स्थिर हो उसका त्वरण भी स्थिर होगा

(घ) एक वस्तु जो असमान वेग से गति करती हो तो उसका त्वरण शून्य होगा

180. M द्रव्यमान का एक चिकना गोला u वेग से दूसरे स्थिर तथा m द्रव्यमान के गोले से सीधी प्रत्यास्थ टक्कर करता है। टक्कर के पश्चात् उनके अंतिम वेग क्रमशः V तथा v हैं। v का मान होगा—

(क) $2u\frac{M}{m}$ (ख) $2u\frac{m}{M}$

(ग) $\frac{2u}{1+\frac{m}{M}}$ (घ) $\frac{2u}{1+\frac{M}{m}}$

181. एक 60 कि.ग्रा. भार को क्षैतिज धरातल पर रस्सी द्वारा 2 मीटर खींचा जाता है। यदि घर्षण गुणांक $\mu = 0.5$, रस्सी का धरातल से कोण 60° और $g = 9.8$ मी./से.^{2} हो तो किया गया कार्य है—

(क) 294 जूल (ख) 15 जूल

(ग) 588 जूल (घ) 197 जूल

उत्तर के लिए कृपया पृष्ठ सं. 196 देखें।

182. किसी स्प्रिंग का बल नियतांक K है। उसके प्रसार में l_1 से l_2 तक की वृद्धि करने में किया गया कार्य होगा—

(क) $K(l_2 - l_1)$ (ख) $\frac{K}{2}(l_2 + l_1)$

(ग) $K(l_2^2 - l_1^2)$ (घ) $\frac{K}{2}(l_2^2 - l_1^2)$

183. जब 4 क्रिलोग्राम द्रव्यमान के एक पिंड को एक हलकी स्प्रिंग से ऊर्ध्वाधर स्थिति में लटकाया जाता है तो स्प्रिंग 2 सेमी. तनकर बढ़ जाती है। स्प्रिंग हुक के नियम का पालन करती है। एक बाह्य कर्मक द्वारा इस स्प्रिंग को 5 सेमी. तानकर बढ़ाने में किया गया कार्य होगा—

(क) 4.900 जूल (ख) 2.450 जूल

(ग) 0.495 जूल (घ) 0.245 जूल

184. चाल v से पूर्व की ओर चलते हुए m द्रव्यमान का एक कण समान द्रव्यमान तथा समान चाल v से उत्तर की ओर चलते हुए एक-दूसरे कण से टकरा जाता है तथा दोनों कण संलिप्त हो जाते हैं। यह $2m$ द्रव्यमान के नए कण की चाल होगी—

(क) v (ख) v/2

(ग) $v/\sqrt{2}$ (घ) $\sqrt{2}/v$

185. एक पिंड का द्रव्यमान m तथा प्रारंभिक वेग v है। यह एक दूसरे पिंड, जो स्थिर रखा है तथा जिसका द्रव्यमान M है, से सम्मुख टक्कर करता है। यदि टक्कर के पश्चात् m द्रव्यमान वाला पिंड स्थिर हो जाए और केवल M द्रव्यमान वाला पिंड गति करे तो यह तभी होगा जब—

(क) $m >> M$ (ख) $m << M$

(ग) $m = M$ (घ) $m = \frac{1}{2}M$

186. सरल रेखा में गति करते हुए एक पिंड का संवेग 50% बढ़ जाता है। उसकी गतिज ऊर्जा में प्रतिशत वृद्धि होगी—

(क) 75% (ख) 100%

(ग) 125% (घ) 150%

उत्तर के लिए कृपया पृष्ठ सं. 196 देखें।

187. किसी पिंड की गतिज ऊर्जा में 0.1% की वृद्धि होती है तो संवेग में प्रतिशत वृद्धि होगी—

(क) 0.05% (ख) 0.1%

(ग) 1.0% (घ) 10%

188. 50 ग्राम द्रव्यमान की एक गोली 10 मी. से.$^{-1}$ के वेग से 950 ग्राम के एक स्थिर गुटके से टकराकर उसी में धँसी रह जाती है। गतिज ऊर्जा में हानि होगी—

(क) 100% (ख) 95%

(ग) 5% (घ) 50%

189. दो कणों के प्रत्यास्थ संघट्ट में निम्नलिखित राशि संरक्षित रहती है—

(क) प्रत्येक कण का संवेग

(ख) प्रत्येक कण की चाल

(ग) प्रत्येक कण की गतिज ऊर्जा

(घ) दोनों कणों की संपूर्ण गतिज ऊर्जा

190. m द्रव्यमान का कोई कण, एक आदर्श स्प्रिंग से, जिसका स्प्रिंग नियतांक K है, ऊर्ध्वाधर लटका है। यदि द्रव्यमान को ऊर्ध्वाधर कंपित कराएँ तो इसकी कुल ऊर्जा होगी—

(क) गति की उच्चतम स्थितियों पर अधिकतम

(ख) माध्य स्थिति पर अधिकतम

(ग) माध्य स्थिति पर न्यूनतम

(घ) सभी स्थितियों में समान

191. m द्रव्यमान तथा $\vec{v}$ वेग से गति करता हुआ कोई कण दूसरे विराम में रखे समान द्रव्यमान के कण से सीधी प्रत्यास्थ टक्कर करता है। टक्कर के पश्चात् पहले कण का वेग होगा—

(क) $\vec{v}$ (ख) $-\vec{v}$

(ग) $\frac{-1}{2}\vec{v}$ (घ) O

192. एक गोली क्षैतिज घर्षण रहित मेज पर रखे गुटके से टकराकर उसमें घुस जाती है क्या संरक्षित रहता है—

(क) केवल संवेग (ख) केवल गतिज ऊर्जा

(ग) संवेग और गतिज ऊर्जा दोनों (घ) इनमें से कोई नहीं

उत्तर के लिए कृपया पृष्ठ सं. 196 व 197 देखें।

193. एक द्रव्यमान विखंडित होकर 6 कि.ग्रा. और 2 कि.ग्रा. के टुकड़ों में टूट जाता है। दोनों टुकड़ों की संयुक्त गतिज ऊर्जा 4.8×10^3 जूल है। प्रत्येक टुकड़े का संवेग होगा—

(क) 6.0 कि.ग्रा. मी./से. (ख) शून्य

(ग) भिन्न-भिन्न (घ) 120 कि.ग्रा. मी./से.

194. एक धातु का तार, जिसका द्रव्यमान m है, को एक घर्षण रहित मेज पर इस प्रकार लटकाया गया है कि इसका ¼ भाग किनारे से लटका है। यदि तार की लंबाई l हो तो तार को मेज पर खींचने में कितना कार्य करना पड़ेगा—

(क) $\frac{mgl}{6}$ (ख) $\frac{mgl}{20}$

(ग) $\frac{mgl}{32}$ (घ) mgl

195. स्थिर द्रव्यमान m का एक पिंड तीन भागों में टूटता है। इनके द्रव्यमान 1:1:3 हैं। यदि समान द्रव्यमान के दो भाग समकोण पर 15 मी./से. के वेग से जाते हैं तो तीसरे भाग का वेग होगा—

(क) $5\sqrt{2}$ मी./से. (ख) 5 मी./से.

(ग) $5\sqrt{32}$ मी./से. (घ) इनमें से कोई नहीं

196. एक लड़का प्लेटफॉर्म पर दौड़ रहा है और प्लेटफॉर्म घूम रही है। क्या संरक्षित है—

(क) रेखीय संवेग (ख) गतिज ऊर्जा

(ग) कोणीय संवेग (घ) इनमें से कोई नहीं

197. दो गेंदों के संघट्ट में क्या नियत रहता है—

(क) गतिज ऊर्जा (ख) संवेग

(ग) दोनों (घ) न गतिज ऊर्जा न संवेग

198. दो पिंड A और B, जिनके द्रव्यमान भिन्न-भिन्न हैं, की गतिज ऊर्जा समान हैं। यदि समान मंदन बल (Force of Retardation) लगाया जाए तो कौन सा कथन सत्य है—

(क) दोनों समान दूरी तय कर सकते हैं

(ख) A, B से अधिक दूरी तय कर सकता है

(ग) B, A से अधिक दूरी तय कर सकता है

उत्तर के लिए कृपया पृष्ठ सं. 197 देखें।

(घ) उपर्युक्त में से कोई नहीं

199. 10 ग्राम द्रव्यमान की बंदूक की गोली 5 कि.ग्रा. द्रव्यमान की बंदूक से 400 मी. सी.$^{-1}$ के वेग से छोड़ी गई। बंदूक का वेग होगा—

(क) 8 मी.से.$^{-1}$ (ख) 0.08 मी.से.$^{-1}$

(ग) 0.8 मी.से.$^{-1}$ (घ) 800 मी.से.$^{-1}$

200. यदि कण का वेग दुगुना करें तो गतिज ऊर्जा होगी—

(क) दुगुनी (ख) समान

(ग) चार गुनी (घ) एक चौथाई

201. एक गेंद 10 मीटर की ऊँचाई से गिराई गई। गिराने पर 40% ऊर्जा का ह्रास होता है। यह टकराने के बाद कितनी ऊँचाई तक जाएगी—

(क) 10 मी. (ख) 8 मी.

(ग) 4 मी. (घ) 6 मी.

202. m द्रव्यमान का एक पिंड v वेग से गतिशील है। समान द्रव्यमान का दूसरा पिंड उसी वेग से विपरीत दिशा में गतिशील है। दोनों पिंड टकराते हैं। टकराने के बाद युग्म पिंड का वेग होगा—

(क) v (ख) 2v

(ग) शून्य (घ) $\frac{v}{2}$

203. अप्रत्यास्थ टक्कर में संरक्षित है—

(क) गतिज ऊर्जा (ख) संवेग

(ग) द्रव्यमान (घ) आवेग

204. प्लेटफॉर्म पर बक्सा उतारने में किया गया कार्य निर्भर करता है—

(क) कितनी तेजी से रखा (ख) मनुष्य की शक्ति

(ग) ऊँचाई पर (घ) कोई नहीं

205. M द्रव्यमान का एक थैला एक धागे से लटका है। m द्रव्यमान की बंदूक की गोली v वेग से आकर इसमें घँस गई। इस प्रक्रिया में K. E. में ह्रास होगा—

(क) $\frac{1}{2} mv^2 \times \frac{1}{M+m}$ (ख) $\frac{1}{2} mv^2$

(ग) $\frac{1}{2} mv^2 \times \frac{M}{M+m}$ (घ) $\frac{1}{2} mv^2 \times \frac{M}{m}$

उत्तर के लिए कृपया पृष्ठ सं. 197 देखें।

206. प्रोटॉन 7×10^6 मी.से.$^{-1}$ के वेग से बाईं तरफ तथा न्यूट्रॉन 4×10^6 मी. से.$^{-1}$ के वेग से दाईं तरफ गति कर रहा है संघट्ट पर ड्यूट्रॉन बनता है। ड्यूट्रॉन किस वेग से किस तरफ गति करेगा—

(क) 1.5×10^6 मी.से.$^{-1}$ दाईं तरफ

(ख) 3×10^6 मी.से.$^{-1}$ बाईं तरफ

(ग) 3×10^6 मी.से.$^{-1}$ दाईं तरफ

(घ) 1.5×10^6 मी.से.$^{-1}$ बाईं तरफ

207. जब दो पिंड प्रत्यास्थ्य रूप से टकराते हैं तो संरक्षित होता है—

(क) गतिज ऊर्जा (ख) संवेग

(ग) दोनों (घ) उपर्युक्त में से कोई नहीं

208. एक वेट लिफ्टर (Weight lifter) 300 कि.ग्रा. को 2 मीटर ऊँचाई तक 3 सेकेंड में उठा देता है। उसके द्वारा उत्पादित औसत शक्ति है—

(क) 5880 वाट (ख) 4410 वाट

(ग) 2205 वाट (घ) 1960 वाट

209. एक U^{238} नाभिक u मी.से.$^{-1}$ की चाल से एक ∝– कण उत्सर्जित करता है। शेष नाभिक विपरीत दिशा में किस वेग से प्रतिक्षिप्त होगा—

(क) $\frac{-4u}{234}$ (ख) $\frac{u}{4}$

(ग) $\frac{-4u}{238}$ (घ) $\frac{4u}{238}$

210. 9 कि.ग्रा. का बम फटकर 3 कि.ग्रा. व 6 कि.ग्रा. के दो भागों में बँट जाता है। यदि 3 कि.ग्रा वाले भाग का वेग 16 मी./से. हो तो 6 कि.ग्रा. वाले भाग की गतिज ऊर्जा होगी—

(क) 96 जूल (ख) 384 जूल

(ग) 192 जूल (घ) 768 जूल

211. किस दशा में स्थितिज ऊर्जा घटती है—

(क) स्प्रिंग को संपीडित करने पर

(ख) स्प्रिंग को खींचने पर

(ग) किसी पिंड को गुरुत्वीय बल के विरुद्ध चलाने पर

(घ) जल में वायु के बुलबुले के ऊपर उठने पर

उत्तर के लिए कृपया पृष्ठ सं. 197 देखें।

212. समान द्रव्यमान के दो पूर्णतः प्रत्यास्थ कण P और Q, जिनके वेग क्रमशः 15 मी.से.$^{-1}$ और 10 मी.से.$^{-1}$ हैं, दोनों कणों को मिलाने वाली रेखा की दिशा में जाते हुए टकराते हैं। टक्कर के बाद उनके वेग (मी.से.$^{-1}$) होंगे—

(क) 0, 25 (ख) 5, 20

(ग) 10, 15 (घ) 20, 5

213. एक m द्रव्यमान की वस्तु v वेग से गति करती हुई एक दूसरी $2m$ द्रव्यमान वाली वस्तु जो प्रारंभ में स्थिर है, से सीधी प्रत्यास्थ टक्कर करती है। टकराने वाली वस्तु (m द्रव्यमान) की गतिज ऊर्जा में ह्रास होता है—

(क) $\frac{1}{2}$ गुना उसकी प्रारंभिक गतिज ऊर्जा के

(ख) $\frac{1}{9}$ गुना उसकी प्रारंभिक गतिज ऊर्जा के

(ग) $\frac{8}{9}$ गुना उसकी प्रारंभिक गतिज ऊर्जा के

(घ) $\frac{1}{4}$ गुना उसकी प्रारंभिक गतिज ऊर्जा के

214. V वेग से चलता हुआ m द्रव्यमान का एक गोला एक लटके रेत के बोरे में घुसकर रुक जाता है। यदि बोरे का द्रव्यमान M है और वह h ऊँचाई तक उठाया गया है तो गोले का वेग था—

(क) $\frac{M+m}{m}\sqrt{2gh}$ (ख) $\frac{M}{m}\sqrt{2gh}$

(ग) $\frac{m}{M+m}\sqrt{2gh}$ (घ) $\frac{m}{M}\sqrt{2gh}$

215. समान संवेग वाली दो वस्तुओं के द्रव्यमान क्रमशः m व 2m हैं। उनकी गतिज ऊर्जाओं का अनुपात $K_1:K_2$ होगा—

(क) 1 : 2 (ख) 2 : 1

(ग) $1:\sqrt{2}$ (घ) 1 : 4

216. एक टक्कर में जो राशियाँ स्थिर रहती हैं, वह हैं—

(क) संवेग, गतिज ऊर्जा और ताप

(ख) संवेग और गतिज ऊर्जा, किंतु ताप नहीं

(ग) संवेग और ताप, किंतु ऊर्जा नहीं

(घ) संवेग, किंतु गतिज ऊर्जा और ताप नहीं

उत्तर के लिए कृपया पृष्ठ सं. 197 देखें।

217. m द्रव्यमान की एक कार एक बाह्य रोधक बल के विरुद्ध a त्वरण से एक सरल समतल सड़क पर गतिशील है। जब कार की गति v है तब कार के इंजन की कार्य करने की दर होती—

(क) Rv (ख) mav

(ग) (R + ma)v (घ) (ma –R)v

218. m द्रव्यमान का एक कण v वेग से गतिशील है तथा 2m द्रव्यमान के स्थिर कण से टकराकर उससे चिपक जाता है। इस तंत्र का वेग होगा—

(क) $\frac{v}{2}$ (ख) 2v

(ग) v/3 (घ) 3v

219. दो कमानी, जिनके कमानी नियतांक क्रमश: 1500 N/m और 3000 N/m हैं, को एक समान बल से खींचा जाता है। उनकी स्थितिज ऊर्जाओं का अनुपात होगा—

(क) 4 : 1 (ख) 1 : 4

(ग) 2 : 1 (घ) 1 : 2

220. चित्र में दर्शाए अनुसार घर्षण रहित पथ ABCD का अंतिम भाग वृत्ताकार है, जिसकी त्रिज्या R है। यदि बिंदु A की ऊँचाई $h = 5$ सेमी. हो तो वृत्त की अधिकतम त्रिज्या R क्या होगी जिससे बिंदु A से छोड़ा गया एक पिंड फिसलकर गोलाकार पथ का चक्कर लगा ले—

(क) 5 सेमी.

(ख) $\frac{15}{4}$ सेमी.

(ग) $\frac{10}{3}$ सेमी.

(घ) 2 सेमी.

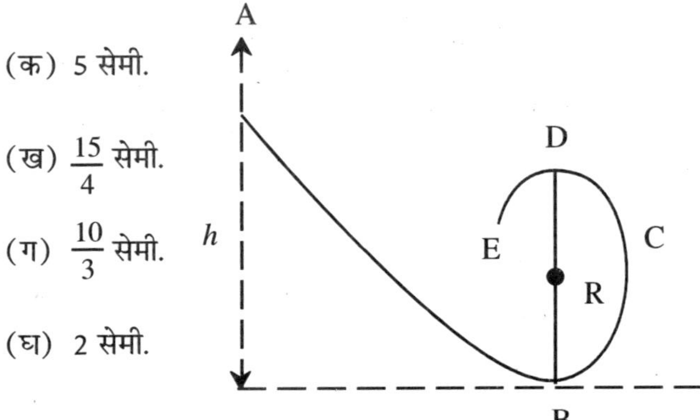

उत्तर के लिए कृपया पृष्ठ सं. 197 देखें।

221. यदि एक हल्के पिंड (द्रव्यमान M_1 तथा वेग V_1) तथा एक भारी पिंड (द्रव्यमान M_2 तथा वेग V_2) दोनों की गतिज ऊर्जाएँ समान हों तो—

(क) $M_1V_1 < M_2V_2$ (ख) $M_2 V_2 = M_1 V_1$

(ग) $M_2V_1 = M_1M_2$ (घ) $M_1V_1 > M_2V_2$

222. 5 कि.ग्रा. द्रव्यमान का एक पिंड 10 कि.ग्रा. मी./से. के संवेग से गतिशील है। 0.2 न्यूटन का बल पिंड पर उसकी गति की दिशा में 10 सेकेंड तक लगाया जाता है। पिंड की गतिज ऊर्जा में वृद्धि होगी—

(क) 2.8 जूल (ख) 3.2 जूल

(ग) 3.8 जूल (घ) 4.4 जूल

223. सन् 1905 में किस वैज्ञानिक ने द्रव्यमान और ऊर्जा में तुल्यता संबंध स्थापित किया—

(क) मेंडलीफ (ख) अल्बर्ट आइंस्टीन

(ग) न्यूटन (घ) चैडविक

□

उत्तर के लिए कृपया पृष्ठ सं. 197 देखें।

प्रत्यास्थता
(ELASTICITY)

224. किस राशि का मात्रक न्यूटन प्रति मीटर^2 नहीं है—

(क) प्रतिबल (ख) विकृति

(ग) यंग मापांक (घ) दाब

225. किसी तार की त्रिज्या r तथा लंबाई L है। उस पर m द्रव्यमान का भार आरोपित करने पर उसकी लंबाई में वृद्धि l होती है। यंग मापांक का मान होगा—

(क) $\frac{MgL}{\pi r^2 l}$ (ख) $\frac{Mgl}{\pi r^2 L}$

(ग) $\frac{\pi r^2 L}{Mgl}$ (घ) $\frac{\pi r^2 l}{MgL}$

226. फौलाद की अपेक्षा सीसे की प्रत्यास्थता सीमा कम होती है, क्योंकि—

(क) सीसे का प्रत्यास्थता गुणांक फौलाद की अपेक्षा अधिक होता है

(ख) सीसे का प्रत्यास्थता गुणांक फौलाद की अपेक्षा कम होता है

(ग) सीसे का प्रत्यास्थता गुणांक फौलाद की अपेक्षा तुलनीय है

(घ) सीसे का प्रत्यास्थता गुणांक फौलाद की अपेक्षा अतुलनीय है

227. यदि ताप बढ़ जाए तो प्रत्यास्थता गुणांक का मान—

(क) घट जाता है (ख) बढ़ जाता है

(ग) उतना ही रहता है (घ) शून्य हो जाता है

228. कौन सा पदार्थ अधिक प्रत्यास्थ है—

(क) काँच (ख) इस्पात

(ग) प्लास्टिक (घ) रबर

उत्तर के लिए कृपया पृष्ठ सं. 197 देखें।

229. किसी पदार्थ की संपीड्यता मापी जाती है—
(क) यंग प्रत्यास्थता गुणांक से
(ख) यंग प्रत्यास्थता गुणांक के व्युत्क्रम से
(ग) आयतन प्रत्यास्थता गुणांक से
(घ) आयतन प्रत्यास्थता गुणांक के व्युत्क्रम से

230. हुक का नियम वस्तुतः परिभाषित करता है—
(क) प्रतिबल (ख) विकृति
(ग) प्रत्यास्थता गुणांक (घ) प्रात्यास्थता सीमा

231. किसी वस्तु के पृष्ठ पर बाह्य स्पर्श रेखीय बल लगाने पर वस्तु में परिवर्तन होता है—
(क) आकार (ख) आयतन
(ग) आकृति (घ) लंबाई

232. मकान बनाने या पुल बनाने में स्टील के गर्डरों का प्रयोग करते हैं, क्योंकि—
(क) स्टील का यंग मापांक कम है
(ख) स्टील का यंग मापांक अधिक है
(ग) इसका यंग मापांक बदल सकता है
(घ) इनमें से कोई नहीं

233. संलग्न चित्र में अनुदैर्ध्य प्रतिबल की दिशा क्या होगी—
(क) दाहिनी ओर
(ख) बाईं ओर
(ग) ऊपर की ओर
(घ) नीचे की ओर

Mg

234. द्रव और गैसों के लिए निम्नलिखित प्रत्यास्थता गुणांक परिभाषित है—
(क) यंग मापांक (ख) आयतन प्रत्यास्थता गुणांक
(ग) दृढ़ता गुणांक (घ) उपर्युक्त सभी

235. निम्नलिखित चार तार एक ही पदार्थ के बने हैं, जब समान भार लटकाया जाता है, तो किस तार की लंबाई में सबसे अधिक वृद्धि होगी—
(क) लंबाई 50 सेमी. तथा व्यास 0.5 मिमी.
(ख) लंबाई 100 सेमी. तथा व्यास 1 मिमी.
(ग) लंबाई 200 सेमी. तथा व्यास 2 मिली.
(घ) लंबाई 300 सेमी. तथा व्यास 3 मिमी.

उत्तर के लिए कृपया पृष्ठ सं. 197 देखें।

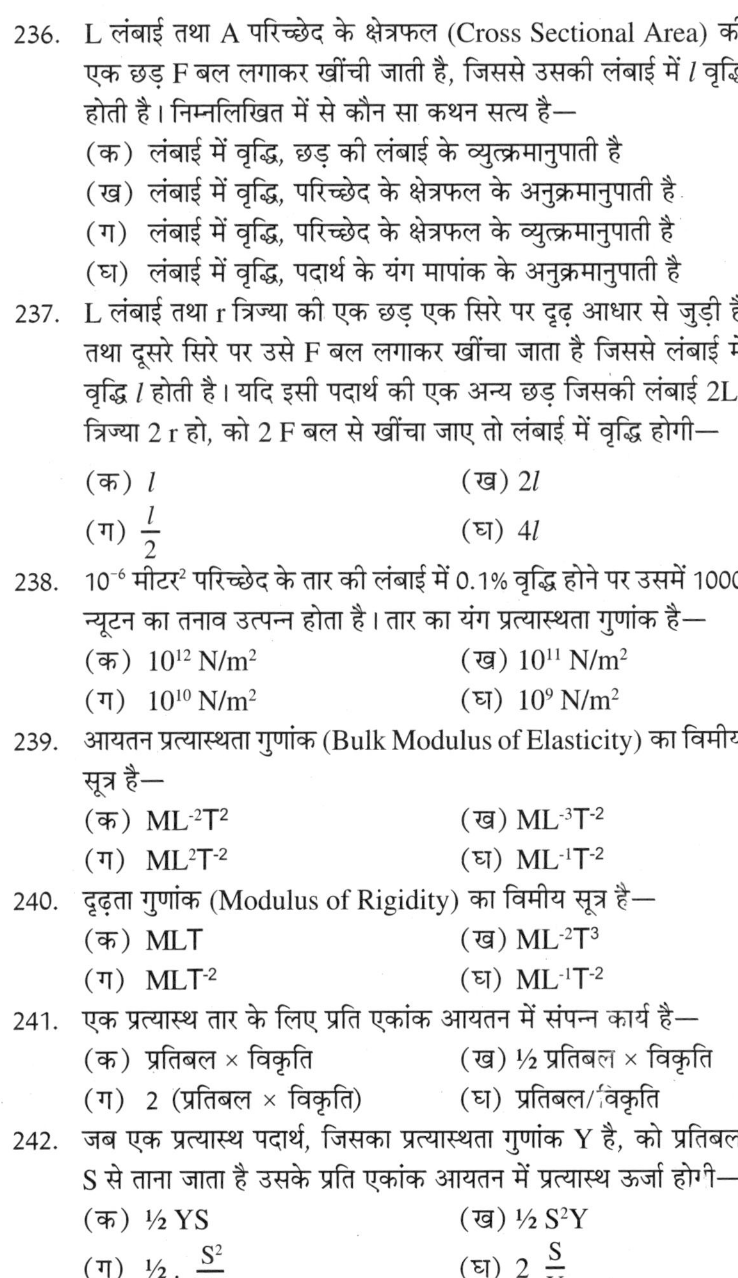

236. L लंबाई तथा A परिच्छेद के क्षेत्रफल (Cross Sectional Area) की एक छड़ F बल लगाकर खींची जाती है, जिससे उसकी लंबाई में l वृद्धि होती है। निम्नलिखित में से कौन सा कथन सत्य है—

(क) लंबाई में वृद्धि, छड़ की लंबाई के व्युत्क्रमानुपाती है

(ख) लंबाई में वृद्धि, परिच्छेद के क्षेत्रफल के अनुक्रमानुपाती है

(ग) लंबाई में वृद्धि, परिच्छेद के क्षेत्रफल के व्युत्क्रमानुपाती है

(घ) लंबाई में वृद्धि, पदार्थ के यंग मापांक के अनुक्रमानुपाती है

237. L लंबाई तथा r त्रिज्या की एक छड़ एक सिरे पर दृढ़ आधार से जुड़ी है तथा दूसरे सिरे पर उसे F बल लगाकर खींचा जाता है जिससे लंबाई में वृद्धि l होती है। यदि इसी पदार्थ की एक अन्य छड़ जिसकी लंबाई 2L, त्रिज्या 2 r हो, को 2 F बल से खींचा जाए तो लंबाई में वृद्धि होगी—

(क) l (ख) $2l$

(ग) $\frac{l}{2}$ (घ) $4l$

238. 10^{-6} मीटर^2 परिच्छेद के तार की लंबाई में 0.1% वृद्धि होने पर उसमें 1000 न्यूटन का तनाव उत्पन्न होता है। तार का यंग प्रत्यास्थता गुणांक है—

(क) 10^{12} N/m^2 (ख) 10^{11} N/m^2

(ग) 10^{10} N/m^2 (घ) 10^{9} N/m^2

239. आयतन प्रत्यास्थता गुणांक (Bulk Modulus of Elasticity) का विमीय सूत्र है—

(क) $ML^{-2}T^{2}$ (ख) $ML^{-3}T^{-2}$

(ग) $ML^{2}T^{-2}$ (घ) $ML^{-1}T^{-2}$

240. दृढ़ता गुणांक (Modulus of Rigidity) का विमीय सूत्र है—

(क) MLT (ख) $ML^{-2}T^{3}$

(ग) MLT^{-2} (घ) $ML^{-1}T^{-2}$

241. एक प्रत्यास्थ तार के लिए प्रति एकांक आयतन में संपन्न कार्य है—

(क) प्रतिबल × विकृति (ख) ½ प्रतिबल × विकृति

(ग) 2 (प्रतिबल × विकृति) (घ) प्रतिबल/विकृति

242. जब एक प्रत्यास्थ पदार्थ, जिसका प्रत्यास्थता गुणांक Y है, को प्रतिबल S से ताना जाता है उसके प्रति एकांक आयतन में प्रत्यास्थ ऊर्जा होगी—

(क) ½ YS (ख) ½ S^2Y

(ग) ½ . $\frac{S^2}{Y}$ (घ) 2 $\frac{S}{Y}$

उत्तर के लिए कृपया पृष्ठ सं. 197 व 198 देखें।

243. पायसन निष्पत्ति का मान किसके मध्य रहता है—

(क) -1 व $\frac{1}{2}$ (ख) $-\frac{3}{4}$ व $-\frac{1}{2}$

(ग) $-\frac{1}{2}$ तथा 1 (घ) 1 व 2

244. एक तार, जिसकी लंबाई 2 मीटर तथा अनुप्रस्थ काट का क्षेत्रफल 10^{-6} मीटर^2 है, को 0.1 मिमी. खींचकर बढ़ाने पर कार्य होगा ($Y = 2 \times 10^{11}$ N/m^2)

(क) 5×10^{-1} जूल (ख) 5×10^{-2} जूल

(ग) 5×10^{-3} जूल (घ) 5×10^{-4} जूल

245. A और B समान लंबाई के दो तार हैं। तार A की त्रिज्या तार B से दुगुनी है। दोनों समान भार से खींचे जाते हैं तो उनकी लंबाई में वृद्धि का अनुपात होगा—

(क) 1 : 4 (ख) 1 : 2

(ग) 2 : 1 (घ) 8 : 1

246. इस्पात के एक तार को 1.1 गुना खींचना है। तार के अनुप्रस्थ-काट का क्षेत्रफल 1 सेमी.^{2} है और यंग मापांक 2×10^{11} न्यूटन/मीटर^2 है। इसके लिए आवश्यक बल होगा—

(क) 2×10^{6} न्यूटन (ख) 2×10^{8} न्यूटन

(ग) 2×10^{-6} न्यूटन (घ) 2×10^{-7} न्यूटन

247. एक तार को, जो ऊपरी सिरे पर दृढ़ता से कसा है, 10^6 डाइन के बल द्वारा प्रत्यास्थता की सीमा के अंदर खींचा जाता है। यदि तार को खींचने में किया गया कार्य 10^5 अर्ग है तो तार की लंबाई में वृद्धि होगी—

(क) 0.1 मिमी. (ख) 0.5 मिमी.

(ग) 1 मिमी. (घ) 2 मिमी.

248. एक मिमी. त्रिज्या के एक तार को तोड़ने के लिए 10 न्यूटन बल की आवश्यकता होती है। 3 मिमी. त्रिज्या वाले तार को तोड़ने के लिए आवश्यक बल होगा—

(क) 90 न्यूटन (ख) $\frac{10}{3}$ न्यूटन

(ग) $\frac{10}{9}$ न्यूटन (घ) 30 न्यूटन

उत्तर के लिए कृपया पृष्ठ सं. 198 देखें।

249. ताँबे का एक तार और स्टील का एक तार जिनकी लंबाई और त्रिज्या बराबर हैं, जोड़ा जाता है। एक बल का प्रयोग करने पर दोनों तारों की संयुक्त लंबाई में 1 मिमी. की वृद्धि होती है। दोनों तारों में होगा—
(क) अलग-अलग प्रतिबल और विकृति
(ख) एक समान प्रतिबल और विकृति
(ग) एक समान विकृति, लेकिन अलग-अलग प्रतिबल
(घ) एक समान प्रतिबल, किंतु अलग-अलग विकृति

250. एक समान अनुप्रस्थ-काट का क्षेत्रफल 3×10^{-6} मीटर^2 वाले 4 मीटर लंबे तार पर जब बल लगाया जाता है, तो उसकी लंबाई में 1 मिमी. की वृद्धि होती है। तार में संचित ऊर्जा होगी ($Y = 2 \times 10^{11}$ N/m^2)
(क) 6250 जूल (ख) 0.177 जूल
(ग) 0.075 जूल (घ) 0.150 जूल

251. लंबाई L और परिच्छेद A की एक तार Y यंग नियतांक के पदार्थ की बनी है। खींचने पर लंबाई में प्रसार x है। किया गया कार्य है—
(क) $\frac{YxA}{2L}$ (ख) $\frac{Yx^2A}{L}$
(ग) $\frac{Yx^2A}{2L}$ (घ) $\frac{2Yx^2A}{L}$

252. एक ही पदार्थ के दो तारों की लंबाइयों का अनुपात 1 : 2 है तथा उनकी त्रिज्याओं का अनुपात $1 : \sqrt{2}$ है। यदि उन्हें समान बल लगाकर खींचा जाए, तो उनकी लंबाइयों में वृद्धि का अनुपात होगा—
(क) $2 : \sqrt{2}$ (ख) $\sqrt{2} : 2$
(ग) 1 : 1 (घ) 1 : 2

253. किसी पदार्थ के यंग गुणांक के मात्रक निम्नलिखित में से किसके मात्रकों के समान होते हैं—
(क) दाब (ख) विकृति
(ग) संपीड्यता (घ) बल

254. 10^3 N का बल एक लटके हुए तार की लंबाई 1 मिमी. बढ़ा देता है। उसी पदार्थ, उसी लंबाई और चार गुना व्यास वाले तार की लंबाई 1 मिमी. बढ़ाने के लिए बल की आवश्यकता होगी—
(क) 4×10^3 N (ख) 16×10^3 N
(ग) $\frac{1}{4} \times 10^3$ N (घ) $\frac{1}{16} \times 10^3$ N

उत्तर के लिए कृपया पृष्ठ सं. 198 देखें।

255. एक लटकते हुए तार, जिसकी त्रिज्या 4 मिमी. और लंबाई 100 सेमी. है, का ऊपरी सिरा दृढ़ स्थिर है। उसके निचले सिरे को कोण 30° से मोड़ा जाता है तो अपरूपण कोण (Angle of Shrar) होगा—

(क) 12° (ख) 0.12°

(ग) 1.2° (घ) 0.012°

256. एक ही धातु के चार तारों को समान भार से खींचा जाता है। निम्नलिखित में से किस प्रेक्षण में लंबाई वृद्धि अधिक होगी—

(क) L = 1 मी., r = 1 मिमी. (ख) L = 2 मी., r = 1 मिमी.

(ग) L = 1 मी., r = 2 मिमी. (घ) L = 2 मी., r = 2 मिमी.

257. समतापी प्रत्यास्थता समान है—

(क) P (ख) r p

(ग) $\frac{1}{P}$ (घ) $\frac{1}{rp}$

258. किसी गैस की रूद्धोष्म प्रत्यास्थता निम्नलिखित के समान है—

(क) इसके आयतन (ख) इसके दाब

(ग) इसके घनत्व (घ) r गुना दाब

259. लोहे की यंग प्रत्यास्थता 2×10^{11} N/m^2 है और अंतरा-आण्विक दूरी 3 A° है। अंतरा-आण्विक बल होगा—

(क) 6 न्यूटन (ख) 6×10^{11} न्यूटन

(ग) 60 न्यूटन (घ) 600 न्यूटन

260. तार खींचने में प्रति आयतन ऊर्जा होती है—

(क) लोड प्रतिबल की आधी (ख) विकृति के बराबर

(ग) प्रतिबल × विकृति (घ) ½ प्रतिबल × विकृति

261. धातु की एक पत्ती की लंबाई L, अनुप्रस्थ-काट का क्षेत्रफल A, इसकी यंग प्रत्यास्थता Y तथा रेखीय प्रसार गुणांक α है। इसे दो खंभों के बीच बाँधकर t°c तक गरम किया जाता है। पट्टी पर लगने वाला बल होगा—

(क) $YA\alpha t$ (ख) $YA\alpha Lt$

(ग) $tAL\alpha$ (घ) $\frac{t\alpha L}{A}$

उत्तर के लिए कृपया पृष्ठ सं. 198 देखें।

262. स्टील के लिए $Y = 2 \times 10^{11}$ N/m^2 है। यदि अंतरा-परमाण्विक दूरी 2.8 A° हो तो अंतरा-परमाण्विक बल होगा—

(क) 5.6 N/m (ख) 560 N/m

(ग) 0.56 N/m (घ) 56 N/m

263. किसी पदार्थ का पायसन अनुपात 0.50 है। यदि इस पदार्थ की एक समान छड़ में अनुदैर्ध्य विकृति 2×10^{-3} है, तो आयतन में प्रतिशत परिवर्तन होगा—

(क) 0.6 (ख) 0.4

(ग) 0.2 (घ) शून्य

264. L लंबाई व r त्रिज्या के तार का यंग मापांक Y न्यूटन/मीटर² है। यदि लंबाई $\frac{L}{2}$ व त्रिज्या $\frac{r}{2}$ कर दी जाए तो यंग मापांक होगा—

(क) Y/2 न्यूटन/मीटर² (ख) Y न्यूटन/मीटर²

(ग) 2Y न्यूटन/मीटर² (घ) 4Y न्यूटन/मीटर²

265. यंग प्रत्यास्थता-गुणांक Y, आयतन प्रत्यास्थता-गुणांक K तथा दृढ़ता-गुणांक n में संबंध होता है—

(क) $Y = \frac{9nK}{3K+n}$ (ख) $n = \frac{9YK}{3K+Y}$

(ग) $Y = 9nK\,(K + 3n)$ (घ) $Y = \frac{3n+K}{9n+K}$

संकेत

235. $L \propto \frac{L}{A} \Rightarrow L \propto \frac{L}{r^2}$

238. $Y = \frac{\text{प्रतिबल}}{\text{विकृति}} = \frac{10-6}{0.1/100}$

244. कार्य = $\frac{1}{2}$ यंग मापांक × (विकृति)² × आयतन = $\frac{1}{2}$ यंग मापांक × (विकृति)² × क्षेत्रफल × लंबाई

उत्तर के लिए कृपया पृष्ठ सं. 198 देखें।

245. $Y=\frac{MgL}{\pi r^2 l}$ में Y, L व M समान हैं। अत: $r^2 l$=एक नियतांक या $\frac{r_1^2}{r_2^2}=\frac{l_2}{l_1}$

247. $W=-\frac{1}{2}F\times l$

248. $F\propto r^2$

250. $W=\frac{1}{2}Y\times(\text{विकृति})^2\times\text{आयतन}=\frac{1}{2}Y\times\left(\frac{l}{L}\right)\times LA$

251. उपर्युक्त प्रश्न की भाँति

252. $Y=\frac{MgL}{\pi r^2 l}$ में Y, Mg स्थिर हैं। अत: $\frac{L}{r^2 l}$ = एक नियतांक

या $\frac{L_1}{r_1^2 l_1}=\frac{L_2}{r_2^2 l_2}$ या $\frac{l_1}{l_2}=\frac{L_1}{L_2}\times\left(\frac{r_2}{r_1}\right)^2=\frac{1}{2}\left(\frac{\sqrt{2}}{1}\right)^2$

254. $Y=\frac{FL}{\pi r^2 l}$ में Y, L व l समान हैं।

255. अपरूपण कोण $=\frac{4\times10^{-3}}{100\times10^{-2}}\times30^\circ=0.12^\circ$

256. प्रश्न 235 की भाँति

259. $K=Y.\,ro=2\times10^{11}\times3\times10^{-10}$

262. प्रश्न 259 की भाँति

263. पायसन अनुपात = $\frac{\text{अनुप्रस्थ विकृति}}{\text{अनुदैर्घ्य विकृति}}$ से,

$0.5=\frac{\text{अनुप्रस्थ विकृति}}{2\times10^{-3}}$ अत: अनुप्रस्थ विकृति $=1\times10^{-3}=\frac{dx}{r}$

अब छड़ का आयतन $V=\pi r^2 l$ अवकलन करने पर

$dV=2\pi rl\,dr+\pi r^2 dl$

या $\frac{dV}{V}=\frac{2\pi rl\,dr}{V}+\frac{\pi r^2 dl}{V}$ या $\frac{dV}{V}=0$

$\frac{dr}{r}+\frac{dl}{l}=-2\times1\times10^{-3}+2\times10^{-3}=0$

ऋण चिह्न इसलिए आया है कि लंबाई बढ़ने से व्यास घटता है। □

उत्तर के लिए कृपया पृष्ठ सं. 198 देखें।

6

तरल दाब एवं पृष्ठ-तनाव

(FLUID PRESSURE AND SURFACE TENSION)

266. वायुमंडलीय दाब का मान है—

(क) 1 पास्कल (ख) 10^5 पास्कर

(ग) 10^6 पास्कल (घ) इनमें से कोई नहीं

267. पानी से भरे गिलास में बर्फ का टुकड़ा तैर रहा है। यदि संपूर्ण बर्फ पिघल जाए तो जल का तल—

(क) ऊँचा हो जाएगा

(ख) नीचे गिर जाएगा

(ग) वहीं रहेगा

(घ) बर्फ और पानी की मात्रा के अनुसार ऊपर उठ सकता है या नीचे गिर सकता है

268. एक जहाज समुद्र में तैरता है क्योंकि—

(क) जहाज के डूबे हुए भाग द्वारा विस्थापित पानी का भार जहाज के भार के बराबर हो जाता है

(ख) जहाज पर उत्प्लावन बल कार्य नहीं करता

(ग) जहाज द्वारा विस्थापित पानी का भार जहाज के भार से कम है

(घ) प्रत्येक पिंड अवश्य ही तैरता है

269. दो तनी हुई झिल्लियों को जिनके क्षेत्रफल क्रमश: 2 मीटर^2 और 3 मीटर^2 हैं, एक द्रव पर समान गहराई पर रखते हैं। उन पर दाबों का अनुपात है—

(क) 1 : 1 (ख) 2 : 3

(ग) $\sqrt{2} : \sqrt{3}$ (घ) 4 : 9

उत्तर के लिए कृपया पृष्ठ सं. 198 देखें।

270. वायुमंडलीय दाब का अचानक गिर जाना प्रदर्शित करता है—

(क) तूफान (ख) वर्षा

(ग) स्वच्छ मौसम (घ) शीत लहर

271. बर्फ का एक टुकड़ा 1.2 विशिष्ट घनत्व के द्रव से भरे एक बीकर में तैर रहा है। बर्फ के पूरी पिघल जाने पर बीकर में द्रव का तल—

(क) नीचे गिर जाएगा

(ख) ऊपर उठ जाएगा

(ग) वही रहेगा

(घ) द्रव तथा बर्फ की मात्रा के अनुसार ऊपर उठ सकता है, नीचे गिर सकता है

272. एक साधारण हाइड्रोमीटर द्रव का विशिष्ट घनत्व नापता है। उसकी डंडी पर 1.5 का चिह्न 1.6 के चिह्न की तुलना में—

(क) ऊपर होगा

(ख) नीचे होगा

(ग) उसी स्थान पर होगा

(घ) ऊपर अथवा नीचे हो सकता है

273. एक प्लावी बर्फ (Ice-berg) समुद्र के जल पर तैर रहा है। समुद्र के जल का घनत्व 1.02 ग्राम सेमी.$^{-3}$ है तथा बर्फ का घनत्व 0.92 ग्राम सेमी.$^{-3}$ है। समुद्र के जल की सतह के ऊपर बर्फ के आयतन का भाग है लगभग—

(क) 8% (ख) 11%

(ग) 3% (घ) 1.8%

274. बर्फ का एक टुकड़ा, जिसके अंदर एक पत्थर जमा हुआ है, पानी से भरे काँच के एक बरतन में तैरता है। जब बर्फ पिघलेगी तो बरतन में पानी के तल में क्या परिवर्तन होगा—

(क) तल ऊपर उठेगा

(ख) तल में कोई परिवर्तन नहीं होगा

(ग) तल नीचे गिरेगा

(घ) कुछ पानी बाहर बह जाएगा

उत्तर के लिए कृपया पृष्ठ सं. 198 देखें।

275. साधारण तुला के एक पलड़े पर एक पानी भरा बीकर तौला गया। एक ठोस पदार्थ जिसका द्रव्यमान 5 ग्राम तथा विशिष्ट घनत्व 1 है, तुला की भुजा पर बाँधा गया है तथा ठोस को बीकर के पानी में डुबा दिया गया है। तुला का पलड़ा बीकर के साथ—

(क) नीचे जाएगा (ख) ऊपर आएगा

(ग) कोई परिवर्तन नहीं होगा (घ) इनमें से कोई नहीं

276. वर्षा की बूँद गोलाकर होती है, इसका कारण है—

(क) गुरुत्व बल (ख) श्यानता

(ग) वायुमंडलीय दाब (घ) पृष्ठ तनाव

277. जल की सतह पर एक पिन या सूई तैरती है, इसका कारण है—

(क) पृष्ठ-तनाव (ख) कण का भार

(ग) द्रव का उछाल (घ) उपर्युक्त में से कोई नहीं

278. पृष्ठ-तनाव का कारण है—

(क) आसंजक बल (ख) ससंजक बल

(ग) स्थिर वैद्युत बल (घ) घर्षण बल

279. एक अणु जो द्रव के अंदर से सतह पर आता है, ऊर्जा प्राप्त करता है, क्योंकि—

(क) इसका ताप बढ़ जाता है

(ख) नीचे के अणुओं के द्वारा लगने वाले आकर्षण बल के विरुद्ध कार्य किया जाता है

(ग) सतह पर अंदर की अपेक्षा अधिक वेग से पहुँचता है

(घ) उपर्युक्त सभी

280. साबुन का घोल कपड़ा साफ करने में सहायक है, क्योंकि—

(क) पृष्ठ तनाव बढ़ जाता है

(ख) पृष्ठ-तनाव घट जाता है

(ग) धूल के कण शोषित हो जाते हैं

(घ) रासायनिक परिवर्तन हो जाता है

281. ताप को बढ़ाने पर जल का पृष्ठ-तनाव

(क) बढ़ता है

(ख) घटता है

(ग) अपरिवर्तित रहता है

(घ) बढ़ना या घटना द्रव पर निर्भर करता है

उत्तर के लिए कृपया पृष्ठ सं. 198 देखें।

282. द्रव ठोस के तल को गीला नहीं करता है यदि स्पर्श कोण (Angle of Contact) का मान है—

(क) 0° (ख) 30°

(ग) 4° (घ) अधिक कोण

283. शुद्ध जल और साफ चाँदी के लिए स्पर्श कोण 90° है। चाँदी की केशनली (Capillany) को जल में खड़ा करने पर जल नली में—

(क) ऊपर की ओर चढ़ेगा (ख) नीचे की ओर उतरेगा

(ग) पहले चढ़ेगा फिर उतरेगा (घ) न चढ़ेगा न उतरेगा

284. यदि केशनली की त्रिज्या दुगुनी कर दी जाए तो उसमें चढ़े द्रव स्तंभ की ऊँचाई—

(क) आधी हो जाएगी (ख) दुगुनी हो जाएगी

(ग) अपरिवर्तित रहेगी (घ) चौगुनी हो जाएगी

285. केशनली में पारे का मेनिस्कस होता है—

(क) उत्तल (ख) अवतल

(ग) समतल (घ) कुछ निश्चित नहीं

286. जब किसी केशनली को पानी में डुबाया जाता है, तो पानी उसमें चढ़ जाता है, क्योंकि—

(क) मेनिस्कस के ऊपर, नीचे दाब समान है

(ख) मेनिस्कस के ऊपर दाब नीचे की अपेक्षा कम है

(ग) मेनिस्कस के ऊपर दाब नीचे की अपेक्षा अधिक है

(घ) केशनली अधिकतम बल से पानी को आकर्षित करती है

287. यदि भिन्न त्रिज्याओं के दो साबुन के बुलबुले आपस में संपर्क में आते हैं तो—

(क) वायु बड़े बुलबुले से छोटे बुलबुले में आएगी, जब तक कि दोनों बुलबुले समान आकार के न हो जाएँ

(ख) बुलबुलों का आकार अपरिवर्तित रहता है

(ग) वायु छोटे बुलबुले से बड़े बुलबुले में जाती है, बड़े बुलबुले का आकार बढ़ता जाता है और छोटे का कम होता जाता है

(घ) वायु बड़े बुलबुले से छोटे बुलबुले में जाती है जब तक कि छोटे बुलबुले की त्रिज्या बड़े के समान और बड़े की त्रिज्या छोटे के समान न हो जाए

उत्तर के लिए कृपया पृष्ठ सं. 198 देखें।

288. जब कोई बाह्य बल नहीं लगा हो, द्रव की छोटी बूँद का आकार निर्धारित होता है—

(क) पृष्ठ तनाव से (ख) द्रव के घनत्व से

(ग) द्रव की श्यानता से (घ) वायु के ताप से

289. द्रव का पृष्ठ-तनाव (Surface Tension)—

(क) क्षेत्रफल के साथ बढ़ता है (ख) क्षेत्रफल के साथ घटता है

(ग) ताप के साथ बढ़ता है (घ) ताप के साथ घटता है

290. किसी द्रव की सतह के अणु की स्थितिज ऊर्जा उसी द्रव के आंतरिक अणु की अपेक्षा—

(क) शून्य है (ख) कम है

(ग) बराबर है (घ) ज्यादा है

291. किसी केशनली में पानी 10 सेमी. ऊँचाई तक चढ़ता है, उसी नली में पारे का तल 3.42 सेमी. नीचे दबता है। पानी और पारे का पृष्ठ तनावों का अनुपात होगा जबकि पारे का घनत्व 13.6 ग्राम सेमी.$^{-3}$ तथा स्पर्शकोण 135° है—

(क) 1 : 0.15 (ख) 1 : 3

(ग) 1 : 6.5 (घ) 1.5 : 1

292. 5 न्यूटन/मीटर पृष्ठ-तनाव वाले द्रव की फिल्म एक रिंग पर बनाई जाती है जिसका क्षेत्रफल 0.02 मीटर^2 है। उसकी पृष्ठीय ऊर्जा होगी—

(क) 5×10^{-2} जूल (ख) 2.5×10^{-2} जूल

(ग) 2×10^{-1} जूल (घ) 3×10^{-1} जूल

293. किसी साबुन के घोल से V आयतन का बुलबुला बनाने में W कार्य करना पड़ता है तो उसी घोल से 2 V आयतन का बुलबुला बनाने में कार्य करना पड़ेगा—

(क) W/2 (ख) 2W

(ग) $3\sqrt{2}W$ (घ) $3\sqrt{4}W$

294. पानी के सतह पर से 5 सेमी. त्रिज्या की चपटी गोल प्लेट खींचने के लिए आवश्यक बल है—

(क) 30 डाइन (ख) 60 डाइन

(ग) 750 डाइन (घ) 750 π डाइन

(पानी का पृष्ठ-तनाव = 0.75 न्यूटन/मीटर)

उत्तर के लिए कृपया पृष्ठ सं. 199 देखें।

295. यदि काँच की छड़ को पारे में डुबोकर बाहर निकालें तो पारा छड़ से नहीं चिपकता, क्योंकि—

(क) स्पर्श कोण न्यून होता है

(ख) ससंजक बल (Cohisive Force) अधिक होता है

(ग) आसंजक बल (Adhesive Force) अधिक होता है

(घ) पारे का घनत्व अधिक होता है

296. 10 सेमी. त्रिज्या के साबुन के एक बुलबुले को फूँककर बनाने में किया गया कार्य होगा—

(क) 75.36×10^{-4} जूल (ख) 37.68×10^{-4} जूल

(ग) 150.72×10^{-4} जूल (घ) 75.36 जूल

(साबुन के घोल का पृष्ठ-तनाव $\frac{3}{100}$ N/m)

297. काँच की केशिकानली को पारे में डुबाने पर—

(क) नली में पारे का स्तर चढ़ता है

(ख) नली में पारा चढ़ता है और बाहर बहने लगता है

(ग) नली में पारे का स्तर गिरता है

(घ) नली में पारे का स्तर न चढ़ता है, न गिरता है

298. जब r_1 व r_2 त्रिज्या वाले साबुन के दो बुलबुले मिलते हैं, तो उभयनिष्ठ (common) सतह की वक्रता त्रिज्या होती है $(r_2 > r_1)$

(क) $r_2 - r_1$ (ख) $\frac{r_2 - r_1}{r_1 r_2}$

(ग) $\frac{r_1 r_2}{r_2 - r_1}$ (घ) $r_2 + r_1$

299. साबुन के बुलबुले को फुलाकर उसका व्यास d से D तक बढ़ाने में किया गया कार्य होता है (T=घोल का पृष्ठ-तनाव)

(क) $4\pi (D^2 - d^2)T$ (ख) $8\pi (D^2 - d^2)T$

(ग) $\pi (D^2 - d^2)T$ (घ) $2\pi (D^2 - d^2)T$

300. बॉल पेन निम्नलिखित में से किस सिद्धांत पर कार्य करता है—

(क) श्यानता (ख) पृष्ठ-तनाव

(ग) केशिकत्व (घ) गुरुत्वबल

उत्तर के लिए कृपया पृष्ठ सं. 199 देखें।

301. R त्रिज्या के बूँद को r त्रिज्या की n बूँदों में तोड़ने के लिए आवश्यक ऊर्जा—

(क) $(4\pi r^2 n - 4\pi R^2)S$ (ख) $(4/_3\pi r^2 n - 4/_3\pi R^2)S$
(ग) $(4\pi R^2 - 4\pi r^2)nS$ (घ) $(4\pi r^2 n - 4\pi R^2)S$

302. साबुन के बुलबुले का व्यास 4×10^{-2} मीटर तथा पृष्ठ-तनाव 2.5×10^{-2} N/m है। साबुन का बुलबुला बनाने में किया गया कार्य होगा—

(क) 2.5×10^{-2} जूल (ख) 2.5×10^{-4} जूल
(ग) 1.25×10^{-4} जूल (घ) 5×10^{-4} जूल

303. उपरोक्त प्रश्न में साबुन के बुलबुले के अंदर दाब होगा—

(क) 5.0×10^{-6} जूल (ख) 10^{-6} जूल
(ग) 4.5×10^{-6} जूल (घ) 4.5×10^{-6} अर्ग

304. साबुन के बुलबुले का व्यास 1 मिमी. से 5 मिमी. तक बढ़ाने में किए गए कार्य का कारण होगा—

(क) पृष्ठ-तनाव (ख) श्यानता बल
(ग) गुरुत्व बल (घ) प्रत्यास्थता बल

305. सभी बूँदें गोलाकार होती हैं निम्नलिखित के कारण—

(क) पृष्ठ-तनाव के व्युत्क्रमानुपाती (ख) द्रव्यमान के अनुक्रमानुपाती
(ग) त्रिज्या के अनुक्रमानुपाती (घ) त्रिज्या के व्युत्क्रमानुपाती

306. विभिन्न आकार के बुलबुले एक केशनली से चित्रानुसार जोड़े गए हैं। क्या होगा—

C

A B

(क) A व C के आयतनों के बढ़ने पर B कम होना शुरू कर देगा
(ख) A व B के आयतनों के बढ़ने के साथ C कम होना शुरू कर देगा
(ग) B के आयतन के बढ़ने के साथ A व C दोनों कम होना शुरू कर देंगे
(घ) संतुलन की स्थिति में A, B व C के आयतन समान होंगे

307. एक मिमी. त्रिज्या की एक बूँद को 10^6 समान बूँदों में तोड़ा गया। यदि ताप स्थिर रहे तो किया गया कार्य होगा—
(जल का पृष्ठ-तनाव 0.072 जूल/मी.^{2})

(क) 8.95×10^{-3} जूल (ख) 8.95×10^{-5} जूल
(ग) 8.95×10^{-7} जूल (घ) 8.95×10^{-6} जूल

उत्तर के लिए कृपया पृष्ठ सं. 199 देखें।

308. एक साबुन का बुलबुला काँच की नली पर यांत्रिक पंप से बनाया गया जिसमें प्रति मिनट स्थिर आयतन हवा का मिलता है। बुलबुले के अंदर अतिरिक्त दाब Δp व समय t के बीच ग्राफ होगा—

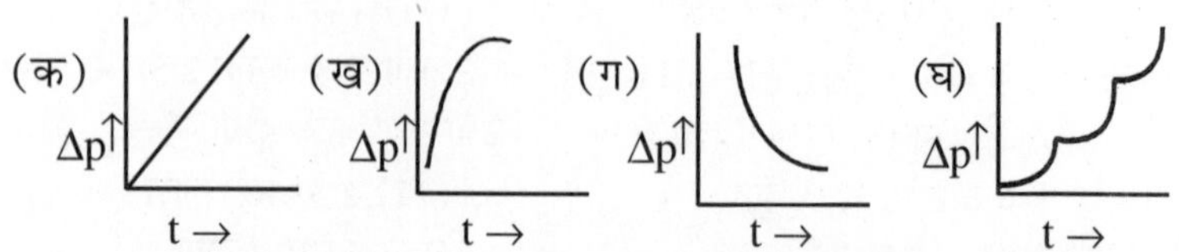

309. 1000 छोटी बूँदों को मिलाकर बड़ी बूँद बनायी जाती है तो पृष्ठीय ऊर्जा का अनुपात होगा—

(क) 100 : 1 (ख) 1000 : 1

(ग) 10 : 1 (घ) 1 : 100

310. किसी केशनली में एक निश्चित ऊँचाई तक द्रव इस प्रकार चढ़ता है कि पृष्ठ–तनाव के कारण ऊपर की ओर लगने वाला बल, द्रव के भार के कारण बल 75×10^{-4} न्यूटन द्वारा संतुलित हो जाता है। यदि जल का पृष्ठ–तनाव 6×10^{-2} न्यूटन/मीटर हो तो केशनली की परिधि होनी चाहिए—

(क) 1.25×10^{-2} मी. (ख) 0.50×10^{-2} मी.

(ग) 6.5×10^{-2} मी. (घ) 12.5×10^{-2} मी.

311. पानी की असंख्य छोटी बूँदें, जिनमें से प्रत्येक की त्रिज्या r है, मिलकर एक R त्रिज़्या की बड़ी बूँद बनाती हैं। ऐसा होने से ताप में वृद्धि होगी (पानी का पृष्ठ–तनाव T तथा ऊष्मा का यांत्रिक तुल्यांक J है)

(क) $\frac{2T}{rJ}$ (ख) $\frac{3T}{RJ}$

(ग) $\frac{3T}{J}\left(\frac{1}{r}-\frac{1}{R}\right)$ (घ) $\frac{3T}{J}\left(\frac{1}{r}+\frac{1}{R}\right)$

312. 10 सेमी. × 10 सेमी. आकार के साबुन के फिल्म बनाने में किए गए कार्य की मात्रा होगी (पृष्ठ–तनाव $T=3\times10^{-2}$न्यूटन/मी.)

(क) 6×10^{-4} जूल (ख) 3×10^{-4} जूल

(ग) 6×10^{-3} जूल (घ) 6×10^{-2} जूल

313. पृष्ठ–तनाव का S.I. मात्रक है—

(क) डाइन/सेमी.^{2} (ख) न्यूटन/मी.

(ग) डाइन/सेमी. (घ) न्यूटन/मी.^{2}

उत्तर के लिए कृपया पृष्ठ सं. 199 देखें।

314. समान त्रिज्या वाली एक हजार पानी की बूँदें एक बड़ी बूँद बनाती हैं। अंतिम पृष्ठ-ऊर्जा और प्रारंभिक कुल पृष्ठ-ऊर्जा (Surface Energy) का अनुपात है—

(क) 1000 : 1 (ख) 1 : 1000

(ग) 10 : 1 (घ) 1 : 10

315. पारा काँच, लकड़ी या लोहे पर नहीं चिपकता, क्योंकि—

(क) ससंजक बल आसंजक बल से कम है

(ख) ससंजक बल आसंजक बल से अधिक है

(ग) स्पर्श कोण 90° से कम है

(घ) ससंजक बल आसंजक बल के बराबर है

316. निम्नलिखित में से किस ताप पर जल का पृष्ठ-तनाव न्यूनतम होगा—

(क) 4° C (ख) 25° C

(ग) 50° C (घ) 75° C

317. साबुन के एक बुलबुले की निर्वात में त्रिज्या 3 सेमी. है। एक अन्य बुलबुले की निर्वात में त्रिज्या 4 सेमी. है। यदि दोनों बुलबुले समतापी अवस्था में मिल जाएँ तो इस तरह बने बुलबुले की त्रिज्या होगी—

(क) 2.3 सेमी. (ख) 4.5 सेमी.

(ग) 5 सेमी. (घ) 7 सेमी.

318. एक 0.7 सेमी. व्यास वाले साबुन के बुलबुले के अंदर वायु का दाब बाहर के दाब से 8 मिमी. पानी के दाब के बराबर है। साबुन के घोल का पृष्ठ-तनाव होगा—

(क) 980 डाइन/सेमी. (ख) 88.6 डाइन/सेमी.

(ग) 68.6 डाइन/सेमी. (घ) 137.3 डाइन/सेमी.

319. साबुन की एक फिल्म के आकार को 10 सेमी. × 6 सेमी. से बढ़ाकर 10 सेमी. × 11 सेमी. करने में 3×10^{-4} जूल कार्य करना पड़ता है। फिल्म का पृष्ठ-तनाव (Surface tension) है—

(क) 1.5×10^{-2} N/m (ख) 3.0×10^{-2} N/m

(ग) 6.0×10^{-2} N/m (घ) 11.0×10^{-2} N/m

संकेत

294. $F = T\times t = T\times 2\pi r \frac{3}{100}$

उत्तर के लिए कृपया पृष्ठ सं. 199 देखें।

296. $W = 2TA = 2 \times \qquad \times (10\times10^{-2})^2$

299. बुलबुले का प्रारंभिक क्षेत्रफल $= 4\pi\left(\frac{d}{2}\right)^2 \times 2 = 2\pi d^2$. [2 गुणा इसलिए किया गया है, क्योंकि बुलबुले में दो स्वतंत्र पृष्ठ होते हैं।]

अंतिम क्षेत्रफल $= 4\pi\left(\frac{D}{2}\right)^2 \times 2 = 2\pi D^2$

अत: $\Delta A = 2\pi D^2 - 2\pi d^2$

अत: कार्य $= T. \Delta A$.

301. बड़ी बूँद का आयतन $= n$ छोटी बूँदों का आयतन या

$\frac{4}{3}\pi R^3 = n.\frac{4}{3}\pi r^3$ या $R^3 = nr^3$

अत: आवश्यक ऊर्जा $= (4\pi R^2 - n.\ 4\pi r^2)S$.

305. $p = \frac{4T}{r}$.

308. $p \propto \frac{1}{r}$; B के अंदर दाब सबसे कम है। अत: वह बढ़ेगा।

310. $2\pi rT = 75 \times 10^{-4}$ या $2\pi r = \frac{75 \times 10^{-4}}{T}$

312. $W = 2T.\Delta A = 2 \times 3 \times 10^{-2} \times 10 \times 10^{-2} \times 10 \times 10^{-2}$

316. ताप-वृद्धि से पृष्ठ-तनाव घटने लगता है।

□

7

द्रवों का प्रवाह

(FLOW OF LIQUIDS)

320. जब किसी नली से प्रवाहित होने वाले द्रव का वेग बढ़ता है तो उसका दाब—
   (क) बढ़ता है
   (ख) घटता है
   (ग) आधा रहता है
   (घ) शून्य के बराबर हो जाता है

321. श्यानता (Viscosity) निम्नलिखित में से किससे संबंधित है—
   (क) घनत्व (ख) शहद
   (ग) संवेग (घ) घर्षण

322. किसी द्रव के धारारेखी प्रवाह के लिए—
   (क) सिर्फ श्यान बल आवश्यक है
   (ख) प्रवाह की दिशा में श्यान बल के बराबर बाह्य बल आवश्यक है
   (ग) प्रवाह के विपरीत दिशा में श्यान बल के बराबर बाह्य बल आवश्यक है
   (घ) उपर्युक्त में से कोई नहीं

323. किसी नली में प्रवाहित होने वाले द्रव के प्रवाह की दर बढ़ जाएगी यदि—
   (क) नली की लंबाई बढ़ा दी जाए
   (ख) नली की त्रिज्या बढ़ा दी जाए
   (ग) नली के सिरों के बीच दाबांतर कम कर दिया जाए
   (घ) द्रव गाढ़ा लिया जाए

उत्तर के लिए कृपया पृष्ठ सं. 199 देखें।

324. किसी द्रव की दो पर्तों के बीच श्यान बल कार्य करता है—
(क) प्रवाह की दिशा में लंबवत
(ख) प्रवाह की दिशा के विपरीत स्पर्श-रेखीय
(ग) प्रवाह की दिशा में स्पर्श-रेखीय
(घ) इनमें से कोई नहीं

325. ताप बढ़ाने पर गैसों की श्यानता—
(क) कम होती है
(ख) बढ़ती है
(ग) अपरिवर्तित रहती है
(घ) कभी कम हो सकती है, कभी बढ़ सकती है

326. वेंचुरीमीटर (Venturi meter) में अनुप्रस्थ परिच्छेद का क्षेत्रफल बढ़ा देने से द्रव प्रवाह की दर—
(क) बढ़ती है (ख) घटती है
(ग) अपरिवर्तित रहती है (घ) शून्य हो जाती है

327. वर्षा की बूँदें सीमांत वेग से गिरती हैं इसका कारण है—
(क) वायु का उत्प्लावन बल (ख) वायु का पृष्ठ-तनाव
(ग) वायु की श्यानता (घ) गुरुत्वाकर्षण बल

328. एक नली में किसी प्रकार का प्रवाह लेमीनर (धारा रेखीच) या विक्षुब्ध होता है, यह पता चलता है—
(क) द्रव के प्रवाह की दर से (ख) द्रव के घनत्व से
(ग) नली की त्रिज्या से (घ) द्रव के श्यानता गुणांक से

329. जब कोई द्रव किसी नली में धारारेखी प्रवाह में बहता है तो उसकी विविध पर्तों में लग रहे श्यानता बल का कारण है—
(क) एक पर्त से दूसरी पर्त में ऊर्जा का स्थानांतरण
(ख) एक पर्त से दूसरी पर्त में संवेग का स्थानांतरण
(ग) अणुओं की एक समान चाल
(घ) नली के अनुदिश परिवर्तनशील घनत्व

330. एक मकान की छत से तूफानी हवा बह रही है। इस तूफानी हवा के कारण छत पर बल लगेगा—
(क) नीचे की ओर (ख) क्षैतिज दिशा में
(ग) शून्य (घ) ऊपर की ओर

उत्तर के लिए कृपया पृष्ठ सं. 199 देखें।

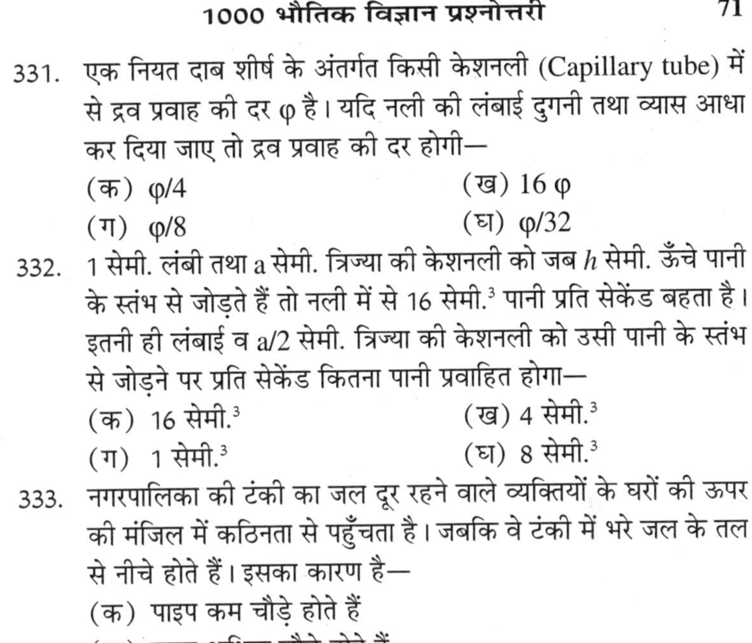

331. एक नियत दाब शीर्ष के अंतर्गत किसी केशनली (Capillary tube) में से द्रव प्रवाह की दर φ है। यदि नली की लंबाई दुगनी तथा व्यास आधा कर दिया जाए तो द्रव प्रवाह की दर होगी—

(क) φ/4　　(ख) 16 φ

(ग) φ/8　　(घ) φ/32

332. 1 सेमी. लंबी तथा a सेमी. त्रिज्या की केशनली को जब *h* सेमी. ऊँचे पानी के स्तंभ से जोड़ते हैं तो नली में से 16 सेमी.^{3} पानी प्रति सेकेंड बहता है। इतनी ही लंबाई व a/2 सेमी. त्रिज्या की केशनली को उसी पानी के स्तंभ से जोड़ने पर प्रति सेकेंड कितना पानी प्रवाहित होगा—

(क) 16 सेमी.^{3}　　(ख) 4 सेमी.^{3}

(ग) 1 सेमी.^{3}　　(घ) 8 सेमी.^{3}

333. नगरपालिका की टंकी का जल दूर रहने वाले व्यक्तियों के घरों की ऊपर की मंजिल में कठिनता से पहुँचता है। जबकि वे टंकी में भरे जल के तल से नीचे होते हैं। इसका कारण है—

(क) पाइप कम चौड़े होते हैं

(ख) पाइप अधिक चौड़े होते हैं

(ग) टंकी के पास रहने वाले व्यक्ति अधिक जल का प्रयोग कर लेते हैं

(घ) जब जल बहता है, तो दाब की हानि होती है

334. पेंट-गन आधारित है—

(क) बरनौली के सिद्धांत पर

(ख) बॉयल के नियम पर

(ग) फैराडे के नियम पर

(घ) आर्किमिडीज के सिद्धांत पर

335. एक गेंद, जिसका द्रव्यमान m तथा त्रिज्या r है, किसी श्यान द्रव में छोड़ी जाती है, तो इसका सीमांत वेग अनुक्रमानुपाती है—

(क) केवल r^2 के　　(ख) $\frac{m}{r}$ के

(ग) $\left(\frac{m}{r}\right)^{1/2}$ के　　(घ) केवल m के

336. वर्षा की बूँद का सीमांत वेग निर्भर है—

(क) बूँद की त्रिज्या पर

(ख) बूँद के आवेश पर

(ग) बूँद के ताप पर

(घ) माध्यम में प्रकाश की चाल पर

उत्तर के लिए कृपया पृष्ठ सं. 199 देखें।

337. एक गेंद स्वतंत्रतापूर्वक गिर रही है, कुछ समय बाद वह सीमांत वेग प्राप्त कर लेती है। यह नियम है—

(क) बोल्ट्ज़मैन नियम (ख) स्टोक का नियम

(ग) न्यूटन का नियम (घ) मिलिकान का नियम

338. टैंक के पानी की स्वतंत्र सतह से h गहराई पर स्थित छिद्र से गिरने वाले पानी का वेग शीर्ष होगा—

(क) $\sqrt{2gh}$ (ख) $\sqrt{gh}$

(ग) $\sqrt{\frac{gh}{2}}$ (घ) $\sqrt{\frac{2g}{h}}$

339. समान त्रिज्या की दो बूँदें 5 सेमी./सेकेंड के नियत वेग से वायु के नीचे गिर रही है। यदि दोनों बूँदे संलीन होकर एक हो जाए तो उसका अंतिम वेग होगा—

(क) $5 \times 4^{1/3}$ सेमी./से. (ख) $4^{1/3}$ सेमी./से.

(ग) $4 \times 5^{1/3}$ सेमी./से. (घ) $5 \times 4^{2/3}$ सेमी./से.

340. वायुमंडल में बादल तैरते हैं निम्नलिखित के कारण—

(क) कम ताप (ख) कम श्यानता

(ग) कम घनत्व (घ) कम दाब

341. एक टैंक में पानी 90 सेमी. तक भरा है। स्वतंत्र सतह से h गहराई से नीचे जल दीवार से x दूरी तक जाता है। x के अधिकतम मान के लिए h का मान होगा—

(क) 50 सेमी. (ख) 45 सेमी.

(ग) 55 सेमी. (घ) 60 सेमी.

342. पानी केशनली में 5 मी./सै. के वेग से बह रहा है। वेग शीर्ष होगा—

(क) 16.25 मी. (ख) 1.25 मी.

(ग) 2.25 मी. (घ) 10.25 मी.

343. यदि श्यान माध्यम में गिरते हुए दो गेंदों के व्यास का अनुपात 2:1 हो तो उनके सीमांत वेगों का अनुपात होगा—

(क) 1 : 4 (ख) 4 : 1

(ग) 1 : 2 (घ) 2 : 1

उत्तर के लिए कृपया पृष्ठ सं. 199 व 200 देखें।

344. एक क्षैतिज पाइप में पानी बह रहा है। एक स्थान पर पाइप की त्रिज्या 0.5 सेमी. व पानी का वेग 25 सेमी./से. है। अन्य स्थान पर यदि त्रिज्या 2 सेमी. हो तो पानी का वेग होगा—

(क) 25 सेमी./से. (ख) 100 सेमी./से.
(ग) 6.25 सेमी./से. (घ) 1.56 सेमी./से.

345. बरनौली समीकरण किस पर आधारित है—

(क) संवेग संरक्षण (ख) ऊर्जा संरक्षण
(ग) द्रव्यमान संरक्षण (घ) कोई नहीं

346. एक टंकी में पानी की ऊँचाई H है। टंकी की दीवार में पानी के ऊपरी तल से $\frac{H}{4}$ गहराई पर बने बिंदु से निर्गत द्रव की परास होगी—

(क) $\frac{\sqrt{3}}{2}H$ (ख) $\frac{2H}{\sqrt{3}}$
(ग) $\frac{H}{\sqrt{3}}$ (घ) $\sqrt{3}H$

347. एक द्रव को बेलनाकार पात्र में रखकर, पात्र को उसके अक्ष के सापेक्ष घुमाने पर, द्रव पात्र की दीवारों को पास ऊपर उठता है। यदि पात्र की त्रिज्या 0.05 मी. और घूर्णन दर 2 चक्र/से. हो तो पात्र के किनारे और केंद्र के मध्य ऊँचाई में अंतर मीटर में होगा—

(क) 2 (ख) 0.2
(ग) 0.02 (घ) 0.002

□

उत्तर के लिए कृपया पृष्ठ सं. 200 देखें।

8

गैसों का अणुगतिक सिद्धांत
(KINETIC THEORY OF GASES)

348. प्रत्येक गैस आदर्श गैस (Ideal gas) की तरह व्यवहार करती है—
(क) निम्न दाब तथा उच्च ताप पर
(ख) उच्च दाब तथा निम्न ताप पर
(ग) सामान्य दाब व ताप पर
(घ) उच्च दाब व उच्च ताप पर

349. सार्वत्रिक गैस नियतांक (Universal Gas Constant) का मात्रक है—
(क) जूल/मोल-K (ख) मोल/जूल-K
(ग) जूल-मोल-K (घ) K /जूल/मोल

350. गैस का दाब आधा करने पर, आयतन हो जाएगा यदि ताप स्थिर है—
(क) आधा (ख) दुगुना
(ग) अपरिवर्तित (घ) चार गुना

351. गैस समीकरण PV = RT में V आयतन है—
(क) गैस का (ख) 1 ग्राम गैस का
(ग) 1 लीटर गैस का (घ) 1 मोल गैस का

352. बरतन में बंद गैस का दाब निम्नलिखित के कारण है—
(क) इसमें अत्यधिक संख्या में अणु हैं
(ख) अणुओं और बरतन की दीवारों में आकर्षण होता है
(ग) अणु बरतन की दीवारों से टकराते हैं
(घ) इनमें से कोई नहीं

353. किसी बरतन में P_o दाब पर गैस भरी है। यदि सभी अणुओं के द्रव्यमान आधे और उनकी चाल दुगुनी कर दी जाए तो परिणामी दाब होगा—
(क) $4P_o$ (ख) $2P_o$
(ग) P_o (घ) $P_o/2$

उत्तर के लिए कृपया पृष्ठ सं. 200 देखें।

354. गैस के दाब P और उसके एकांक आयतन की गतिज ऊर्जा E में संबंध है—

(क) $P = \frac{E}{2}$ (ख) $P = E$

(ग) $P = \frac{3}{2}E$ (घ) $P = \frac{2}{3}E$

355. गैस अणुओं की माध्य गतिज ऊर्जा निम्नलिखित पर निर्भर करती है—

(क) गैस की प्रकृति पर

(ख) परम ताप (Absolute Temperature) पर

(ग) गैस के आयतन पर (घ) इनमें से कोई नहीं

356. T K ताप पर गैस के अणुओं की माध्य गतिज ऊर्जा होगी—

(क) KT (ख) 2KT

(ग) $\frac{3}{2}$ KT (घ) $\frac{2}{3}$ KT

357. गैस के ताप को बढ़ाने पर उसके अणुओं की कुल गतिज ऊर्जा—

(क) बढ़ती है (ख) घटती है

(ग) अपरिवर्तित रहती है (घ) इनमें से कोई नहीं

358. —273° C पर गैस के अणु गति करते हैं—

(क) अधिकतम वेग से (ख) न्यूनतम वेग से

(ग) शून्य वेग से

(घ) उस वेग से जो $\sqrt{273}$ के समानुपाती है

359. कम ताप पर आदर्श गैस नियम से विचलन (Diviation) किस कारण होता है—

(क) आण्विक संघट्ट अप्रत्यास्थ हो जाते हैं

(ख) अणुओं का आयतन नगण्य नहीं माना जा सकता

(ग) अणुओं के बीच लगने वाले बल क्षीण हो जाते हैं

(घ) आण्विक वेग कम हो जाते हैं

360. एक बरतन में N अणु हैं। अणुओं की संख्या दुगनी करने पर गैस का दाब—

(क) दुगुना हो जाता है (ख) समान रहता है

(ग) चार गुना हो जाता है (घ) चौथाई रह जाता है

361. परम शून्य (Absolute Zero) ताप पर गैसों के अणु की गति—

(क) कम हो जाती है (ख) में वृद्धि हो जाती है

(ग) शून्य हो जाती है (घ) इनमें से कोई नहीं

उत्तर के लिए कृपया पृष्ठ सं. 200 देखें।

362. समान ताप पर आदर्श गैस के अणुओं का वर्ग-माध्य-मूल वेग—
(क) समान होता है
(ख) अणुभार के वर्गमूल के व्युत्क्रमानुपाती होता है
(ग) अणुभार के अनुक्रमानुपाती होता है
(घ) अणुभार के व्युत्क्रमानुपाती होता है

363. यदि कोई गैस बॉयल के नियम का पालन करे तो उसके लिए PV व P के बीच ग्राफ होगा—
(क) अतिपरवलय
(ख) PV-अक्ष के समांतर रेखा
(ग) P- अक्ष के समांतर सरल रेखा
(घ) मूल बिंदु से गुजरती P- अक्ष से 45° कोण पर सरल रेखा

364. गैसों के अणुगतिक सिद्धांत के संबंध में कौन सा कथन सत्य है—
(क) गैस का दाब अणुओं की माध्य चाल के अनुक्रमानुपाती होता है
(ख) अणुओं की वर्ग-माध्य-मूल चाल दाब के अनुक्रमानुपाती होती है
(ग) विसरण की दर अणुओं की माध्य चाल के अनुक्रमानुपाती होती है
(घ) प्रति अणु औसत गतिज ऊर्जा परम ताप के अनुक्रमानुपाती होती है

365. एक गैस द्वारा बरतन की दीवारों पर आरोपित बल का कारण यह है कि गैस के अणु—
(क) अपनी गतिज ऊर्जा खो रहे हैं
(ख) दीवारों से चिपक रहे हैं
(ग) दीवारों से टक्कर के कारण संवेग बदल रहा है
(घ) दीवारों की ओर त्वरित हो रहे हैं

366. चंद्रमा पर कोई वायुमंडल नहीं है, क्योंकि—
(क) वह पृथ्वी के निकट है
(ख) वह पृथ्वी की परिक्रमा करता है
(ग) वह सूर्य से प्रकाश प्राप्त करता है
(घ) वहाँ गैस अणुओं का पलायन वेग उसके वर्ग-माध्य-मूल से कम होता है

367. एक आदर्श गैस का ताप 27°C से 927°C तक बढ़ाया जाता है। उसके अणुओं का वर्ग-माध्य-मूल वेग हो जाएगा—
(क) दुगुना (ख) आधा
(ग) चार गुना (घ) एक चौथाई

उत्तर के लिए कृपया पृष्ठ सं. 200 देखें।

368. न्यूनतम संभव ताप है—

(क) 0°C (ख) –273°C

(ग) 273 K (घ) 273°C

369. ऑक्सीजन तथा हाइड्रोजन समान ताप T पर हैं। ऑक्सीजन के अणु की गतिज ऊर्जा हाइड्रोजन अणु की गतिज ऊर्जा की—

(क) 16 गुनी होगी (ख) 4 गुनी होगी

(ग) बराबर होगी (घ) एक चौथाई होगी

370. किसी गैस के परम ताप में 3 गुनी वृद्धि की जाती है। उसके अणुओं का वर्ग–माध्य–मूल वेग होगा—

(क) 3 गुना (ख) 1 गुना

(ग) $\frac{1}{3}$ गुना (घ) $\sqrt{3}$ गुना

371. हीलियम गैस के परमाणुओं की वर्ग–माध्य–मूल चाल हाइड्रोजन गैस के अणुओं की वर्ग–माध्य–मूल चाल का 5/7 है। यदि हाइड्रोजन गैस का ताप 0°C हो, तो हीलियम का ताप होगा—

(क) 0°C (ख) OK

(ग) 273°C (घ) 100°C

372. हम बॉयल के नियम को निम्न रूप से लिखते हैं $PV = K$ जब इस संबंध में ताप स्थिर रहता है K का परिमाण निर्भर करता है—

(क) प्रयोग में प्रयुक्त गैस की प्रकृति पर

(ख) प्रयोगशाला में g के मान पर

(ग) वायुमंडलीय दाब पर

(घ) गैस की मात्रा पर

373. साम्य अवस्था में गैस के अणुओं का औसत वेग होता है—

(क) $\sqrt{T}$ के अनुक्रमानुपाती (ख) T के अनुक्रमानुपाती

(ग) T^2 के अनुक्रमानुपाती (घ) शून्य के बराबर

374. यदि किसी बंद बरतन से कुछ गैस कम करके दाब कम कर दिया जाए तो अणुओं का माध्य मुक्त पथ—

(क) कम हो जाएगा

(ख) बढ़ जाएगा

(ग) अपरिवर्तित रहेगा

(घ) गैस की प्रकृति के अनुसार कम/अधिक हो जाएगा

उत्तर के लिए कृपया पृष्ठ सं. 200 देखें।

375. गैस अणुओं का वर्ग माध्य मूल वेग 300 मीटर/सेकेंड है। आधे परम ताप पर दुगुने अणुभार की गैस के लिए वर्ग-माध्य-मूल वेग होगा—

(क) 300 मीटर/सेकेंड (ख) 600 मीटर/सेकेंड
(ग) 75 मीटर/सेकेंड (घ) 150 मीटर/सेकेंड

376. 47.6 मीटर गहरी एक झील की तली में एक उलटे रखे बरतन में 50 घन सेमी. वायु है। बरतन को झील की सतह पर लाया जाता है, बरतन में भरी वायु का आयतन होगा—

(क) 350 घन सेमी. (ख) 300 घन सेमी.
(ग) 250 घन सेमी. (घ) 200 घन सेमी.

377. एक बरतन में (जिसका ऊष्मीय प्रसार गुणांक नगण्य है) हीलियम गैस भरी है। अब इसे 300K से 600K तक गरम किया जाता है तो हीलियम परमाणुओं की माध्य गतिज ऊर्जा—

(क) आधी हो जाती है (ख) अपरिवर्तित रहती है
(ग) दुगुनी हो जाती है (घ) $\sqrt{2}$ गुना हो जाती है

378. एक बॉक्स में आदर्श गैस के N अणु ताप T_1 व दाब P_1 पर हैं। बॉक्स में अणुओं की संख्या दुगुनी कर दी जाती है, परंतु गतिज ऊर्जा पहले के समान रहती है। यदि नया दाब P_2 व ताप T_2 हो, तो—

(क) $P_2 = P_1, T_2 = T_1$ (ख) $P_2 = P_1, T_2 = \frac{T_1}{2}$
(ग) $P_2 = 2P_1, T_2 = T_1$ (घ) $P_2 = 2P_1, T_2 = \frac{T_1}{2}$

379. 20 ग्राम ऑक्सीजन की 47° C पर स्थानांतरीय गतिज ऊर्जा (Kinetic energy) होगी—

(क) 2490 जूल (ख) 2490 अर्ग
(ग) 830 जूल (घ) 124.5 जूल

380. एक गैस में ध्वनि के वेग और गैस अणुओं के वर्ग-माध्य-मूल वेग का अनुपात है—

(क) 3/r (ख) r/3
(ग) $\sqrt{3/r}$ (घ) $\sqrt{r/3}$

381. गैस के अणुओं की गतिज ऊर्जा शून्य होती है—

(क) 0° C पर (ख) −273° C
(ग) 273°C पर (घ) 273K पर

उत्तर के लिए कृपया पृष्ठ सं. 200 देखें।

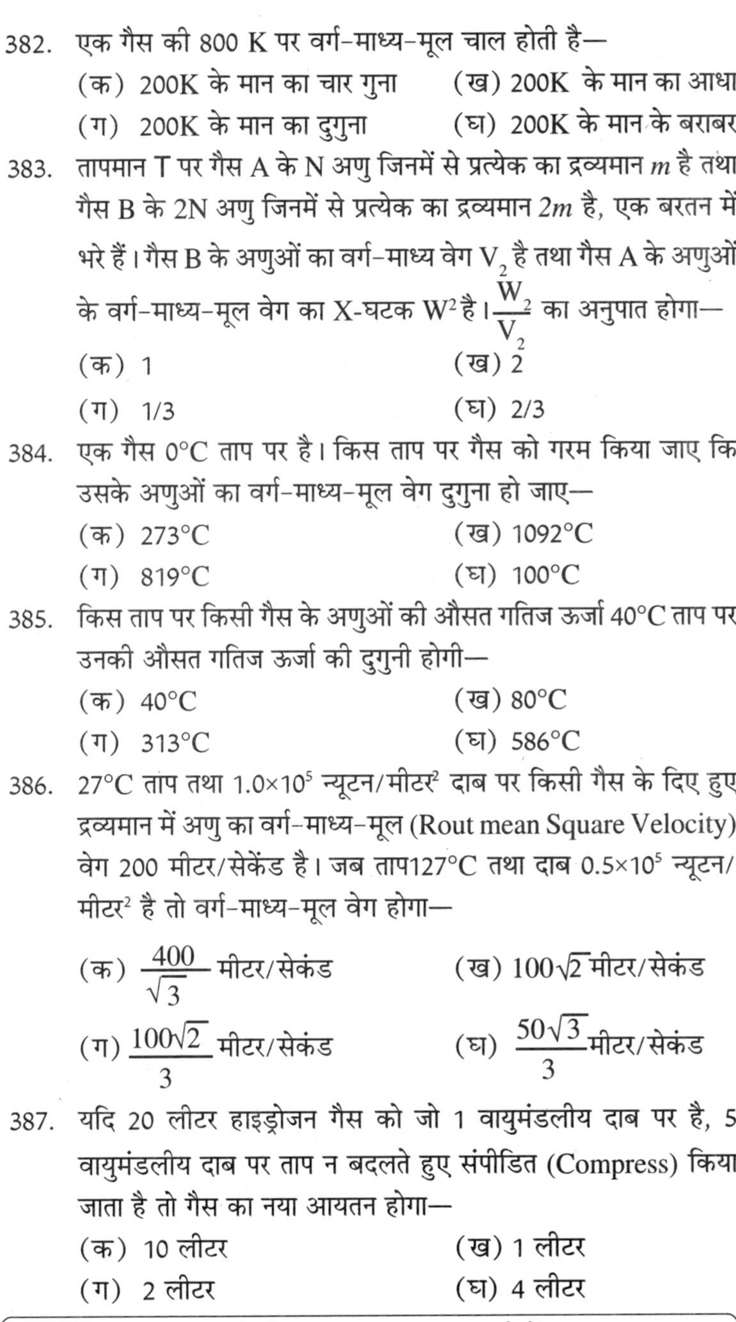

382. एक गैस की 800 K पर वर्ग-माध्य-मूल चाल होती है—

(क) 200K के मान का चार गुना (ख) 200K के मान का आधा

(ग) 200K के मान का दुगुना (घ) 200K के मान के बराबर

383. तापमान T पर गैस A के N अणु जिनमें से प्रत्येक का द्रव्यमान m है तथा गैस B के 2N अणु जिनमें से प्रत्येक का द्रव्यमान $2m$ है, एक बरतन में भरे हैं। गैस B के अणुओं का वर्ग-माध्य वेग V_2 है तथा गैस A के अणुओं के वर्ग-माध्य-मूल वेग का X-घटक W^2 है। $\frac{W_2}{V_2}$ का अनुपात होगा—

(क) 1 (ख) 2

(ग) 1/3 (घ) 2/3

384. एक गैस 0°C ताप पर है। किस ताप पर गैस को गरम किया जाए कि उसके अणुओं का वर्ग-माध्य-मूल वेग दुगुना हो जाए—

(क) 273°C (ख) 1092°C

(ग) 819°C (घ) 100°C

385. किस ताप पर किसी गैस के अणुओं की औसत गतिज ऊर्जा 40°C ताप पर उनकी औसत गतिज ऊर्जा की दुगुनी होगी—

(क) 40°C (ख) 80°C

(ग) 313°C (घ) 586°C

386. 27°C ताप तथा 1.0×10^5 न्यूटन/मीटर^2 दाब पर किसी गैस के दिए हुए द्रव्यमान में अणु का वर्ग-माध्य-मूल (Rout mean Square Velocity) वेग 200 मीटर/सेकेंड है। जब ताप127°C तथा दाब 0.5×10^5 न्यूटन/मीटर^2 है तो वर्ग-माध्य-मूल वेग होगा—

(क) $\frac{400}{\sqrt{3}}$ मीटर/सेकंड (ख) $100\sqrt{2}$ मीटर/सेकंड

(ग) $\frac{100\sqrt{2}}{3}$ मीटर/सेकंड (घ) $\frac{50\sqrt{3}}{3}$ मीटर/सेकंड

387. यदि 20 लीटर हाइड्रोजन गैस को जो 1 वायुमंडलीय दाब पर है, 5 वायुमंडलीय दाब पर ताप न बदलते हुए संपीडित (Compress) किया जाता है तो गैस का नया आयतन होगा—

(क) 10 लीटर (ख) 1 लीटर

(ग) 2 लीटर (घ) 4 लीटर

उत्तर के लिए कृपया पृष्ठ सं. 200 देखें।

388. 27°C पर आदर्श गैस को स्थिर दाब पर गरम करने से उसका आयतन दुगुना हो जाता है, तो गैस का नया ताप होगा—

(क) 600°C (ख) 54°C

(ग) 372°C (घ) 300°C

389. प्रयोगशाला में सर्वाधिक निर्वात जो कि कमरे के ताप लगभग 27°C पर किया जा सकता है, उसका मान 10^{-11} मिली मीटर पारा है। इस निर्वात अवस्था में प्रति घन सेमी. आयतन में आदर्श अणुओं की संख्या होगी—

(क) 3.22×10^{12} (ख) 1.61×10^{12}

(ग) 3.21×10^{6} (घ) 3.22×10^{5}

390. किस नियम के अनुसार स्थिर ताप पर किसी गैस के निश्चित द्रव्यमान का आयतन उसके दाब के व्युत्क्रमानुपाती होता है—

(क) बॉयल का नियम (ख) चार्ल्स का नियम

(ग) दाब का नियम (घ) इनमें से कोई नहीं

391. गैस के अणुओं की माध्य गतिज ऊर्जा प्रति इकाई स्वतंत्रता किस कोटि की होती है—

(क) $\frac{3}{2}KT$ (ख) KT

(ग) $\frac{1}{2}KT$ (घ) $\frac{3}{2}RT$

392. गैस पात्र की दीवारों पर दाब डालती है, क्योंकि—

(क) गैस का भार होता है

(ख) गैस के अणुओं का संवेग होता है

(ग) गैस के अणु परस्पर संघट्टन करते हैं

(घ) गैस के अणु पात्र की दीवारों के साथ संघट्टन करते हैं

393. यदि किसी गैस की स्वतंत्रता की कोटि f है तो

$\gamma = \left(\frac{C_p}{C_v}\right)$ का मान होगा—

(क) $1 + \frac{1}{f}$ (ख) $1 + \frac{2}{f}$

(ग) $\frac{1}{f}$ (घ) $\frac{2}{f}$

उत्तर के लिए कृपया पृष्ठ सं. 200 व 201 देखें।

394. वह ताप, जिस पर हाइड्रोजन गैस के अणुओं की औसत गति 31°C पर ऑक्सीजन के अणुओं की औसत गति के बराबर होती है, है—

(क) −216°C (ख) −235°C

(ग) −254°C (घ) −264°C

395. गैस के चेंबर में रखी आदर्श हाइड्रोजन गैस के अणुओं की 0°C पर वर्ग-माध्य-मूल चाल 3180 मीटर सेकेंड$^{-1}$ है। हाइड्रोजन गैस पर लगे दाब का मान होगा—

(क) 1.0 atm (ख) 1.5 atm

(ग) 2.0 atm (घ) 3.0 atm

[हाइड्रोजन गैस का घनत्व 8.99×10^{-2} कि.ग्रा मीटर$^{-3}$

$1 \text{ atm} = 1.0 \times 10^5 \text{ Nm}^{-2}$]

396. जब एक बंद बरतन में रखी हुई गैस को गरम करके उसका ताप 5°C बढ़ाया गया तो उसके दाब में 1% वृद्धि हुई। गैस के मूल ताप का लगभग मान है—

(क) 500°C (ख) 273°C

(ग) 227°C (घ) 50°C

397. दाब P तथा परमताप T पर किसी आदर्श गैस के एक प्रतिदर्श का आयतन V है। गैस के प्रत्येक अणु का द्रव्यमान m है। यदि बोल्ट्जमैन नियतांक k हो तो गैस का घनत्व है—

(क) $m\text{kT}$ (ख) $\frac{\text{P}m}{\text{kT}}$

(ग) $\frac{\text{P}}{\text{kTV}}$ (घ) $\frac{\text{P}}{\text{kT}}$

398. खुले मुँह के बरतन में 60°C तक वायु भरी है। बर्तन को T ताप तक गरम करने पर वायु का एक चौथाई भाग निकल जाता है। ताप T का मान है—

(क) 80°C (ख) 444°C

(ग) 333°C (घ) 171°C

399. किसी गैस का दाब बराबर होता है—

(क) एकांक आयतन में सब अणुओं की संपूर्ण स्थानांतरीय गतिज ऊर्जा के

(ख) एकांक आयतन में सब अणुओं की संपूर्ण गतिज ऊर्जा के

उत्तर के लिए कृपया पृष्ठ सं. 201 देखें।

(ग) एकांक आयतन में सब अणुओं की संपूर्ण स्थानांतरीय गतिज ऊर्जा के दो तिहाई भाग के

(घ) एकांक आयतन में सब अणुओं की संपूर्ण गतिज ऊर्जा के तिहाई भाग के

400. किस ताप पर गैस के अणुओं की गतिज ऊर्जा 27°C ताप पर उनकी गतिज ऊर्जा की दो गुनी हो जाएगी—

(क) 54°C (ख) 300 K

(ग) 327°C (घ) 108°C

401. किसी ताप पर ऑक्सीजन तथा हाइड्रोजन के अणुओं के वर्ग-माध्य-मूल वेगों का अनुपात होगा—

(क) 16 : 1 (ख) 1 : 16

(ग) 4 : 1 (घ) 1 : 4

402. एक ही ताप पर हाइड्रोजन तथा ऑक्सीजन की वर्ग-माध्य-मूल चालों के अनुपात का मान होगा—

(क) 1 : 4 (ख) 4 : 1

(ग) 1 : 16 (घ) 16 : 1

403. किसी दिए हुए तापमान पर दो भिन्न गैसों, जिनके अणुभार क्रमशः M_1 व M_2 हैं, के अणुओं के वर्ग-माध्य-मूल वेगों का अनुपात होगा—

(क) $\sqrt{\frac{M_1}{M_2}}$ (ख) $\sqrt{\frac{M_2}{M_1}}$

(ग) $\frac{M_1}{M_2}$ (घ) $\frac{M_2}{M_1}$

404. एक आदर्श गैस की 27°C तापमान पर गतिज ऊर्जा E_1 है। इसका तापमान बढ़ाकर 327°C कर दिया जाए तो उसकी गतिज ऊर्जा हो जाएगी—

(क) $2E_1$ (ख) $\frac{1}{2}E_1$

(ग) $\sqrt{2E_1}$ (घ) $\frac{1}{\sqrt{2}}E_1$

उत्तर के लिए कृपया पृष्ठ सं. 201 देखें।

405. दो बरतनों में स्थिर आयतन पर हाइड्रोजन 1 वायुमंडलीय दाब पर और हीलियम 2 वायुमंडलीय दाब पर है। यदि दोनों सैंपल समान ताप पर हैं, तो हाइड्रोजन अणु का माध्य वेग—

(क) हीलियम के समान होगा

(ख) हीलियम का दुगुना होगा

(ग) हीलियम का आधा होगा

(घ) हीलियम का $\sqrt{2}$ गुना होगा

406. गैस का वर्ग-माध्य-मूल वेग होता है—

(क) उसके विशिष्ट अणुभार के अनुक्रमानुपाती

(ख) उसके अणुभार के वर्ग के व्युत्क्रमानुपाती

(ग) उसके मोलर भार के वर्गमूल के व्युत्क्रमानुपाती

(घ) परम ताप के वर्ग के व्युत्क्रमानुपाती

407. एक ग्राम मोल गैस के लिए R का मान है—

(क) 8.31 अर्ग (ख) 8.31 M.K.S मात्रक

(ग) 4.2 जूल (घ) 4.2 कैलोरी

408. एक ग्राम मोल H_2 का 127°C और 27°C पर K.E. का अनुपात है

(क) $\frac{4}{3}$ (ख) $\frac{3}{4}$

(ग) $\frac{127}{27}$ (घ) $\frac{27}{127}$

409. यदि हवा का ताप 20°C से 200°C तक बढ़ाया जाए तो K.E. (Kinetic Energy) होगी—

(क) 1.61 गुनी (ख) दुगुनी

(ग) तीन गुनी (घ) गणना नहीं हो सकती

410. स्थिर आयतन पर ताप बढ़ाने से दाब—

(क) घटेगा (ख) स्थिर रहेगा

(ग) बढ़ेगा (घ) बढ़ेगा या घटेगा

411. यदि स्थिर ताप पर आयतन घटाया जाए तो दाब—

(क) बढ़ेगा (ख) घटेगा

(ग) वही रहेगा (घ) कभी बढ़ेगा, कभी घटेगा

उत्तर के लिए कृपया पृष्ठ सं. 201 देखें।

412. यदि किसी गैस के अणु का RMS वेग दुगुना कर दिया जाए तो दाब—
(क) बढ़ेगा
(ख) घटेगा
(ग) घटेगा या बढ़ेगा यह गैस पर निर्भर करेगा
(घ) उपर्युक्त में से कोई नहीं

413. ताप जिस पर गतिज ऊर्जा कमरे के ताप 27°C पर गतिज ऊर्जा की आधी है, है—
(क) 123°C (ख) −123°C
(ग) 27°C (घ) 13.5°C

414. किस ताप पर O_2 अणु का वेग O°C पर N_2 अणु के वेग के बराबर है—
(क) 40°C (ख) 93°C
(ग) 39°C (घ) गणना नहीं हो सकती

415. B गैस के ताप, आयतन व दाब A गैस की तुलना में दुगुने हैं। B से A में मोल संख्या का अनुपात होगा—
(क) 2 (ख) $\frac{1}{2}$
(ग) $\frac{1}{4}$ (घ) 4

416. किस अनुपात में ऑक्सीजन की औसत गतिज ऊर्जा बढ़ेगी यदि उसका ताप 0°C से 273°C तक बढ़ता है—
(क) 2 : 1 (ख) 1 : 3
(ग) 3 : 1 (घ) 1 : 2

417. गैस का सैंपल 0°C पर है। उसके अणु की गति दुगुनी करने के लिए ताप होगा—
(क) 273°C (ख) 1093°C
(ग) 819°C (घ) 100°C

418. आदर्श गैस (Ideal gas) के ग्राम अणु के लिए—
(क) $\frac{PV}{T} = 2$ कैलोरी (ख) $\frac{PV}{T} = 8.31$ कैलोरी
(ग) $\frac{PV}{T} = 4.2$ जूल (घ) $\frac{PV}{T} = 4.2 \times 10^3$ अर्ग

उत्तर के लिए कृपया पृष्ठ सं. 201 देखें।

419. यदि हवा में ध्वनि का वेग C_s तथा हवा के अणुओं का वर्ग-माध्य-मूल वेग C हो तो—

(क) $C_S < C$ (ख) $C_S = C$

(ग) $C_S = \sqrt{\frac{r}{3}}$ (घ) इनमें से कोई नहीं

420. हाइड्रोजन अणु का वर्ग-माध्य-मूल वेग ताप T पर नाइट्रोजन अणु के 27°C पर वर्ग-माध्य-मूल वेग के समान है। T का मान होगा—

(क) 378°C (ख) 214°C

(ग) 21.4 K (घ) 1.9°C

421. निश्चित ताप पर घनत्व D वाली एक आदर्श गैस का दाब निम्नलिखित में से उसके अनुक्रमानुपाती है—

(क) $\frac{1}{D^2}$ (ख) $\frac{1}{D}$

(ग) D^2 (घ) D

422. किसी गैस के लिए समान ताप पर क्या समान होगा—

(क) द्रव्यमान (ख) वेग

(ग) संवेग (घ) गतिज ऊर्जा

423. किसका अधिकतम RMS वेग है—

(क) क्लोरीन (ख) ऑक्सीजन

(ग) नाइट्रोजन (घ) हीलियम

424. आदर्श गैस के अणु में संघट्ट है—

(क) पूर्णतः प्रत्यास्थ (ख) पूर्णतः अप्रत्यास्थ

(ग) काल्पनिक (घ) उपर्युक्त में कोई नहीं

425. त्रिपरमाण्विक (Tri-atomic) गैस की स्वतंत्रता की कोटि होती है—

(क) 5 (ख) 9

(ग) 4 (घ) 6

426. किस ताप पर गैसीय हाइड्रोजन अणुओं का वर्ग-माध्य-मूल वेग ऑक्सीजन अणुओं के 47°C पर वर्ग-माध्य-मूल वेग के समान होगा—

(क) 20 K (ख) 80 K

(ग) –73 K (घ) 3 K

उत्तर के लिए कृपया पृष्ठ सं. 201 देखें।

427. m द्रव्यमान की n छोटी गोलियाँ प्रति सेकेंड एक पृष्ठ पर प्रत्यास्थ वेग u से टकराती हैं। पृष्ठ द्वारा अनुभव किया गया बल होगा—

(क) mnu (ख) $2mnu$

(ग) $4mnu$ (घ) $\frac{1}{2}mnu$

428. 27°C पर एक गैस अणु की औसत गतिज ऊर्जा 6.21×10^{-21} जूल है। 227°C पर उसकी औसत गतिज ऊर्जा होगी—

(क) 52.2×10^{-21} जूल (ख) 5.22×10^{-21} जूल

(ग) 10.35×10^{-21} (घ) 11.35×10^{-21}

429. किसी गुब्बारे में $500m^3$ हीलियम गैस 27°C ताप तथा एक वायुमंडलीय दाब पर है। –3°C ताप तथा 0.5 वायुमंडल दाब पर हीलियम गैस का आयतन होगा—

(क) $500m^3$ (ख) $700m^3$

(ग) $900m^3$ (घ) $1000m^3$

430. एक बंद बरतन में भरी गैस को जब 1°C से गरम किया जाता है तो उसका दाब 0.4% बढ़ जाता है। गैस का प्रारंभिक ताप होगा—

(क) 250°C (ख) 25°C

(ग) 250K (घ) 25K

431. समान ताप पर हाइड्रोजन तथा ऑक्सीजन के अणुओं की औसत गतिज ऊर्जाओं का अनुपात होगा—

(क) 1 : 1 (ख) 1 : 16

(ग) 8 : 1 (घ) 16 : 1

432. निश्चित ताप पर घनत्व (Density) p वाली एक आदर्श गैस का दाब निम्नलिखित में से किसके अनुक्रमानुपाती है—

(क) $\frac{1}{P^2}$ (ख) $\frac{1}{p}$

(ग) P^2 (घ) P

□

उत्तर के लिए कृपया पृष्ठ सं. 201 देखें।

9

दोलन

(OSCILLATION)

433. सरल आवर्त गति का उदाहरण नहीं है—

(क) पृथ्वी का सूर्य के चारों ओर घूमना

(ख) चिकनी वक्राकार प्याली में लोहे की एक छोटी गोली की गति

(ग) गैस भरे सिलेंडर में पिस्टन को दबाकर छोड़ने पर पिस्टन की गति

(घ) घड़ी के संतुलन पहिए की गति

434. आवर्त काल T की स.आ. गति (Simple Hormonic Motion) को प्रदर्शित करने वाला फलन नहीं है—

(क) $A \text{ Sin } \frac{2\pi t}{T}$ (ख) $A \cos \frac{2\pi t}{T}$

(ग) $A \text{ Sin} \frac{2\pi t}{T} + A \cos \frac{2\pi t}{T}$ (घ) $\text{Sin}^2 \frac{2\pi t}{T} + \cos^2 \frac{2\pi t}{T}$

435. सरल आवर्त गति करते हुए एक कण का आयाम 5 सेमी. तथा आवर्त काल 2 सेकेंड है। यदि समय $t = 0$ पर कण का विस्थापन $y = 0$ हो तो स.आ. गति का समीकरण होगा—

(क) $y = 5 \sin 2\pi t$ (ख) $y = 5 \sin\pi t$

(ग) $y = 10 \sin 2\pi t$ (घ) $y = \sin\pi t$

436. सरल आवर्त गति में स्थिर रहता है—

(क) प्रत्यानयन बल (ख) आयाम

(ग) गतिज ऊर्जा (घ) आवर्त काल

437. किसी निकाय के स.आ.ग में दोलन होने के लिए उसमें गुण होना चाहिए—

(क) केवल प्रत्यास्थता का

(ख) केवल जड़त्व का

उत्तर के लिए कृपया पृष्ठ सं. 201 देखें।

(ग) प्रत्यास्थता तथा जड़त्व दोनों का

(घ) किसी भी गुण का होना आवश्यक नहीं है

438. सरल आवर्त गति (Simple harmonic motion) में—

(क) बल/द्रव्यमान = एक नियतांक

(ख) त्वरण/द्रव्यमान = एक नियतांक

(ग) विस्थापन/त्वरण = एक नियतांक

(घ) बल/विस्थापन = एक नियतांक

439. स.आ. गति के लिए निम्नलिखित में से कौन सा प्रतिबंध आवश्यक तथा पर्याप्त है—

(क) अपरिवर्ती आवर्त काल

(ख) अपरिवर्ती त्वरण

(ग) त्वरण तथा साम्य स्थिति से विस्थापन परस्पर अनुक्रमानुपाती

(घ) प्रत्यानयन बल तथा साम्य स्थिति से विस्थापन परस्पर अनुक्रमानुपाती

440. सरल आवर्त गति में आयाम—

(क) समय के साथ बढ़ता है

(ख) समय के साथ घटता है

(ग) कभी बढ़ता है तथा कभी घटता है

(घ) नियत रहता है

441. सरल आवर्त गति में—

(क) गतिज ऊर्जा संरक्षित रहती है

(ख) स्थितिज ऊर्जा संरक्षित रहती है

(ग) संपूर्ण ऊर्जा संरक्षित रहती है

(घ) उपर्युक्त में से कोई नहीं

442. सेकेंड लोलक का आवर्त काल है—

(क) 4 सेकेंड (ख) 3 सेकेंड

(ग) 2 सेकेंड (घ) 1 सेकेंड

443. सरल आवर्त गति में—

(क) वेग विस्थापन के अनुक्रमानुपाती होता है

(ख) त्वरण विस्थापन के अनुक्रमानुपाती एवं उसी दिशा में होता है

(ग) त्वरण विस्थापन के अनुक्रमानुपाती किंतु विपरीत दिशा में होता है

(घ) त्वरण वेग के अनुक्रमानुपाती होता है

उत्तर के लिए कृपया पृष्ठ सं. 201 व 202 देखें।

444. सरल आवर्त गति करते हुए कण की माध्य स्थिति पर—
(क) गतिज ऊर्जा अधिकतम व स्थितिज ऊर्जा न्यूनतम होती है
(ख) गतिज ऊर्जा न्यूनतम व स्थितिज ऊर्जा अधिकतम होती है
(ग) गतिज ऊर्जा व स्थितिज ऊर्जा दोनों अधिकतम होती हैं
(घ) दोनों अपरिवर्तित रहती हैं

445. सरल आवर्त गति करते हुए कण का माध्य स्थिति पर—
(क) वेग शून्य होगा (ख) वेग कम होगा
(ग) वेग अधिकतम होगा (घ) संवेग अपरिवर्तित होगा

446. यदि किसी सरल लोलक की लंबाई चार गुनी कर दी जाए, तो उसका आवर्त काल हो जाएगा—
(क) आधा (ख) दुगुना
(ग) चौगुना (घ) आठ गुना

447. सरल आवर्त गति करते हुए कण का त्वरण अधिकतम विस्थापन की स्थिति में—
(क) शून्य होता है (ख) न्यूनतम होता है
(ग) अधिकतम होता है (घ) अनंत होता है

448. सरल लोलक का आवर्त काल दुगना हो जाएगा यदि उसकी प्रभावी लंबाई कर दी जाएगी—
(क) दुगुनी (ख) आधी
(ग) चार गुनी (घ) चौथाई

449. A आयाम से स.आ. गति करते हुए किसी कण की संपूर्ण ऊर्जा अनुक्रमानुपाती होती है—
(क) A (ख) A^2
(ग) $\sqrt{a}$ (घ) $\frac{1}{a}$

450. V आवृत्ति की स.आ. गति की संपूर्ण ऊर्जा अनुक्रमानुपाती होती है—
(क) ν (ख) ν^2
(ग) $\frac{1}{\nu}$ (घ) $\sqrt{\nu}$

उत्तर के लिए कृपया पृष्ठ सं. 202 देखें।

451. स.आ. गति करते हुए कण का विस्थापन समीकरण $y = 5 \sin (0.2\pi t + 0.5\pi)$ है। आवर्त काल होगा—

(क) 10 सेकेंड (ख) 1 सेकेंड

(ग) 5 सेकेंड (घ) 0.5 सेकेंड

452. किसी स.आ. गति का आयाम A तथा आवर्त काल T है। सर्वाधिक तात्कालिक वेग होगा—

(क) $\frac{4A}{T}$ (ख) $\frac{2A}{T}$

(ग) $2\pi\sqrt{\frac{A}{T}}$ (घ) $\frac{2\pi A}{T}$

453. किसी स्थान पर गुरुत्वीय त्वरण का मान 980 सेमी./सेकेंड^2 है। उस स्थान पर सेकेंड लोलक की लगभग लंबाई होगी—

(क) 50 सेमी. (ख) 100 सेमी.

(ग) 150 सेमी. (घ) 200 सेमी.

454. यदि सरल आवर्त गति करते हुए कण का किसी क्षण पर विस्थापन y हो तो उस पर लगने वाला प्रत्यानयन बल होगा—

(क) Ky (ख) Ky^2

(ग) $-Ky$ (घ) $-Ky^2$

455. स.आ. गति करते हुए कण की गति का समीकरण है—

(क) $\frac{d^2y}{dt^2} = \omega^2$ (ख) $\frac{d^2y}{dt^2} = -\omega^2 y$

(ग) $\frac{d^2y}{dt^2} = \omega^2 y$ (घ) $\frac{d^2y}{dt^2} = -\omega^2$

456. स.आ. गति करते हुए कण की साम्य स्थिति से दूरी x है। इसकी स्थितिज ऊर्जा होगी—

(क) $\frac{1}{2}m\omega^2 x^2$ (ख) $\frac{1}{2}m\omega^2 A^2$

(ग) $\frac{1}{2}m\omega^2 (A^2 - x^2)$ (घ) 0

457. स.आ. गति करते हुए कण का अधिकतम विस्थापन स्थिति में त्वरण का परिमाण होता है—

(क) न्यूनतम (ख) अधिकतम

(ग) शून्य (घ) न न्यूनतम न अधिकतम

उत्तर के लिए कृपया पृष्ठ सं. 202 देखें।

458. निम्नलिखित में से कौन सा कथन सत्य नहीं है? छोटे आयाम वाले सरल लोलक का दोलन काल—
(क) लंबाई के वर्गमूल के अनुक्रमानुपाती होता है
(ख) गुरुत्वीय त्वरण के वर्गमूल के व्युत्क्रमानुपाती होता है
(ग) गोलक के द्रव्यमान, आकार एवं उसके पदार्थ पर निर्भर करता है
(घ) आयाम से स्वतंत्र होता है

459. यदि पृथ्वी के व्यास के अनुदिश एक सुरंग बनाकर उसमें एक पत्थर छोड़ दें तो—
(क) पत्थर पृथ्वी के केंद्र पर जाकर रुक जाएगा
(ख) पत्थर पृथ्वी के दूसरे सिरे पर पहुँचकर रुक जाएगा
(ग) पत्थर पृथ्वी के केंद्र के इधर-उधर स.आ. गति करेगा
(घ) पत्थर पृथ्वी के दूसरे सिरे पर पहुँचकर अंतरिक्ष में चला जाएगा

460. स्थिर गाड़ी की छत से लटके एक लोलक का आवर्त काल T है। जब गाड़ी a त्वरण से गतिमान होती है तब आवर्त काल—
(क) बढ़ जाएगा (ख) घट जाएगा
(ग) अनंत हो जाएगा (घ) अप्रभावित रहेगा

461. किसी कण की स.आ. गति का समीकरण $\alpha = -bx$ है जिसमें α त्वरण, x साम्य स्थिति से विस्थापन तथा b कोई धनात्मक नियतांक है। दोलन काल होगा—
(क) $2\pi\sqrt{b}$ (ख) $2\pi/\sqrt{b}$
(ग) $2\pi/b$ (घ) $2\sqrt{(\pi/b)}$

462. एक कण f आवृत्ति से सरल आवर्त गति करता है। इसकी गति जिस आवृत्ति से दोलन करती है, वह है—
(क) $f/2$ (ख) f
(ग) $2f$ (घ) शून्य

463. यदि किसी पिंड की स्वाभाविक आवृत्ति Vo हो तथा उस पर कार्य करने वाले बाह्य आवर्ती बल की आवृत्ति V हो तो अनुनाद की स्थिति में—
(क) $V > Vo$ (ख) $V < Vo$
(ग) $V \neq Vo$ (घ) $V = Vo$

उत्तर के लिए कृपया पृष्ठ सं. 202 देखें।

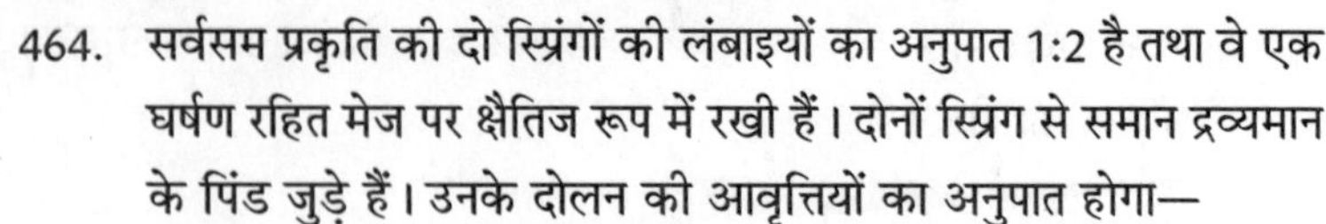

464. सर्वसम प्रकृति की दो स्प्रिंगों की लंबाइयों का अनुपात 1:2 है तथा वे एक घर्षण रहित मेज पर क्षैतिज रूप में रखी हैं। दोनों स्प्रिंग से समान द्रव्यमान के पिंड जुड़े हैं। उनके दोलन की आवृत्तियों का अनुपात होगा—

(क) 1:1 (ख) 1:2

(ग) 2:1 (घ) $\sqrt{2}:1$

465. एक ग्रह का द्रव्यमान तथा व्यास पृथ्वी से दुगुने हैं। इस ग्रह पर उस लोलक का आवर्त काल जिसका पृथ्वी पर आवर्त काल 1 सेकेंड है, होगा—

(क) $\frac{1}{\sqrt{2}}$ सेकेंड (ख) $\sqrt{2}$

(ग) 2 सेकेंड (घ) $\frac{1}{2}$ सेकेंड

466. दो पिंड M तथा N जिनके द्रव्यमान समान हैं दो भारहीन स्प्रिंगों से अलग-अलग लटके हुए हैं। स्प्रिंगों के स्प्रिंग नियतांक क्रमशः K_1 तथा K_2 हैं। यदि पिंड ऊर्ध्वाधर इस प्रकार कंपन करते हैं कि उनका अधिकतम वेग एक समान रहता है। M तथा N के आयामों का अनुपात होगा—

(क) K_1/K_2 (ख) $\sqrt{K_1/K_2}$

(ग) $\frac{K_2}{K_1}$ (घ) $\sqrt{\frac{K_2}{K_1}}$

467. एक कण स.आ. गति कर रहा है। आयाम a है। जब इसकी गतिज ऊर्जा, स्थितिज ऊर्जा के बराबर है तब इसकी माध्य स्थिति से दूरी होगी—

(क) a/2 (ख) $a/\sqrt{2}$

(ग) $a/\sqrt{3}$ (घ) a/3

468. एक हलकी स्प्रिंग से एक द्रव्यमान M का वस्तु लटका है। जब अतिरिक्त द्रव्यमान m और लटकाया जाता है तो स्प्रिंग x दूरी से और खिंच जाती है। अब संयुक्त द्रव्यमान की आवृत्ति होगी—

(क) $T = 2\pi\sqrt{mg/x\,(M+m)}$

(ख) $T = 2\pi\sqrt{(M+m)\,x/mg}$

(ग) $T = \frac{\pi}{2}\sqrt{mg/x\,(M+m)}$

(घ) $T = 2\pi\sqrt{(M+m)/mgx}$

उत्तर के लिए कृपया पृष्ठ सं. 202 देखें।

469. एक सरल लोलक जिसकी लंबाई l तथा द्रव्यमान (गोलक) m है एक ऊर्ध्वाधर रेखा के परितः एक तल में $-\phi$ से $+\phi$ कोणीय सीमाओं के बीच दोलन कर रहा है। कोणीय विस्थापन θ(जहाँ, $|\theta| < \phi$), डोरी में तनाव T तथा गोलक का वेग v है। उपर्युक्त परिस्थितियों में निम्नलिखित संबंध सत्य है—

(क) $T \cos\theta = mg$

(ख) $T - mg \cos\theta = \frac{mv^2}{l}$

(ग) गोलक के स्पर्शीय त्वरण का परिमाण $|a_t| = g \sin\theta$

(घ) t = Tangential

470. समीकरण $\alpha = \omega^2 y$ किसी पिंड की सरल आवर्त गति को बताती है। निम्नलिखित में से कौन सा कथन सही है—

(क) इसकी गति के किनारे पर त्वरण अधिकतम है

(ख) आवर्त काल $T = 2\pi\sqrt{\omega}$

(ग) $y = 0$ पर स्थितिज ऊर्जा अधिकतम है

(घ) $y = 0$ पर गतिज ऊर्जा अधिकतम है

471. एक स्प्रिंग का बल-नियतांक K है तथा इससे m द्रव्यमान लटकाया गया है। स्प्रिंग को आधा काट दिया जाता है तथा एक आधे भाग से वही द्रव्यमान लटकाया जाता है। यदि पहले केस में दोलन आवृत्ति α है, तब दूसरे केस में आवृत्ति होगी—

(क) 2α (ख) α

(ग) $\alpha/2$ (घ) $\alpha\sqrt{2}$

472. किसी अंतरिक्ष प्रयोगशाला में जो पृथ्वी के चारों ओर पृथ्वी तल से 3 R ऊँचाई पर अपनी कक्षा में घूम रही है, एक सेकेंड लोलक को रखा गया है, जहाँ पृथ्वी की त्रिज्या है। इस लोलक का आवर्त काल होगा—

(क) शून्य (ख) $2\sqrt{3}$ सेंकड

(ग) 4 सेकेंड (घ) अनंत

473. दो सरल आवर्त गतियों के समीकरण निम्नलिखित हैं—

$y_1 = 10 \sin (3\pi t + \pi/4)$

तथा $y_2 = 5 (\sin 3\pi t + \sqrt{3} \cos 3\pi t)$

इनके आयामों का अनुपात है—

(क) 1:1 (ख) 2:1

(ग) 1:2 (घ) इनमें से कोई नहीं

उत्तर के लिए कृपया पृष्ठ सं. 202 देखें।

474. एक स्प्रिंग से लटका हुआ m द्रव्यमान, f आवृत्ति से सरल आवर्त गति करता है। यदि द्रव्यमान चार गुना कर दिया जाए तो उसकी आवृत्ति हो जाएगी—

(क) $2f$ (ख) $f/2$

(ग) $4f$ (घ) $f/4$

475. एक लोलक वाली घड़ी प्रतिदिन 1 मिनट पीछे हो जाती है तो लोलक है—

(क) अधिक भारी (ख) अधिक हलका

(ग) अधिक छोटा (घ) अधिक लंबा

476. बिंदु $x = 0$ के दोनों ओर एक सरल लोलक आयाम a तथा आवर्त काल T से सरल आवर्त गति कर रहा है।

$x = \frac{a}{2}$ पर लोलक की चाल होगी—

(क) $\pi a \frac{\sqrt{3}}{T}$ (ख) $\frac{\pi a}{T}$

(ग) $\frac{\pi a \sqrt{3}}{2T}$ (घ) $\frac{3\pi^2 a}{T}$

477. एक कण का सरल आवर्त गति में त्वरण होता है—

(क) हमेशा शून्य

(ख) हमेशा स्थिर

(ग) चरम अवस्था में अधिकतम

(घ) माध्य अवस्था में अधिकतम

478. सरल आवर्त गति में एक कण का समीकरण है $y = 3 \sin \omega t + 4 \cos \omega t$ तो कण का आयाम होगा—

(क) 7 (ख) 1

(ग) 5 (घ) 12

479. आवर्ती विस्थापन $y = A \cos \omega t + A \cos (\omega t + \frac{2\pi}{3}) + A \cos (\omega t + \frac{4\pi}{3})$ का परिणामी होगा—

(क) $3A \cos \omega t$ (ख) $3A \cos \pi/2$

(ग) $3A \cos \pi$ (घ) इनमें से कोई नहीं

उत्तर के लिए कृपया पृष्ठ सं. 202 देखें।

480. दो एक समान स्प्रिंगों को जिनका बल नियतांक K है (a) श्रेणीक्रम में, (b) समांतर क्रम में जोड़ा जाता है। इन स्प्रिंगों के संयोजन के निचले सिरे पर m द्रव्यमान का एक पिंड लटकाया जाता है तो श्रेणीक्रम व समांतर संयोजन में m द्रव्यमान के ऊर्ध्वाधर दोलन के आवर्त कालों का अनुपात होगा—

(क) 1:1 (ख) 1:2

(ग) 1:4 (घ) 2:1

481. एक कण आयाम a की सरल आवर्त गति कर रहा है। जब कण की स्थितिज ऊर्जा उसके दोलन के दौरान अधिकतम मान की एक चतुर्थांश है तब कण का साम्यावस्था से विस्थापन होगा—

(क) $\frac{a}{4}$ (ख) $\frac{a}{3}$

(ग) $\frac{a}{2}$ (घ) $\frac{2a}{3}$

482. एक कण सरल आवर्त गति करता है। यदि साम्यावस्था से 4 सेमी. व 5 सेमी. दूरियों पर उसके वेग क्रमशः 10 सेमी./सेकेंड व 8 सेमी./सेकेंड हों तो उसका आवर्त काल है—

(क) $\pi/2$ (ख) 2π

(ग) π (घ) $\sqrt{\pi}$

483. जब कोई वस्तु एक कमानी से लटकायी जाती है तो उसका आवर्त काल T है। यदि कमानी को दो बराबर भागों में काट दें और वस्तु को एक भाग से लटका दें तो उसका आवर्त काल होगा—

(क) $\frac{T}{\sqrt{2}}$ (ख) $\frac{T}{2}$

(ग) $\sqrt{2}T$ or $T\sqrt{2}$ (घ) $\frac{T}{4}$

484. एक 100 ग्राम द्रव्यमान वाले पिंड को एक हलकी कमानी के एक सिरे से जोड़ दिया जाता है। स्प्रिंग एक घर्षण रहित क्षैतिज टेबल पर दोलन करती है। दोलनों का आयाम 0.16 मीटर तथा आवर्त काल 2 सेकेंड है। प्रारंभ में $t = 0$ सेकेंड पर जबकि $x = -0.16$ मीटर है, पिंड को छोड़ा जाता है तो पिंड के विस्थापन का किसी समय t पर सूत्र होगा—

(क) $x = 0.16 \cos \pi t$

(ख) $x = -0.16 \cos \pi t$

(ग) $x = 0.16 \cos (\pi t + \pi)$

(घ) $x = -0.16 \cos (\pi t + \pi)$

उत्तर के लिए कृपया पृष्ठ सं. 202 व 203 देखें।

485. सरल आवर्त गति करती हुई वस्तु का अधिकतम त्वरण 24 मीटर/सेकेंड^2 और अधिकतम वेग 16 मीटर/सेकेंड है। सरल आवर्त गति का आयाम होगा—

(क) $\frac{32}{3}$ मीटर (ख) $\frac{3}{32}$ मीटर

(ग) $\frac{1024}{9}$ मीटर (घ) $\frac{64}{9}$ मीटर

486. मध्यमान स्थिति से 3 सेमी. दूरी पर सरल आवर्त गति करते हुए एक कण एक त्वरण 12 सेमी./सेकेंड^2 है। उसका आवर्त काल है—

(क) 0.5 सेकेंड (ख) 1.0 सेकेंड

(ग) 2.0 सेकेंड (घ) 3.14 सेकेंड

487. एक खोखले गोले को उसमें बने हुए एक छिद्र द्वारा पानी से भरा जाता है। तत्पश्चात् उसे एक लंबे धागे द्वारा लटकाकर दोलायमान किया जाता है। जैसे-जैसे तल में स्थित छिद्र से पानी धीरे-धीरे बाहर निकलता है, वैसे-वैसे गोले का दोलन काल—

(क) लगातार घटेगा (ख) लगातार बढ़ेगा

(ग) पहले घटेगा बाद में बढ़ेगा (घ) पहले बढ़ेगा बाद में घटेगा

488. स्प्रिंग नियतांक K की स्प्रिंग से जुड़ा m द्रव्यमान का एक गुटका चिकनी क्षैतिज मेज पर दोलन कर रहा है। स्प्रिंग का दूसरा सिरा दीवार से जुड़ा है। स्प्रिंग की प्राकृतिक लंबाई पर गुटके की चाल v है। तत्क्षण विराम में आने के पूर्व यदि गुटका साम्य स्थिति से x दूरी तक चलता है तो—

(क) $x = \sqrt{\frac{m}{K}}$ (ख) $x = \frac{1}{v}\sqrt{\frac{m}{K}}$

(ग) $x = v\sqrt{\frac{m}{K}}$ (घ) $x = \sqrt{\frac{mv}{K}}$

489. 200 ग्राम द्रव्यमान का एक कण सरल आवर्त गति कर रहा है। 80 न्यूटन प्रति मीटर बल नियतांक के स्प्रिंग द्वारा प्रत्यायन बल दिया जाता है। दोलनों का आवर्त काल है—

(क) 0.31 सेकेंड (ख) 0.15 सेकेंड

(ग) 0.05 सेकेंड (घ) 0.02 सेकेंड

उत्तर के लिए कृपया पृष्ठ सं. 203 देखें।

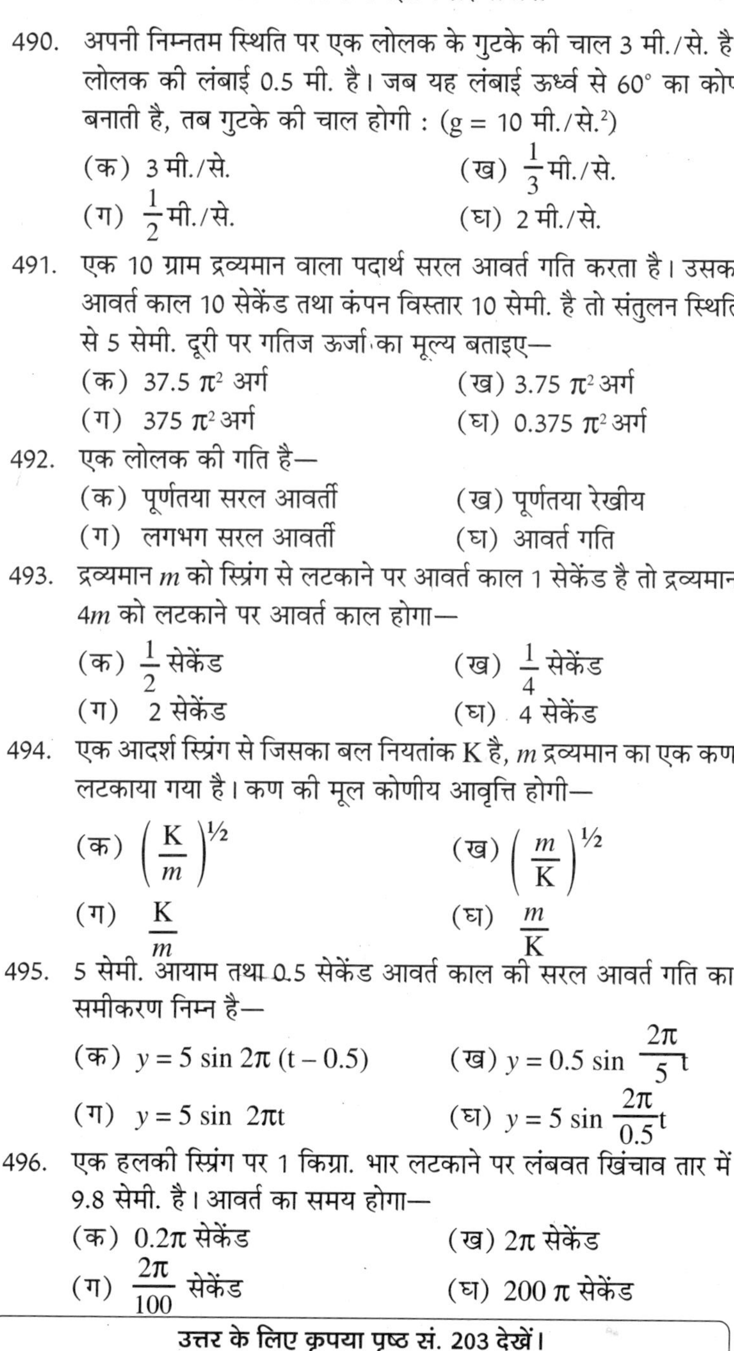

490. अपनी निम्नतम स्थिति पर एक लोलक के गुटके की चाल 3 मी./से. है। लोलक की लंबाई 0.5 मी. है। जब यह लंबाई ऊर्ध्व से 60° का कोण बनाती है, तब गुटके की चाल होगी : (g = 10 मी./से.^{2})

(क) 3 मी./से. (ख) $\frac{1}{3}$ मी./से.

(ग) $\frac{1}{2}$ मी./से. (घ) 2 मी./से.

491. एक 10 ग्राम द्रव्यमान वाला पदार्थ सरल आवर्त गति करता है। उसका आवर्त काल 10 सेकेंड तथा कंपन विस्तार 10 सेमी. है तो संतुलन स्थिति से 5 सेमी. दूरी पर गतिज ऊर्जा का मूल्य बताइए—

(क) 37.5 π^2 अर्ग (ख) 3.75 π^2 अर्ग

(ग) 375 π^2 अर्ग (घ) 0.375 π^2 अर्ग

492. एक लोलक की गति है—

(क) पूर्णतया सरल आवर्ती (ख) पूर्णतया रेखीय

(ग) लगभग सरल आवर्ती (घ) आवर्त गति

493. द्रव्यमान m को स्प्रिंग से लटकाने पर आवर्त काल 1 सेकेंड है तो द्रव्यमान $4m$ को लटकाने पर आवर्त काल होगा—

(क) $\frac{1}{2}$ सेकेंड (ख) $\frac{1}{4}$ सेकेंड

(ग) 2 सेकेंड (घ) 4 सेकेंड

494. एक आदर्श स्प्रिंग से जिसका बल नियतांक K है, m द्रव्यमान का एक कण लटकाया गया है। कण की मूल कोणीय आवृत्ति होगी—

(क) $\left(\frac{K}{m}\right)^{1/2}$ (ख) $\left(\frac{m}{K}\right)^{1/2}$

(ग) $\frac{K}{m}$ (घ) $\frac{m}{K}$

495. 5 सेमी. आयाम तथा 0.5 सेकेंड आवर्त काल की सरल आवर्त गति का समीकरण निम्न है—

(क) $y = 5 \sin 2\pi (t - 0.5)$ (ख) $y = 0.5 \sin \frac{2\pi}{5} t$

(ग) $y = 5 \sin 2\pi t$ (घ) $y = 5 \sin \frac{2\pi}{0.5} t$

496. एक हलकी स्प्रिंग पर 1 किग्रा. भार लटकाने पर लंबवत खिंचाव तार में 9.8 सेमी. है। आवर्त का समय होगा—

(क) 0.2π सेकेंड (ख) 2π सेकेंड

(ग) $\frac{2\pi}{100}$ सेकेंड (घ) $200\,\pi$ सेकेंड

उत्तर के लिए कृपया पृष्ठ सं. 203 देखें।

497. यदि सरल आवर्ती गति में x, F और U क्रमशः कण का विस्थापन, लगा बल और स्थितिज ऊर्जा बताते हैं तब—

(क) $U = Fx$ (ख) $U = \frac{dF}{dx}$

(ग) $F = -\frac{dU}{dx}$ (घ) $F = -\frac{1}{x} - \frac{dU}{dx}$

498. यदि SHM (Simple Harmonic Motion) में गतिज ऊर्जा $K = K_0 \cos^2 \omega t$ है तब अधिकतम स्थितिज ऊर्जा होगी—

(क) K_0 (ख) $K_0.\sin^2 \omega t$

(ग) $\frac{K_0}{2}$ (घ) $K_0 \sin \omega t$

499. एक कण सीधी रेखा में SHM कर रहा है जिसका आयाम A है। स्थितिज ऊर्जा अधिकतम होगी जब विस्थापन होगा—

(क) $\pm A$ (ख) शून्य

(ग) $\pm A/2$ (घ) $\pm \frac{A}{\sqrt{2}}$

500. कण की स्थितिज ऊर्जा $U(x)$ विस्थापन x का एक फलन है। SHM में जब K धनात्मक स्तंभ है तब—

(क) $U = Kx^{1/2}$ (ख) $U = Kx$

(ग) $U = -\frac{1}{2}Kx^2$ (घ) $U = Kx^2$

501. दो स्प्रिंगों, जिनके बल नियतांक K_1 और K_2 हैं, को समांतर क्रम में जोड़कर उनसे m द्रव्यमान लटकाया गया है। तुल्य बल नियतांक होगा—

(क) $\frac{K_1 + K_2}{K_1 K_2}$ (ख) $\frac{K_1 K_2}{K_1 + K_2}$

(ग) $K_1 - K_2$ (घ) $K_1 + K_2$

502. दो स्प्रिंगों को, जिनके बल नियतांक K_1 और K_2 हैं श्रेणीक्रम में जोड़कर स्वतंत्र सिरे पर m द्रव्यमान लटकाया। अब बल नियतांक होगा—

(क) $\frac{K_1 K_2}{K_1 + K_2}$ (ख) $\frac{K_1 + K_2}{K_1 K_2}$

(ग) $K_1 + K_2$ (घ) $K_1 - K_2$

उत्तर के लिए कृपया पृष्ठ सं. 203 देखें।

503. लकड़ी के टुकड़े की माप a, b और c है। इसका आपेक्षिक घनत्व d है। यह पानी में इस प्रकार तैर रहा है कि साइड a ऊर्ध्वाधर है। यदि यह ऊपर-नीचे गति करे तो इसका आवर्त काल होगा—

(क) $T = 2\pi \sqrt{\frac{abc}{g}}$ (ख) $T = 2\pi \sqrt{\frac{bc}{ag}}$

(ग) $T = 2\pi \sqrt{\frac{g}{da}}$ (घ) $T = 2\pi \sqrt{\frac{da}{g}}$

504. SHM करने वाले कण का विस्थापन $y = 0.25 \sin 200t$ सेमी. है। कण की अधिकतम चाल है—

(क) 200 सेमी./से. (ख) 100 सेमी./से.

(ग) 50 सेमी./से. (घ) 0.25 सेमी./से.

505. किसी स्प्रिंग पर कोई वजन लटकाने पर वह 20 सेमी. खिंच जाती है। यदि उसे फिर थोड़ा खींचकर छोड़ दें तो आवर्त काल होगा—

(क) $\frac{2\pi}{7}$ सेकेंड (ख) 7 सेकेंड

(ग) 22 सेकेंड (घ) अज्ञात

506. एक सरल दोलक में L लंबी डोरी से m द्रव्यमान का पिंड लटकाकर एक ऊर्ध्वाधर चाप में दोलन कराया जाता है। चाप का कोणीय विस्थापन $\ominus$ है। दोलन चाप के एक सिरे पर m द्रव्यमान की ही एक गेंद विरामावस्था में है। इससे टकराने पर दोलक के पिंड द्वारा गेंद का स्थानांतरित संवेग है—

(क) शून्य (ख) $m\theta\sqrt{\frac{g}{l}}$

(ग) $\frac{m\theta}{l}\sqrt{\frac{l}{g}}$ (घ) $\frac{m}{l}2\pi\sqrt{\frac{l}{g}}$

507. m द्रव्यमान के गोलक वाला एक सरल लोलक A से C तक दोलन करता है और फिर A पर वापस लौट आता है। चित्रानुसार PB की दूरी H है। जब गोलक B से गुजरता है तब उसका वेग होगा—

(क) mgH

(ख) $\sqrt{2}gH$

(ग) 2gH

(घ) शून्य

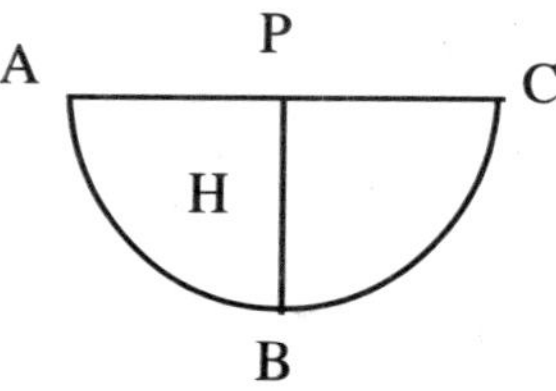

उत्तर के लिए कृपया पृष्ठ सं. 203 देखें।

508. सरल आवर्त गति करते हुए एक कण के संबंध में निम्नलिखित में से कौन सा कथन सत्य नहीं है—

(क) कण की संपूर्ण ऊर्जा सदैव नियत रहती है

(ख) प्रत्यानयन बल सदैव एक स्थिर बिंदु की ओर दिष्ट रहता है

(ग) प्रत्यानयन बल का मान चरम स्थितियों पर अधिकतम होता है

(घ) कण के त्वरण का मान साम्य स्थिति पर अधिकतम होता है

509. सरल आवर्त गति करते हुए एक कण का माध्य स्थिति से 3 सेमी. दूरी पर त्वरण 12 सेमी./सेकेंड^2 है। कण का आवर्त काल है—

(क) 3.14 सेकेंड (ख) 1.57 सेकेंड

(ग) 1.67 सेकेंड (घ) 2.0 सेकेंड

510. 10 ग्राम द्रव्यमान का एक कण 0.5 मीटर आयाम तथा $\pi/5$ सेकेंड के दोलन काल से सरल आवर्त गति कर रहा है। कण पर लगने वाले बल का अधिकतम मान है—

(क) 25 न्यूटन (ख) 5 न्यूटन

(ग) 2.5 न्यूटन (घ) 0.5 न्यूटन

511. दो कण समान आयाम तथा समान आवृत्ति से एक ही रेखा पर सरल आवर्त गति कर रहे हैं। विपरीत दिशा में चलते हुए जब भी वे एक-दूसरे से गुजरते हैं तब उनका विस्थापन आयाम का आधा होता है। कणों में कलांतर होगा—

(क) 45° (ख) 60°

(ग) 90° (घ) 120°

512. एक कण का विस्थापन $x = 3 \sin (5\pi t) + 4 \cos (5\pi t)$ द्वारा व्यक्त किया जाता है। कण का आयाम होगा—

(क) 3 (ख) 4

(ग) 5 (घ) 7

□

उत्तर के लिए कृपया पृष्ठ सं. 203 देखें।

10

तरंगें

(WAVES)

513. निम्न आवृत्ति की कौन सी ध्वनि तरंगें मनुष्य द्वारा सुनी जा सकती हैं—

(क) 5 कंपन सेकेंड$^{-1}$ (ख) 500 कंपन सेकेंड$^{-1}$

(ग) 27,000 कंपन सेकेंड$^{-1}$ (घ) 50,000 कंपन सेकेंड$^{-1}$

514. चंद्रमा की सतह पर अंतरिक्ष यात्री अपने साथी की आवाज नहीं सुन सकते क्योंकि—

(क) उत्पन्न आवृत्ति, श्रव्य आवृत्तियों से ऊपर की होती है

(ख) ध्वनि संचरण के लिए वहाँ कोई माध्यम नहीं है

(ग) रात्रि में तापमान बहुत कम और दिन में बहुत अधिक हो जाता है

(घ) चंद्रमा पर और भी बहुत से कारण होते हैं

515. न्यूटन के ध्वनि सूत्र में लाप्लास का संशोधन आवश्यक था, क्योंकि ध्वनि तरंगें—

(क) अनुदैर्घ्य होती हैं

(ख) समतापीय रूप में गमन करती हैं

(ग) रुद्धोष्म रूप में गमन करती हैं

(घ) तरंगेदैर्घ्य अधिक होती है

516. सोनोमीटर (Sonometer) के तार में उत्पन्न तरंगें होती हैं—

(क) अनुदैर्घ्य

(ख) अनुप्रस्थ, अप्रगामी तथा स्थिर

(ग) अनुप्रस्थ, अप्रगामी तथा ध्रुवित

(घ) अनुप्रस्थ, प्रगामी तथा ध्रुवित

उत्तर के लिए कृपया पृष्ठ सं. 203 देखें।

517. वायु में NTP (Normal Temperature & Pressure) पर ध्वनि की चाल 300 मीटर सेकेंड$^{-1}$ है। यदि वायु दाब बढ़कर चार गुना हो जाए तो ध्वनि की चाल होगी—

(क) 150 मी. से.$^{-1}$ (ख) 300 मी. से.$^{-1}$

(ग) 600 मी. से.$^{-1}$ (घ) 1200 मी. से.$^{-1}$

518. दो स्रोतों जिनकी आवृत्तियाँ f_1 और f_2 हैं की विस्पंद आवृत्ति होगी—

(क) $(f_2^{1/2} - f_1^{1/2})^2$ (ख) $f_1 - f_2$

(ग) $2(f_1 - f_2)$ (घ) $(f_1^2 - f_2^2)^{1/2}$

519. यदि तार की आवृत्ति को दुगुना कर दिया जाएगा, तो तार में उत्पन्न तनाव पहले की अपेक्षा हो जाएगा—

(क) आधा (ख) दो गुना

(ग) तीन गुना (घ) चार गुना

520. ध्वनि में श्रोता व स्रोत के मध्य लगने वाला नियम है—

(क) डॉप्लर का नियम (ख) हाइगेन का नियम

(ग) न्यूटन का नियम (घ) गैलीलियो का नियम

521. वह ताप, जिस पर वायु में ध्वनि की चाल 27°C ताप पर चाल की दो गुना हो जाती है, है

(क) 54°C (ख) 327°C

(ग) 927°C (घ) −123°C

522. एक तरंग की चाल 360 मीटर/सेकेंड तथा आवृत्ति 500 हर्ट्ज है। दो निकटवर्ती कणों के बीच कलांतर 60° है। उनके बीच पथांतर होगा—

(क) 0.72 मीटर (ख) 0.72 सेमी.

(ग) 12 सेमी. (घ) 120 सेमी.

523. व्यतिकरण (Interference) के कारण—

(क) ऊर्जा में हानि होती है

(ख) ऊर्जा में वृद्धि होती है

(ग) ऊर्जा अपरिवर्तित रहती है, परंतु इसका पुनर्वितरण होता है

(घ) इनमें से कोई नहीं

524. दो ध्वनि तरंगों (Sound Waves) में विस्पंद के आभास का कारण है—

(क) परावर्तन (ख) अपवर्तन

(ग) विवर्तन (घ) व्यतिकरण

उत्तर के लिए कृपया पृष्ठ सं. 203 देखें।

525. दो स्वरित्र द्विभुज (Tuning Forck) जिनकी आवृत्तियाँ 24 और 22 हैं, एक साथ ध्वनि उत्पन्न करते हैं। प्रति सेकेंड सुनाई देने वाले विस्पंदों की संख्या होगी—

(क) 1 (ख) 2
(ग) 24 (घ) 22

526. एक अज्ञात आवृत्ति का स्रोत X, 250 Hz आवृत्ति स्रोत के साथ 8 विस्पंद एवं 270 आवृत्ति के स्रोत के साथ 12 विस्पंद उत्पन्न करता है। स्रोत X की आवृत्ति होगी—

(क) 258 Hz (ख) 242 Hz
(ग) 262 Hz (घ) 282 Hz

527. अप्रगामी तरंगों (Stationary Waves) में प्रस्पंदों पर कौन सी राशि परिवर्तित होती है—

(क) घनत्व केवल (ख) दाब केवल
(ग) घनत्व तथा दाब दोनों (घ) न घनत्व और न ही दाब

528. ऊर्जा नहीं ले जाई जाती है—

(क) अनुप्रस्थ प्रगामी तरंगों द्वारा (ख) अनुदैर्घ्य प्रगामी तरंगों द्वारा
(ग) अप्रगामी तरंगों द्वारा (घ) विद्युत चुंबकीय तरंगों द्वारा

529. अप्रगामी तरंगों में दो क्रमागत निस्पंदों के बीच की दूरी होती है—

(क) $\lambda/2$ (ख) $\lambda/3$
(ग) $\lambda/4$ (घ) λ

530. सितार के तार में किस प्रकार के कंपन उत्पन्न होते हैं—

(क) प्रगामी अनुप्रस्थ कंपन (ख) प्रगामी अनुदैर्घ्य कंपन
(ग) अप्रगामी अनुप्रस्थ कंपन (घ) अप्रगामी अनुदैर्घ्य कंपन

531. अनुनादित वायु स्तंभ (Resonance in air column) में सदैव उत्पन्न होती हैं—

(क) अनुदैर्घ्य अप्रगामी तरंगें (ख) अनुप्रस्थ अप्रगामी तरंगें
(ग) अनुदैर्घ्य प्रगामी तरंगें (घ) अनुप्रस्थ प्रगामी तरंगें

532. खुले आर्गन पाइप में उत्पन्न ध्वनि मधुर होती हैं, क्योंकि उसमें—

(क) केवल सम संनादी उत्पन्न होते हैं

उत्तर के लिए कृपया पृष्ठ सं. 204 देखें।

(ख) केवल विषम संनादी उत्पन्न होते हैं

(ग) सम तथा विषम दोनों संनादी उत्पन्न होते हैं

(घ) कोई संनादी उत्पन्न नहीं होता

533. यदि तेल जिसका घनत्व पानी से अधिक है, पानी के स्थान पर अनुनाद नली में प्रयोग किया जाता है तो इसकी आवृत्ति—

(क) बढ़ेगी

(ख) घटेगी

(ग) वही रहेगी

(घ) नली के घनत्व पर निर्भर करेगी

534. जैसे ही एक खाली बरतन जल से भरा जाता है उसकी आवृत्ति—

(क) बढ़ती है (ख) कम होती है

(ग) वही रहती है (घ) इनमें से कोई नहीं

535. दोनों सिरों पर खुली बेलनाकार नली की मूल आवृत्ति n है। नली को ऊर्ध्वाधर स्थिति में रखकर जल में डुबोया गया है जिससे कि आधी नली जल में रहे। अब वायु स्तंभ की मूल आवृत्ति होगी—

(क) $\frac{n}{2}$ (ख) $\frac{3n}{4}$

(ग) n (घ) 2n

536. वायु में ध्वनि की चाल 350 मी./से. है। 50 सेमी. लंबे खुले पाइप की मूल आवृत्ति होगी—

(क) 175 हर्ट्ज (ख) 350 हर्ट्ज

(ग) 700 हर्ट्ज (घ) 50 हर्ट्ज

537. एक बंद आर्गन पाइप 264 हर्ट्ज आवृत्ति के कंपित स्वरित्र द्विभुज के साथ अनुनाद करेगा यदि वायु स्तंभ की लंबाई है—

(क) 93.75 सेमी. (ख) 31.25 सेमी.

(ग) 62.50 सेमी. (घ) 125 सेमी.

538. 1 मीटर लंबी तथा 5×10^{-4} कि.ग्रा. द्रव्यमान की डोरी 20 न्यूटन बल के दो स्थिर बिंदुओं के बीच तनी है। इसे एक सिरे से 25 सेमी. की दूरी पर दबाकर छोड़ दिया जाता है। तनी डोरी के कंपन की आवृत्ति होगी—

(क) 400 Hz (ख) 100 Hz

(ग) 200 Hz (घ) 256 Hz

उत्तर के लिए कृपया पृष्ठ सं. 204 देखें।

539. एक व्यक्ति स्थिर खड़ा है तथा एक कार तेज गति से उसकी ओर आ रही है। व्यक्ति द्वारा सुने गए हार्न की ध्वनि की आवृत्ति—
(क) वास्तविक आवृत्ति से अधिक होगी
(ख) वास्तविक आवृत्ति से कम होगी
(ग) वास्तविक आवृत्ति के बराबर होगी
(घ) कुछ नहीं कहा जा सकता

540. एक ध्वनि स्रोत जिसका पिच 400 Hz है एक स्थिर श्रोता की ओर 200 मी./से. के वेग से आ रहा है। ध्वनि का वेग 300मी./से. है। स्थिर श्रोता को सुनाई पड़ने वाली आवृत्ति होगी—
(क) 96 Hz (ख) 240 Hz
(ग) 1200 Hz (घ) 960 Hz

541. सुस्वर ध्वनि (Musical Sound) की गुणता निर्भर करती है—
(क) तारत्व पर (ख) प्रबलता पर
(ग) आयाम पर (घ) संनादियों की संख्या पर

542. द्विटोनी स्वरग्राम में आरंभक स्वर तथा उसके सप्तक की आवृत्तियों में अनुपात होता है—
(क) 1 : 2 (ख) 9 : 8
(ग) 10 : 9 (घ) 16 : 15

543. आवृत्ति के रूप में डॉप्लर प्रभाव निर्भर नहीं करता—
(क) तरंग द्वारा उत्पन्न आवृत्ति पर
(ख) स्रोत के वेग पर
(ग) प्रेक्षक के वेग पर
(घ) स्रोत व प्रेक्षक के बीच की दूरी पर

544. H_α का तरंगदैर्घ्य (Wave Length) 4330 Å है। नीहारिका से इसी स्पेक्ट्रमी रेखा का तरंगदैर्घ्य 6465 Å प्रतीत होता है। नीहारिका—
(क) पृथ्वी से दूर जा रही है (ख) पृथ्वी की ओर आ रही है
(ग) स्थिर है (घ) नष्ट होने वाली है

545. दो स्वरित्र द्विभुजों को एक साथ ध्वनित करने पर 4 विस्पंद प्रति सेकेंड उत्पन्न होते हैं। एक स्वरित्र द्विभुज की आवृत्ति 256 है। इसी द्विभुज पर

उत्तर के लिए कृपया पृष्ठ सं. 204 देखें।

मोम लगाने के बाद विस्पंद बढ़े हुए सुनाई देते हैं। दूसरे स्वरित्र द्विभुज की आवृत्ति है—

(क) 504 (ख) 520

(ग) 260 (घ) 252

546. एक तनी हुई डोरी पर चलती हुई अनुप्रस्थ तरंग का वेग 10 मीटर/सेकेंड तथा आवृत्ति 100 हर्ट्ज है। डोरी पर 2.5 सेमी. के अंतराल पर स्थित दो कणों के बीच कलांतर होगा—

(क) $\pi/8$ (ख) $\pi/4$

(ग) $3\pi/8$ (घ) $\pi/2$

547. तरंगें जो निर्वात् (Vaccum) में गमन नहीं कर सकती हैं, हैं—

(क) X किरणें (ख) अवश्रव्य किरणें

(ग) पराबैंगनी किरणें (घ) रेडियो तरंगें

548. एक ध्वनि स्रोत और श्रोता दोनों ही एक-दूसरे की ओर चाल $\frac{v}{10}$ से आ रहे हैं, जहाँ v ध्वनि की चाल है। यदि स्रोत द्वारा उत्सर्जित स्वर की आवृत्ति f हो तो श्रोता द्वारा सुनी गई आवृत्ति होगी लगभग—

(क) $1.11\,f$ (ख) $1.22\,f$

(ग) f (घ) $1.27\,f$

549. 30 मीटर प्रति सेकेंड की चाल से एक पहाड़ी की ओर जाती कार का चालक हॉर्न बजाता है जिसकी आवृत्ति 600 हर्ट्ज है। यदि वायु में ध्वनि का वेग 330 मीटर/सेकेंड हो, तो चालक द्वारा सुनी गई परावर्तित ध्वनि की आवृत्ति है—

(क) 720 हर्ट्ज (ख) 555.5 हर्ट्ज

(ग) 550 हर्ट्ज (घ) 500 हर्ट्ज

550. एक स्लैब (Slab) से गुजरने पर ध्वनि की तीव्रता 20% कम हो जाती है। दो एक साथ स्लैब से गुजारने पर तीव्रता में कमी होगी—

(क) 50% (ख) 40%

(ग) 36% (घ) 30%

551. तरंग का आयाम $A = \frac{c}{a+b+c}$ द्वारा प्रदर्शित है। अनुनाद

उत्तर के लिए कृपया पृष्ठ सं. 204 देखें।

(Resonance) होगा जब

(क) $b = \frac{-c}{2}$ (ख) b = o और a = c

(ग) $b = \frac{-a}{2}$ (घ) इनमें से कोई नहीं

552. खुले वायु स्तंभ की मूल आवृत्ति 256 चक्र/सेकेंड है। पहला हार्मोनिक (संनादी) होगा—

(क) 512 (ख) 256

(ग) 520 (घ) 128

553. किस माध्यम में ध्वनि का वेग अधिकतम है—

(क) हवा (ख) ऑक्सीजन

(ग) हाइड्रोजन (घ) CO_2

554. वायु में ध्वनि का वेग 332 मी./से. है। हाइड्रोजन में ध्वनि का वेग होगा। (यदि वायु हाइड्रोजन से 16 गुना भारी है)

(क) 332 मी. से.$^{-1}$ (ख) 2656 मी. से.$^{-1}$

(ग) 632 मी. से.$^{-1}$ (घ) 1328 मी. से.$^{-1}$

555. किस ताप पर ध्वनि का वेग $0^\circ C$ पर ध्वनि के वेग का दुगुना होगा—

(क) $819^\circ C$ (ख) 273 K

(ग) 819 K (घ) $273^\circ C$

556. $O^\circ C$ और 1092 K पर ध्वनि के वेगों का अनुपात होगा—

(क) 1 : 2 (ख) 2 : 1

(ग) 4 : 1 (घ) 1 : 4

557. जल की आयतन प्रत्यास्थता (Elasticity) 2×10^9 न्यूटन/मी.^{2} तथा घनत्व 10^3 कि.ग्रा./मी.^{3} है। अनुप्रस्थ तरंग का वेग होगा—

(क) 2×10^8 मी. से.$^{-1}$ (ख) $\sqrt{2} \times 10^6$ मी. से.$^{-1}$

(ग) 1414 मी. से.$^{-1}$ (घ) 332 मी. से.$^{-1}$

558. तरंग एक स्थान से दूसरे स्थान तक ले जाती है—

(क) ऊर्जा (ख) आयाम

(ग) तरंगदैर्घ्य (घ) पदार्थ

उत्तर के लिए कृपया पृष्ठ सं. 204 देखें।

559. 100 मीटर दूर पहाड़ी से परावर्तित आवाज 0.6 सेकेंड बाद सुनाई पड़ती है। ध्वनिं का वेग है—

(क) 166.6 मी. से.$^{-1}$ (ख) 60 मी. से.$^{-1}$

(ग) 333.3 मी. से.$^{-1}$ (घ) 332 मी. से.$^{-1}$

560. तरंग समीकरण $\gamma = 0.02 \sin 2\pi (100)t$ है। आवृत्ति होगी—

(क) 100 (ख) 50

(ग) 200 (घ) 0.2

561. ध्वनि के वेग की गणना कीजिए जब प्रति सेकेंड 4 विस्पंद तरंगदैर्घ्य 1.00 मीटर और 1.01 मीटर के मध्य सुनाई देते हैं—

(क) 332 मी. से.$^{-1}$ (ख) 404 मी. से.$^{-1}$

(ग) 200 मी. से.$^{-1}$ (घ) 320 मी. से.$^{-1}$

562. जब एक पत्थर पानी की सतह पर गिरता है, तरंग बनती है—

(क) अनुदैर्घ्य (ख) अनुप्रस्थ

(ग) दोनों (घ) कोई नहीं

563. विस्पंद परिणाम है—

(क) विवर्तन

(ख) संरचनात्मक या विनाशात्मक व्यतिकरण

(ग) विनाशात्मक व्यतिकरण

(घ) परावर्तन

564. ध्वनि की चाल निम्न में अधिकतम होगी—

(क) स्टील की छड़ (ख) कैरोसीन

(ग) हवा (घ) पानी

565. यदि स्वरित्र द्विभुज की एक भुजा तोड़ दें तो ध्वनि की तीव्रता—

(क) समान रहेगी (ख) बढ़ जाएगी

(ग) घटेगी (घ) धातु पर निर्भर करेगी।

566. एक नाव एंकर पर तरंग द्वारा चलाई जाती है, जिसके शीर्ष 100 मीटर दूर हैं। तरंग का वेग 25 मी./से. है। प्रत्येक तरंग पहुँचती है—

(क) 0.25 सेकेंड बाद (ख) 4.0 सेकेंड बाद

(ग) 2500 सेकेंड बाद (घ) 1500 सेकेंड बाद

उत्तर के लिए कृपया पृष्ठ सं. 204 देखें।

567. 120 सेमी. की अनुनाद नली को 340 हर्ट्ज के स्वरित्र द्विभुज से बजाया गया। अनुनाद के लिए जल न्यूनतम दूरी तक भरा जाएगा—

(क) 50 सेमी. (ख) 80 सेमी.

(ग) 45 सेमी. (घ) 70 सेमी.

568. एक मनुष्य गोली चलाता है और पहाड़ी से 2 सेकेंड बाद प्रतिध्वनि सुनता है। वह 85 मीटर पहाड़ी की ओर चलता है तथा दूसरी गोली की आवाज 1.5 सेकेंड बाद सुनता है। ध्वनि की चाल है—

(क) 85 मी. से.$^{-1}$ (ख) 340 मी. से.$^{-1}$

(ग) 170 मी. से.$^{-1}$ (घ) 680 मी. से.$^{-1}$

569. किसी सतह से परावर्तन के द्वारा ध्वनि का पुनः सुनाई देना कहलाता है—

(क) प्रतिध्वनि (Echo)

(ख) ध्वनि प्रबलता (Loudness)

(ग) अनुरणन या गूँज (Reverberation)

(घ) इनमें से कोई नहीं

□

उत्तर के लिए कृपया पृष्ठ सं. 204 देखें।

11

चुंबकत्व एवं चुंबकीय मापन

(MAGNETIC & MEASURMENT)

570. एक ग्रह पर माध्यम की चुंबकशीलता 0.5 है। यदि वहाँ पर दो समान ध्रुवों के बीच की दूरी दुगुनी कर दी जाए तो प्रतिकर्षण बल का मान पूर्व मान का होगा—

(क) आधा (ख) चौथाई

(ग) आठवाँ भाग (घ) दुगुना

571. 2 l लंबाई, M चुंबकीय आघूर्ण और m ध्रुव प्राबल्य वाली एक लंबी चुंबकीय सुई को बीच से दो भागों में तोड़ा जाता है। प्रत्येक भाग का चुंबकीय आघूर्ण तथा ध्रुव प्राबल्य होगा—

(क) $\frac{M}{2}$, $\frac{m}{2}$ (ख) M, $\frac{m}{2}$

(ग) $\frac{M}{2}$, m (घ) M, m

572. यदि दंड चुंबक के केंद्र पर एक छेद कर दिया जाए तो उसका चुंबकीय आघूर्ण—

(क) बढ़ जाएगा (ख) घट जाएगा

(ग) नहीं बदलेगा (घ) नष्ट हो जाएगा

573. विक्षेप चुंबकत्वमापी को tan B स्थिति में समंजित कर M_1 और M_2 आघूर्ण वाले दो चुंबकों को विपरीत भुजाओं में भुजाओं के लंबवत् रखकर उनकी दूरियाँ इस प्रकार समंजित की जाती हैं कि विक्षेप चुंबकत्वमापी में विक्षेप शून्य हो जाए/यदि शून्य विक्षेप की स्थिति में चुंबकीय सुई से चुंबकों की दूरियाँ 12 सेमी. व 18 सेमी. हों तो $M_1 : M_2$ मान होगा—

(क) 3 : 2 (ख) 2 : 3

(ग) 4 : 9 (घ) 8 : 27

उत्तर के लिए कृपया पृष्ठ सं. 204 देखें।

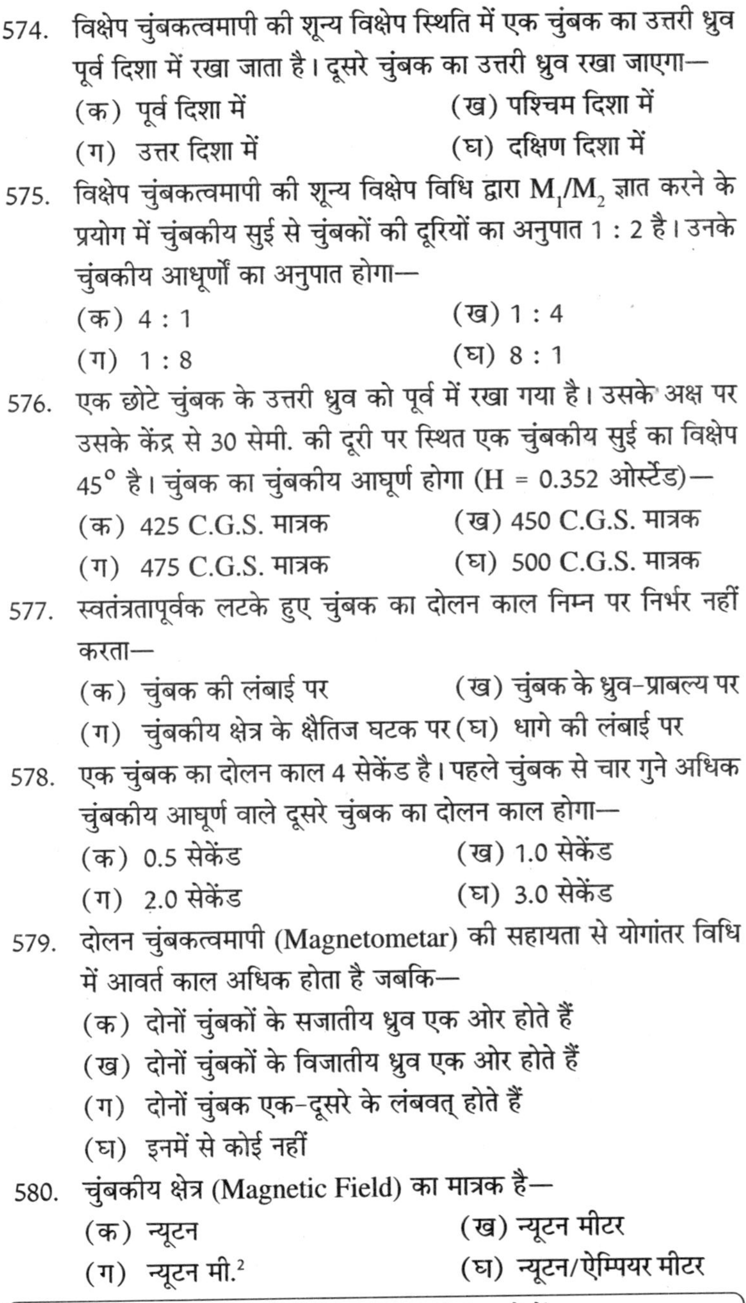

574. विक्षेप चुंबकत्वमापी की शून्य विक्षेप स्थिति में एक चुंबक का उत्तरी ध्रुव पूर्व दिशा में रखा जाता है। दूसरे चुंबक का उत्तरी ध्रुव रखा जाएगा—

(क) पूर्व दिशा में (ख) पश्चिम दिशा में

(ग) उत्तर दिशा में (घ) दक्षिण दिशा में

575. विक्षेप चुंबकत्वमापी की शून्य विक्षेप विधि द्वारा M_1/M_2 ज्ञात करने के प्रयोग में चुंबकीय सुई से चुंबकों की दूरियों का अनुपात 1 : 2 है। उनके चुंबकीय आधूर्णों का अनुपात होगा—

(क) 4 : 1 (ख) 1 : 4

(ग) 1 : 8 (घ) 8 : 1

576. एक छोटे चुंबक के उत्तरी ध्रुव को पूर्व में रखा गया है। उसके अक्ष पर उसके केंद्र से 30 सेमी. की दूरी पर स्थित एक चुंबकीय सुई का विक्षेप 45° है। चुंबक का चुंबकीय आघूर्ण होगा (H = 0.352 ओर्स्टेड)—

(क) 425 C.G.S. मात्रक (ख) 450 C.G.S. मात्रक

(ग) 475 C.G.S. मात्रक (घ) 500 C.G.S. मात्रक

577. स्वतंत्रतापूर्वक लटके हुए चुंबक का दोलन काल निम्न पर निर्भर नहीं करता—

(क) चुंबक की लंबाई पर (ख) चुंबक के ध्रुव-प्राबल्य पर

(ग) चुंबकीय क्षेत्र के क्षैतिज घटक पर (घ) धागे की लंबाई पर

578. एक चुंबक का दोलन काल 4 सेकेंड है। पहले चुंबक से चार गुने अधिक चुंबकीय आघूर्ण वाले दूसरे चुंबक का दोलन काल होगा—

(क) 0.5 सेकेंड (ख) 1.0 सेकेंड

(ग) 2.0 सेकेंड (घ) 3.0 सेकेंड

579. दोलन चुंबकत्वमापी (Magnetometar) की सहायता से योगांतर विधि में आवर्त काल अधिक होता है जबकि—

(क) दोनों चुंबकों के सजातीय ध्रुव एक ओर होते हैं

(ख) दोनों चुंबकों के विजातीय ध्रुव एक ओर होते हैं

(ग) दोनों चुंबक एक-दूसरे के लंबवत् होते हैं

(घ) इनमें से कोई नहीं

580. चुंबकीय क्षेत्र (Magnetic Field) का मात्रक है—

(क) न्यूटन (ख) न्यूटन मीटर

(ग) न्यूटन मी.^{2} (घ) न्यूटन/ऐम्पियर मीटर

उत्तर के लिए कृपया पृष्ठ सं. 204 देखें।

581. वेबर मीटर$^{-2}$ निम्न का मात्रक है—
(क) ध्रुव प्राबल्य (ख) चुंबकीय फ्लक्स
(ग) चुंबकीय क्षेत्र
(घ) चुंबकीय आघूर्ण (Magnetic Moment)

582. वेबर मात्रक है—
(क) चुंबकीय आघूर्ण का (ख) चुंबकीय प्रेरण का
(ग) चुंबकीय क्षेत्र का (घ) चुंबकीय फ्लक्स का

583. जब किसी चुंबक के सभी अणु चुंबकीय क्षेत्र की दिशा में व्यवस्थित हो जाते हैं तो स्थिति को कहते हैं—
(क) चुंबकशीलता (ख) संतृप्तता
(ग) धारणशीलता (घ) प्रतिष्टंभ

584. एक छोटे दंड चुंबक की अक्षीय स्थिति और निरक्षीय (Equatorial Line) स्थिति में चुंबकीय क्षेत्रों का अनुपात होगा—
(क) 1 : 4 (ख) 1 : 2
(ग) 1 : 1 (घ) 2 : 1

585. M.K.S. पद्धति में चुंबकीय फ्लक्स का मात्रक है—
(क) ओर्स्टेड (ख) गॉस
(ग) वेबर (घ) ऐम्पियर/मीटर^2

586. S.I. पद्धति में चुंबकीय आघूर्ण (Magnetic Moment) का मात्रक है—
(क) ऐम्पियर × मीटर^2 (ख) ओर्स्टेड
(ग) डाइन सेमी./ओर्स्टेड (घ) वेबर

587. एक रेशम के ऐंठनहीन धागे से लटकी हुई चुंबकीय सुई क्षैतिज तल में दोलन करती है। इसके लिए प्रत्यानयन बल निम्न से उत्पन्न होता है—
(क) रेशम के धागे की ऐंठन से (ख) गुरुत्व से
(ग) पृथ्वी के चुंबकीय क्षेत्र के क्षैतिज घटक से
(घ) उपर्युक्त सभी से

588. एक समान चुंबकीय क्षेत्र किसी स्थान पर कागज के तल में बाईं ओर से दाईं ओर है। जब नर्म लोहे की छड़ क्षेत्र के समांतर रखी जाती है तो उसमें से गुजरने वाली बल रेखाएँ प्रदर्शित होंगी—
(क) चित्र (i) से (ख) चित्र (ii) से
(ग) चित्र (iii) से (घ) चित्र (iv) से

उत्तर के लिए कृपया पृष्ठ सं. 205 देखें।

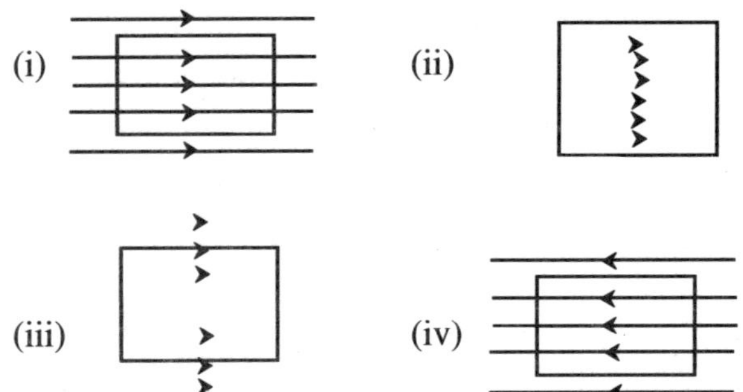

589. एक वृत्तीय लूप की त्रिज्या r है। उसमें i धारा प्रवाहित हो रही है। इसके तुल्य चुंबकीय द्विध्रुव का आघूर्ण होगा—

(क) ir (ख) $2\pi ir$

(ग) $i\pi r^2$ (घ) i/r^2

590. चुंबकीय क्षेत्र में लटके समान जड़त्व (Inertia) वाले दो चुंबकों के दोलन काल का अनुपात 1 : 2 है। उनके चुंबकीय आघूर्णों का अनुपात होगा—

(क) 4 : 1 (ख) 1 : 4

(ग) $\sqrt{2}$: 1 (घ) 1 : $\sqrt{2}$

591. एक चुंबक का चुंबकीय आघूर्ण M है। वह पृथ्वी के क्षैतिज क्षेत्र में n दोलन प्रति मिनट करता है। यदि चुंबकीय आघूर्ण चार गुना तथा क्षैतिज क्षेत्र दो गुना हो जाए तो प्रति मिनट दोलनों की संख्या होगी—

(क) $\frac{n}{2\sqrt{2}}$ (ख) $\frac{n}{\sqrt{2}}$

(ग) $2\sqrt{2}n$ (घ) $\sqrt{2}n$

592. M चुंबकीय आघूर्ण वाला एक चुंबक H तीव्रता के चुंबकीय क्षेत्र में स्वतंत्रतापूर्वक लटक रहा है। चुंबक को H दिशा से θ कोण पर विक्षेपित किया जाता है। किए गए कार्य की मात्रा होगी—

(क) MH (1-Cosθ) (ख) MH Cosθ

(ग) MH Sinθ (घ) MH

उत्तर के लिए कृपया पृष्ठ सं. 205 देखें।

593. चित्र में एक स्थायी चुंबक के उत्तरी तथा दक्षिणी ध्रुव दिखाए गए हैं। इन ध्रुवों के बीच में n फेरों वाली एक कुंडली जिसके अनुप्रस्थ काट का क्षेत्रफल A है, विरामावस्था में है। कुंडली में i धारा प्रवाहित करने पर कुंडली का तल चुंबकीय क्षेत्र की दिशा से θ कोण बनाता है। यदि चुंबकीय क्षेत्र तथा कुंडली का तल क्रमशः क्षैतिज तथा ऊर्ध्वाधर हों, तो कुंडली पर बल आघूर्ण होगा—

N S कुंडली

(क) $\tau = niAH \sin\theta$

(ख) $\tau = niAH \cos\theta$

(ग) $\tau = niAH$

(घ) उपर्युक्त में से कोई नहीं, क्योंकि चुंबकीय क्षेत्र त्रिज्यीय नहीं है

594. इस्पात के सीधे तार की लंबाई L है तथा चुंबकीय आघूर्ण M है। जब इसे मोड़कर अर्द्धवृत्त का आकार दे दिया जाता है, तब इसका चुंबकीय आघूर्ण होगा—

(क) M (ख) $2M/\pi$

(ग) M/π (घ) $M\pi$

595. चुंबकीय क्षेत्र की तीव्रता (Intersity) की परिभाषा है—

(क) चुंबकीय आघूर्ण प्रति एकांक आयतन

(ख) इकाई चुंबकीय ध्रुव पर कार्य कर रहा चुंबकीय प्रेरण

(ग) प्रति एकांक क्षेत्रफल से गुजरने वाली बल रेखाओं की संख्या

(घ) प्रति एकांक आयतन से गुजरने वाली बल रेखाओं की संख्या

596. दोलन चुंबकत्वमापी जिस सिद्धांत पर कार्य करता है वह है—

(क) छड़ चुंबक पर कार्य कर रहे बल-आघूर्ण का

(ख) छड़ चुंबक पर कार्य कर रहे बल का

(ग) छड़ चुंबक पर कार्य कर रहे बल और बल-आघूर्ण दोनों का

(घ) उपर्युक्त में से कोई नहीं

597. चुंबकीय बल रेखाएँ—

(क) हमेशा एक-दूसरे को काटती हैं

(ख) हमेशा संवृत्त वक्र बनाती हैं

(ग) चुंबक के ध्रुव से बहुत दूर इकट्ठी होने लगती हैं

(घ) निर्वात से होकर नहीं गुजरती हैं

उत्तर के लिए कृपया पृष्ठ सं. 205 देखें।

598. 10^4 जूल प्रति टेसला चुंबकीय आघूर्ण का एक छड़ चुंबक क्षैतिज तल में स्वतंत्रतापूर्वक घूम सकता है। 4×10^{-5} टेसला के क्षैतिज चुंबकीय क्षेत्र में इस छड़ चुंबक को क्षेत्र की समांतर दिशा में 60° कोण तक घुमाने हेतु किए गए कार्य का मान होगा—

(क) 0.2 जूल (ख) 2.0 जूल

(ग) 4.18 जूल (घ) 2×10^2 जूल

599. लोहे के बंद खोखले बॉक्स के भीतर पृथ्वी का चुंबकीय क्षेत्र बाहर की अपेक्षा—

(क) अधिक होता है (ख) उतना ही होता है

(ग) शून्य होता है (घ) कम होता है

600. चुंबकीय फ्लक्स का मात्रक है—

(क) डिबाई (ख) हेनरी

(ग) वेबर (घ) रदरफोर्ड

601. एक समान चुंबकीय क्षेत्र में रखी हुई एक चुंबकीय सुई को उसके साम्यावस्था से 60° तक घुमाने में W कार्य करना पड़ता है। सुई को इसी स्थिति में रखने के लिए आवश्यक बल आघूर्ण होगा—

(क) W/2 (ख) $W\sqrt{3}$

(ग) $\frac{\sqrt{3}}{2}W$ (घ) W

602. लघु छड़ चुंबक के कारण किसी दूर बिंदु पर चुंबकीय क्षेत्र परिवर्तित होता है—

(क) $1/d^2$ के अनुक्रमानुपाती (ख) $1/d^{3/2}$ अनुक्रमानुपाती

(ग) $1/d^3$ के अनुक्रमानुपाती (घ) 1/d के अनुक्रमानुपाती

603. किसी विक्षेप चुंबकत्वमापी के प्रयोग करते समय संकेतक के दोनों सिरों के पाठयांक नोट किए जाते हैं। यह सावधानी निराकरण के लिए है—

(क) उत्केंद्रता त्रुटि

(ख) चुंबक के ज्यामितीय अक्ष और चुंबकीय अक्ष के सम्पाती न होने की त्रुटि

(ग) पैमाने के केंद्र और सुई के गुरुत्व केंद्र के सम्पाती न होने की त्रुटि

(घ) इनमें से कोई नहीं

उत्तर के लिए कृपया पृष्ठ सं. 205 देखें।

604. 2 सेमी. लंबे चुंबक के बढ़ाए गए अक्ष पर A और B दो बिंदु हैं। यदि चुंबक के समीपवर्ती ध्रुव से उनकी दूरियाँ क्रमश: x और $2x$ हों तो उन बिंदुओं पर चुंबकीय क्षेत्रों का अनुपात होगा—

(क) 8 : 1 (ख) 4 : 1

(ग) 8 : 1 (लगभग) (घ) 4 : 1 (लगभग)

605. चुंबकीय फ्लक्स की विमा है—

(क) $MLT^{-2}A^{-2}$ (ख) $ML^2T^{-2}A^{-2}$

(ग) $ML^2T^{-1}A^{-2}$ (घ) $ML^2T^{-2}A^{-1}$

606. चुंबकीय प्रेरण (Magnetic Induction) का मात्रक है—

(क) कूलॉम (वोल्ट)$^{-1}$ (ख) न्यूटन (ऐम्पियर मीटर)$^{-1}$

(ग) वोल्ट सेकेंड (ऐम्पियर) (घ) कूलॉम^2 जूल$^{-1}$

607. एक पतले चुंबक का दोलनकाल 4 सेकेंड है। यदि इसे दो बराबर भागों में विभाजित कर दिया जाए तो प्रत्येक भाग का दोलन काल होगा—

(क) 4 सेकेंड (ख) 2 सेकेंड

(ग) 1 सेकेंड (घ) 8 सेकेंड

608. r त्रिज्या के वृत्त पर इलेक्ट्रॉन एक समान चाल v से चल रहा है। इसका चुंबकीय आघूर्ण होगा—

(क) evr (ख) $\frac{1}{2} evr$

(ग) $\pi r^2 ev$ (घ) $2\pi rev$

609. चुंबकीय आघूर्ण का मात्रक है—

(क) Wb/m (ख) $Wb.m^2$

(ग) $A.m$ (घ) $A.m^2$.

610. दंड चुंबक की बल रेखाएँ एक-दूसरे को नहीं काटतीं क्योंकि—

(क) हर बिंदु पर सरल नेट चुंबकीय क्षेत्र होता है

(ख) रेखाओं पर समान आवेश होते हैं अत: एक-दूसरे को प्रतिकर्षित करते हैं

(ग) ये रेखाएँ एक ही बिंदु पर अपसरित होती हैं

(घ) रेखाएँ एक-दूसरे को काटें इसके लिए चुंबकीय लेंसों की आवश्यकता होती है

उत्तर के लिए कृपया पृष्ठ सं. 205 देखें।

611. एक दंड-चुंबक उत्तर-दक्षिण दिशा में रखा जाता है। यदि उसका उत्तरी ध्रुव उत्तर की ओर हो तो शून्य तीव्रता वाले बिंदुओं की दिशा चुंबक के केंद्र से किस ओर होगी—

(क) उत्तर और दक्षिण

(ख) पूर्व और पश्चिम

(ग) उत्तर-पूर्व और दक्षिण-पश्चिम

(घ) उत्तर-पश्चिम और दक्षिण-पूर्व

612. दंड-चुंबक P, प्रयोग करने पर दोलन चुंबकत्वमापी का दोलनकाल 2 सेकेंड है। जब दूसरा दंड चुंबक Q (जो द्रव्यमान और आकार में P के समान हैं) P के ऊपर रख दिया जाता है तो दोलनकाल में कोई परिवर्तन नहीं होता। निम्न में से कौन सा कथन सत्य है—

(क) Q अचुंबकीय पदार्थ का बना है

(ख) Q, P के सर्वसम दंड चुंबक है और उसका उत्तरी ध्रुव P के उत्तरी ध्रुव पर रखा गया है

(ग) Q अचुंबकित लौह चुंबकीय पदार्थ का है

(घ) Q के गुणों के बारे में कुछ कहा नहीं जा सकता

613. यदि किसी छड़ चुंबक का उत्तरी ध्रुव दक्षिण की ओर तथा दक्षिणी ध्रुव उत्तर की ओर इंगित करे तो उदासीन बिंदु (Neutral Point) होंगे—

(क) चुंबकीय अक्ष पर

(ख) चुंबकीय केंद्र पर

(ग) चुंबकीय अक्ष के लंब अर्द्धक पर

(घ) उत्तरी और दक्षिणी ध्रुवों पर

614. एक दोलन चुंबकत्वमापी में दो चुंबक एक साथ रखे जाते हैं। ये पृथ्वी के चुंबकीय क्षेत्र में दोलन करते हैं। एक जैसे ध्रुवों के साथ होने पर प्रति मिनट 12 दोलन होते हैं, परंतु विपरीत ध्रुवों के एक साथ की स्थिति में केवल 4 दोलन हो पाते हैं। चुंबकीय आघूर्णों का अनुपात होगा—

(क) 3:1 (ख) 1:3

(ग) 3:5 (घ) 5:4

उत्तर के लिए कृपया पृष्ठ सं. 205 देखें।

615. एक चुंबक का दोलनकाल T है। उसे 9 समान भागों में (ऊर्ध्वाधर तथा क्षैतिज) काटा गया है। प्रत्येक भाग का दोलनकाल होगा—

(क) T/3 (ख) 3 T

(ग) $T/3\sqrt{3}$ (घ) $3\sqrt{3}$ T

616. एक समान लंबाई, चौड़ाई और द्रव्यमान के दो छड़ चुंबक जिनके चुंबकीय आघूर्ण M और 2M हैं, दोलन चुंबकत्वमापी में दोलन कराए जाते हैं। जब समान ध्रुव एक ओर हैं तो दोलन काल 3 सेकेंड है। विपरीत ध्रुवों के एक ओर होने पर दोलन काल होगा—

(क) $\sqrt{3}$ सेकेंड (ख) $3\sqrt{3}$ सेकेंड

(ग) 3 सेकेंड (घ) 6 सेकेंड

617. एक छड़ चुंबक का पृथ्वी के क्षैतिज तल में दोलन काल T है। उसे लंबाई के लंबवत् दो समान भागों में तोड़ दिया जाता है। दोनों भागों के समान ध्रुवों को एक ओर रखकर दोलन कराने पर समुदाय का दोलन काल होगा—

(क) T (ख) T से कम

(ग) T से अधिक (घ) अनंत

618. चुंबक के जड़त्व आघूर्ण (Moment of Inertia) को चार गुना कर देने पर दोलन की आवृत्ति हो जाएगी—

(क) आधी (ख) दुगुनी

(ग) एक चौथाई (घ) चार गुनी

619. स्पर्शज्या नियमानुसार—

(क) $B = H \tan\theta$ (ख) $H = B \tan\theta$

(ग) $B = H \sec\theta$ (घ) $B = H \cos\theta$

620. स्पर्शज्या नियम उस समय लागू होता है जबकि—

(क) दोनों क्षेत्र लंबवत् हों (ख) दोनों क्षेत्र समरूप हों

(ग) दोनों क्षेत्र समतलीय हों (घ) उपर्युक्त सभी

621. क्षैतिज चुंबकीय क्षेत्र में रखी चुंबकीय सुई में 45° का विक्षेप H के लंबवत् दूसरा चुंबकीय क्षेत्र अध्यारोपित करने से होता है। परिणामी क्षेत्र का मान होगा—

(क) H (ख) $\sqrt{2}$ H

(ग) 2 H (घ) $H\sqrt{2}$. H

उत्तर के लिए कृपया पृष्ठ सं. 205 देखें।

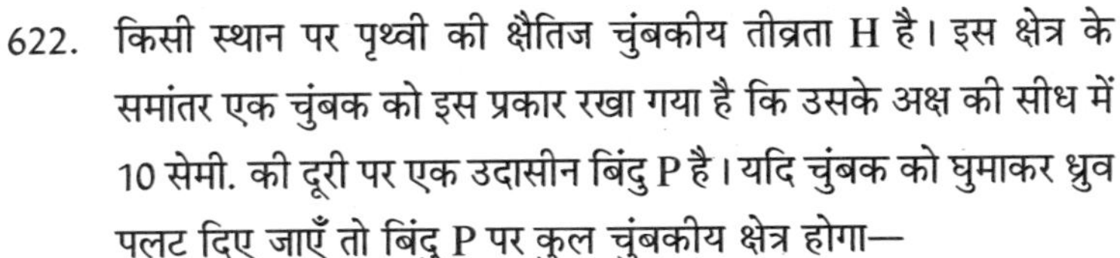

622. किसी स्थान पर पृथ्वी की क्षैतिज चुंबकीय तीव्रता H है। इस क्षेत्र के समांतर एक चुंबक को इस प्रकार रखा गया है कि उसके अक्ष की सीध में 10 सेमी. की दूरी पर एक उदासीन बिंदु P है। यदि चुंबक को घुमाकर ध्रुव पलट दिए जाएँ तो बिंदु P पर कुल चुंबकीय क्षेत्र होगा—

(क) H/2 (ख) H

(ग) 2H (घ) 4H

623. एक वृत्तीय कुंडली की त्रिज्या 4 सेमी. तथा उसमें फेरों की संख्या 20 है। उसमें 3 ऐम्पियर की धारा प्रवाहित कर उसे 0.5 वेबर/मीटर^2 वाले क्षेत्र में रखा जाता है। कुंडली का द्विध्रुव आघूर्ण होगा (ऐम्पियर × मीटर^2)

(क) 0.3 (ख) 0.45

(ग) 0.6 (घ) 0.75

624. एक वृत्तीय कुंडली में जिसकी त्रिज्या 4 सेमी. तथा जिसमें फेरों की संख्या 50 है, 2 ऐम्पियर की धारा प्रवाहित की जाती है। इसे 0.1 वेबर/मीटर^2 के समान चुंबकीय क्षेत्र में रखा जाता है। साम्यावस्था में कुंडली को 180° के कोण से घुमाने पर किया गया कार्य होगा—

(क) 0.1 जूल (ख) 0.2 जूल

(ग) 0.4 जूल (घ) 0.8 जूल

625. पृथ्वी की त्रिज्या 6.4×10^6 मीटर तथा चुंबकीय आघूर्ण 6.4×10^{21} ऐम्पियर-मीटर^2 है। यदि यह मान लिया जाए कि यह आघूर्ण पृथ्वी के चारों ओर चुंबकीय निरक्षर पर लिपटे एक धारा लूप के कारण है तो धारा का मान होगा (ऐम्पियर)—

(क) 5.0×10^6 (ख) 5.0×10^7

(ग) 5.0×10^8 (घ) 5.0×10^9

626. प्रेरण के एक समरूप चुंबकीय क्षेत्र में स्वतंत्रतापूर्वक लटकी एक दंड चुंबक पर कार्यरत बल आघूर्ण τ का विक्षेप θ के साथ परिवर्तन की दर अधिकतम होगी जबकि—

(क) $\theta = 0°$ (ख) $\theta = 45°$

(ग) $\theta = 60°$ (घ) $\theta = 90°$

उत्तर के लिए कृपया पृष्ठ सं. 205 देखें।

627. चार तार, जिनमें से प्रत्येक की लंबाई 2 मीटर है, को चार लूपों P, Q, R तथा S में मोड़ा जाता है और फिर एकसमान चुंबकीय क्षेत्र में लटकाए जाते हैं। प्रत्येक लूप में समान विद्युत धारा प्रवाहित की जाती है। निम्न में से कौन से कथन सत्य हैं—

(क) लूप P पर बलयुग्म सबसे अधिक लगेगा

(ख) लूप Q पर बलयुग्म सबसे अधिक लगेगा

(ग) लूप R पर बलयुग्म सबसे अधिक लगेगा

(घ) लूप S पर बलयुग्म सबसे अधिक लगेगा

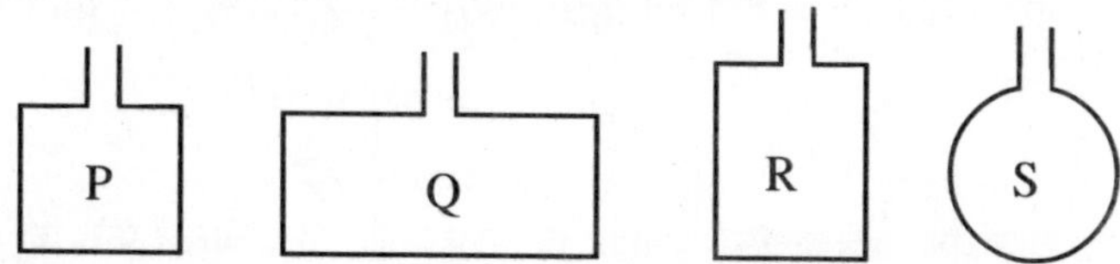

628. L मीटर लंबे तार को, जिसमें I ऐम्पियर की धारा बह रही है, एक वृत्त के रूप में मोड़ दिया जाता है। इसके चुंबकीय आघूर्ण का मान होगा—

(क) $IL/\pi =$ (ख) $IL^2/4\pi$

(ग) $I^2L^2/4\pi$ (घ) $LI^2/4\pi$

629. चुंबकीय आघूर्ण M का एक चुंबकीय द्विध्रुव के अक्ष को तीव्रता B के चुंबकीय क्षेत्र के अनुदिश करते हुए रखा गया है। इसे 180° से घुमाने में कितना कार्य करना पड़ेगा—

(क) -MB (ख) +MB

(ग) शून्य (घ) +2MB

630. M चुंबकीय आघूर्ण के एक छोटे से चुंबकीय द्विध्रुव के कारण निरक्षीय रेखा पर केंद्र से r दूरी पर उत्पन्न चुंबकीय क्षेत्र MKS पद्धति में होता है—

(क) $\frac{\mu_0}{4\pi} \frac{M}{r^2}$ (ख) $\frac{\mu_0}{4\pi} \frac{M}{r^3}$

(ग) $\frac{\mu_0}{4\pi} \frac{2M}{r^2}$ (घ) $\frac{\mu_0}{4\pi} \frac{2M}{r^3}$

उत्तर के लिए कृपया पृष्ठ सं. 205 व 206 देखें।

631. M चुंबकीय आघूर्ण के एक दंड-चुंबक को B तीव्रता के एक समान चुंबकीय क्षेत्र में उसकी दिशा से θ कोण बनाते हुए रखा गया है। उस पर लगने वाला बल आघूर्ण होगा—

(क) MB (ख) $MB\cos\theta$

(ग) $MB(1-\cos\theta)$ (घ) $MB\sin\theta$

632. एक चुंबकीय सुई का किसी चुंबकीय क्षेत्र में दोलन काल 1.0 सेकेंड है। यदि सुई की लंबाई काटकर आधी कर दें तो उसका दोलन काल होगा—

(क) 1.0 सेकेंड (ख) 0.5 सेकेंड

(ग) 0.25 सेकेंड (घ) 2.0 सेकेंड

633. 0.16 टेसला के बाह्य एक समान चुंबकीय क्षेत्र में एक छोटे दंड-चुंबक को इस तरह रखा जाता है कि इसकी अक्ष क्षेत्र से 30° का कोण बनाए। यदि दंड-चुंबक पर लगने वाले बलयुग्म का मान 0.032 जूल हो तो चुंबक का चुंबकीय आघूर्ण होगा—

(क) 0.23 जूल/टेसला (ख) 0.40 जूल/टेसला

(ग) 0.80 जूल/टेसला (घ) शून्य

634. S.I. पद्धति में चुंबकशीलता का मात्रक है—

(क) ऐम्पियर/मीटर

(ख) ऐम्पियर-मीटर

(ग) हेनरी/मीटर

(घ) कोई मात्रक नहीं, यह एक मात्रकहीन संख्या है

□

उत्तर के लिए कृपया पृष्ठ सं. 206 देखें।

12

पदार्थों के चुंबकीय गुण और पार्थिव चुंबकत्व

(MAGNETIC PROPERTIES OF MATTERS & TERESTRIAL MAGNETISM)

635. पृथ्वी की क्षैतिज चुंबकीय तीव्रता (Horizantal Magnetic Intensity) का मान शून्य होता है—
(क) विषुवत् रेखा पर (ख) ध्रुवों पर
(ग) केंद्र पर (घ) कहीं भी

636. चुंबकीय विषुवत् रेखा पर नमन कोण का मान होता है—
(क) 0° (ख) 45°
(ग) 90° (घ) 180°

637. यदि किसी स्थान पर पृथ्वी की क्षैतिज तीव्रता और ऊर्ध्वाधर तीव्रता आपस में बराबर है, तो उस स्थान पर नति कोण (Angle of Dip) का मान होगा—
(क) 30° (ख) 45°
(ग) 60° (घ) 75°

638. भू-चुंबकीय ध्रुवों पर नमन कोण का मान होता है—
(क) 0° (ख) 45°
(ग) 90° (घ) 180°

639. नमन कोण का मान सर्वाधिक होता है—
(क) चुंबकीय ध्रुवों पर (ख) भौगोलिक ध्रुव पर
(ग) चुंबकीय विषुवत रेखा पर (घ) भौगोलिक विषुवत रेखा पर

640. विषुवत रेखा और ध्रुवों पर पृथ्वी की संपूर्ण तीव्रता का अनुपात होता है—
(क) 1:1 (ख) 1:2

उत्तर के लिए कृपया पृष्ठ सं. 206 देखें।

(ग) 2:1 (घ) 1:4

641. यदि दोलन चुंबकत्व मापी का प्रयोग उत्तरी ध्रुव पर किया जाए तो चुंबक का दोलन काल होगा—

(क) अनंत (ख) शून्य

(ग) 2 सेकेंड (घ) 1 सेकेंड

642. एक स्थान पर चुंबकीय सुई क्षैतिज तल में दोलन नहीं कर पाती। उस स्थान पर नमन कोण का मान होगा—

(क) 0° (ख) 45°

(ग) 90° (घ) 72°

643. जब एक अचुंबकीय पदार्थ को एक शक्तिशाली चुंबक के पास लाया जाता है वह प्रतिकर्षित हो जाता है, पदार्थ है—

(क) अनुचुंबकीय (ख) लौह-चुंबकीय

(ग) प्रतिचुंबकीय (घ) इनमें से कोई नहीं

644. अनुचुंबकीय पदार्थ के लिए चुंबकीय प्रवृत्ति और परमताप में संबंध होता है—

(क) $x \propto T$

(ख) $x \propto e^{aT}$, जहाँ a = एक नियतांक

(ग) $x \propto T^{-1}$ (घ) x = एक नियतांक

645. निऑन परमाणु का परिणामी चुंबकीय आघूर्ण होता है—

(क) शून्य (ख) अनंत

(ग) $\frac{1}{2}\mu$ (घ) μ

646. शक्तिशाली स्थायी चुंबक बनाए जाते हैं—

(क) कोबाल्ट के (ख) टिन कोल के

(ग) कोबाल्ट स्टील के (घ) ऐल्युमिनियम के

647. सुपर कंडक्टर के लिए चुंबकीय प्रवृत्ति का मान होता है—

(क) शून्य (ख) अनंत

(ग) +1 (घ) −1

648. पृथ्वी के किसी स्थान पर नतिकोण प्रदान करता है—

(क) पृथ्वी के चुंबकीय क्षेत्र का क्षैतिज घटक

(ख) भौगोलिक याम्योत्तर की अवस्थिति

उत्तर के लिए कृपया पृष्ठ सं. 206 देखें।

(ग) पृथ्वी के क्षेत्र का ऊर्ध्वाधर घटक

(घ) पृथ्वी के चुंबकीय क्षेत्र की दिशा

649. चुंबकीय याम्योत्तर के लंबवत् तल में एक नति सुई—

(क) क्षैतिज होगी

(ख) ऊर्ध्वाधर होगी

(ग) उस स्थान पर नतिकोण पर झुकी होगी

(घ) किसी भी दिशा में झुकी होगी

650. किसी स्थान पर पृथ्वी के चुंबकीय-क्षेत्र के क्षैतिज घटक एवं नतिकोण क्रमशः 1.8×10^{-5} वेबर/मीटर^2 और 30° हैं। पृथ्वी के संपूर्ण क्षेत्र की तीव्रता होगी—

(क) 2.08×10^{-5} वेबर/मी.^{2} (ख) 3.67×10^{-5} वेबर/मी.^{2}

(ग) 3.08×10^{-5} वेबर/मी.^{2} (घ) 5.0×10^{-5} वेबर/मी.^{2}

651. पृथ्वी के चुंबकीय क्षेत्र का ऊर्ध्वाधर घटक शून्य होता है—

(क) चुंबकीय ध्रुवों पर (ख) भू-ध्रुवों पर

(ग) प्रत्येक स्थान पर (घ) चुंबकीय विषुवत् रेखा पर

652. विद्युत् चुंबक बनाने के लिए नर्म लोहे का प्रयोग किया जाता है, क्योंकि—

(क) लोहे की चुंबकीय प्रवृत्ति कम और धारणशीलता अधिक होती है

(ख) लोहे की चुंबकीय प्रवृत्ति अधिक और धारणशीता कम होती है

(ग) लोहे का घनत्व तथा धारणशीलता दोनों अधिक है

(घ) लोहे का घनत्व कम तथा धारणशीलता अधिक है

653. एक छोटे अचुंबकीय पदार्थ के टुकड़े को चुंबकीय पदार्थ के टुकड़े के पास ले जाने पर प्रतिकर्षित करता है। पदार्थ है—

(क) पैरामेग्नेटिक (ख) फेरोमेग्नेटिक

(ग) डाइमेग्नेटिक (घ) अचुंबकीय

654. पानी के लिए चुंबकीय प्रवृत्ति है—

(क) शून्य (ख) छोटी धन संख्या

(ग) छोटी ऋण संख्या (घ) बड़ी ऋण संख्या

655. चुंबकीय प्रवृत्ति धनात्मक है—

(क) पैरामेग्नेटिक पदार्थ के लिए कम

(ख) फेरोमेग्नेटिक पदार्थ के लिए अधिक

उत्तर के लिए कृपया पृष्ठ सं. 206 देखें।

(ग) अचुंबकीय पदार्थ के लिए

(घ) डाइमेग्नेटिक पदार्थ के लिए

656. विद्युत-चुंबक के क्रोड के लिए निम्न में से कौन सा पदार्थ अधिक उपयुक्त है—

(क) वायु (ख) नर्म लोहा

(ग) स्टील (घ) Cu-Ni मिश्रधातु

657. जिस ताप के ऊपर फेरोमेग्नेटिक पदार्थ पैरामेग्नेटिक पदार्थ में परिवर्तित हो जाते हैं, उसे कहते हैं—

(क) क्यूरी ताप (ख) क्रांतिक ताप

(ग) व्युत्क्रमण ताप (घ) उदासीन ताप

658. चुंबकशीलता निम्न के लिए अधिक होती है—

(क) फेरोमेग्नेटिक पदार्थ (ख) पैरामेग्नेटिक पदार्थ

(ग) डाइमेग्नेटिक पदार्थ (घ) सामन्य पदार्थ

659. एक अचुंबकीय पदार्थ के छोटे टुकड़े को एक शक्तिशाली चुंबक के पास रखने पर वह प्रतिकर्षित होता है। पदार्थ हो सकता है—

(क) पैरामेग्नेटिक (ख) फेरोमेग्नेटिक

(ग) अचुंबकीय (घ) डाइमेग्नेटिक

660. जब किसी चुंबक के समस्त अणु किसी चुंबकीय क्षेत्र की दिशा में व्यवस्थित हो जाते हैं तो उस स्थिति को कहते हैं—

(क) चुंबकशीलता (ख) संतृप्तता

(ग) धारणशीलता (घ) प्रतिष्टंभ

661. एक इलेक्ट्रॉन का कोणीय संवेग $\vec{J}$ है। उसके चुंबकीय आघूर्ण का परिमाण है—

(क) $\frac{eJ}{m}$ (ख) $\frac{eJ}{2m}$

(ग) $eJ.2m$ (घ) $\frac{2m}{ej}$

662. स्थायी चुंबक निम्न से बनाए जाते हैं—

(क) डाइमेग्नेटिक पदार्थ (ख) पैरामेग्नेटिक पदार्थ

(ग) फेरोमेग्नेटिक पदार्थ (घ) इनमें से कोई नहीं

उत्तर के लिए कृपया पृष्ठ सं. 206 देखें।

663. क्यूरीताप पर फेरोमेग्नेटिक पदार्थ बन जाता है—
(क) अचुंबकीय (ख) डाइमेग्नेटिक
(ग) पैरामेग्नेटिक (घ) इनमें से कोई नहीं

664. विद्युत मशीनों में नर्म लोहे का उपयोग किया जाता है, क्योंकि उसका—
(क) शैथिल्य ह्रास और चुबंकशीलता कम होते हैं
(ख) शैथिल्य ह्रास कम और चुंबकशीलता अधिक होती है
(ग) शैथिल्य ह्रास अधिक और चुंबकशीलता कम होती है
(घ) शैथिल्स ह्रास और चुंबकशीलता दोनों कम होते हैं

665. लोहा फेरोमेग्नेटिक है—
(क) 770°C से कम ताप पर (ख) 770°C से ऊपर ताप पर
(ग) प्रत्येक ताप पर (घ) इनमें से कोई नहीं

666. चुंबकीय विषुवत पर नमन कोण शून्य होता है, क्योंकि यहाँ—
(क) V तथा H के मान बराबर हैं
(ख) V तथा H के मान शून्य हैं
(ग) V का मान शून्य है
(घ) H का मान शून्य है

667. लौह चुंबकीय पदार्थ को उसके क्यूरी ताप से अधिक ताप पर गरम किया जाता है तो कौन सा कथन सत्य है—
(क) लौह चुंबक के डोमेन पूर्णतः व्यवस्थित हो जाते हैं
(ख) लौह और चुंबक के डोमेन अस्त-व्यस्त हो जाते हैं
(ग) लौह चुंबक के डोमेन पर कोई प्रभाव नहीं पड़ता
(घ) लौह चुंबक प्रतिचुंबकीय पदार्थ में बदल जाता है

668. चित्र (1) एवं (2) में बल रेखाओं को प्रदार्शित किया गया है—

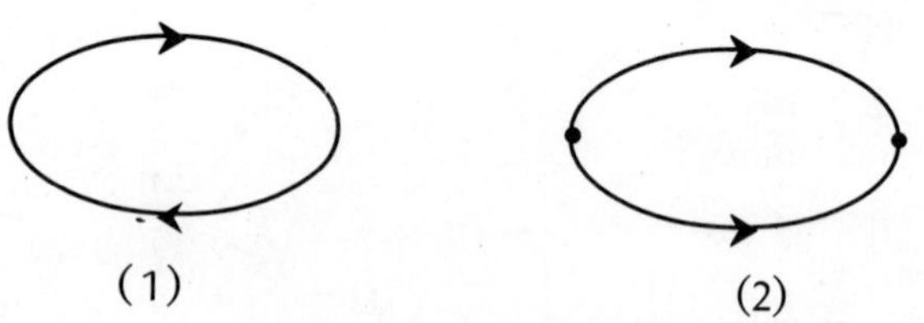

(क) चित्र (1) चुंबकीय बल रेखाओं को प्रदर्शित किया गया है
(ख) चित्र (2) चुंबकीय बल रेखाओं को प्रदर्शित करता है

उत्तर के लिए कृपया पृष्ठ सं. 206 देखें।

(ग) चित्र (1) विद्युत् बल रेखाओं को प्रदर्शित करता है

(घ) चित्र (1) तथा (2) दोनों चुंबकीय बल रेखाओं को प्रदर्शित करते हैं

669. एक आयताकर लूप में धारा I प्रवाहित हो रही है। लूप को एक समान चुंबकीय-क्षेत्र B में रखा जाता है। लूप द्वारा घिरा क्षेत्रफल A है और उसमें फेरों की संख्या n है। लूप पर कार्य करने वाला बल आघूर्ण होगा—

(क) $nI \vec{A} \times \vec{B}$ (ख) $nI. \vec{A}. \vec{B}$

(ग) $\frac{1}{n} (I \vec{A} \times \vec{B})$ (घ) $\frac{1}{n} (I \vec{A}. \vec{B})$

670. पार्थिव चुंबकत्व का ऊर्ध्व घटक उस स्थान पर शून्य होता है, जहाँ नति कोण होता है—

(क) 0° (ख) 45°

(ग) 60° (घ) 90°

□

उत्तर के लिए कृपया पृष्ठ सं. 206 देखें।

13

धारा विद्युत्
(CURRENT ELECTRICITY)

671. एक वस्तु पर एक कूलॉम ऋणावेश है। उस पर सामान्य अवस्था में कितने इलेक्ट्रॉन अधिक हैं—

(क) 6.25×10^{-18} (ख) 1.6×10^{-19}

(ग) 1.6×10^{19} (घ) 6.25×10^{18}

672. ऐम्पियर मात्रक है—

(क) विभवांतर का (ख) आवेश का

(ग) प्रतिरोध का (घ) धारा का

673. किसी चालक में विद्युत प्रवाह है—

(क) अणुओं का प्रवाह (ख) मुक्त इलेक्ट्रॉनों का प्रवाह

(ग) धनावेशों का प्रवाह (घ) आयनों का प्रवाह

674. एक तार का प्रतिरोध ताप गुणांक 0.00125 प्रति °C है। 300 K पर इसका प्रतिरोध 1 ओम है। निम्न में से किस ताप पर प्रतिरोध 2 ओम होगा—

(क) 1154 K (ख) 1100 K

(ग) 1400 K (घ) 1127 K

675. विभवमापी की सुग्राहिता बढ़ जाती है—

(क) सेल के विभवांतर बल को बढ़ाने से

(ख) विभवमापी के तार की लंबाई को बढ़ाने से

(ग) विभवमापी के तार की लंबाई को कम करने से

(घ) उपर्युक्त में से कोई नहीं

676. कुछ पदार्थ बहुत कम ताप पर अपनी प्रतिरोधकता (Resistivity) खो देते हैं। ऐसे पदार्थों को कहते हैं—

(क) अच्छे चालक (ख) अर्धचालक

(ग) अतिचालक (घ) परावैद्युत

उत्तर के लिए कृपया पृष्ठ सं. 206 देखें।

677. एक R प्रतिरोध वाले ताँबे के तार को 10 बराबर लंबाई के टुकड़ों में काटकर दो-दो टुकड़ों को श्रेणी क्रम में जोड़कर पाँचों जोड़ों को समांतर क्रम में जोड़ा जाता है। इस नए संयोजन का प्रतिरोध होगा—

(क) R (ख) R/4

(ग) R/5 (घ) R/25

678. चित्र में विभवांतर V और धारा I के बीच किसी चालक के दो ताप T_1 और T_2 पर ग्राफ दिखाए गए हैं तो T_1 और T_2 में संबंध होगा—

(क) $T_1 > T_2$

(ख) $T_1 \approx T_2$

(ग) $T_1 = T_2$

(घ) $T_1 < T_2$

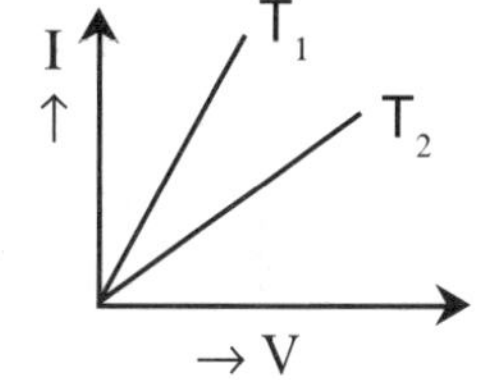

679. कौन सा कथन अशुद्ध है—

(क) ह्वीटस्टोन सेतु अधिकतम सुग्राही होता है जब चारों प्रतिरोध समान कोटि के होते हैं

(ख) संतुलित ह्वीटस्टोन सेतु में धारामापी और सेल का स्थान आपस में बदल देने पर सेतु का संतुलन प्रभावित हो जाता है

(ग) किरचॉफ का प्रथम नियम (विद्युत परिपथ में किसी संधि पर मिलने वाली धाराओं के लिए) आवेश संरक्षण को दर्शाता है

(घ) धारा नियंत्रक को विभव विभाजक के रूप में प्रयुक्त किया जा सकता है

680. विभवमापी द्वारा दो सेलों के विभवांतर बलों की तुलना करने हेतु एक मानक सेल द्वारा तारों में विभव प्रवणता उत्पन्न की जाती है। निम्नलिखित में से कौन सी संभावना प्रयोग को असफल बना देगी—

(क) मानक सेल का विभवांतर बल अन्य दो सेलों के विभवांतर बल से अधिक है

(ख) तारों के व्यास बराबर और एक समान हैं

(ग) तारों की संख्या दस है

(घ) मानक सेल का विभवांतर बल अन्य दो सेलों के विभवांतर बल से कम है

उत्तर के लिए कृपया पृष्ठ सं. 206 व 207 देखें।

681. किसी सेल का आंतरिक प्रतिरोध निर्भर करता है—
(क) प्लेटों के क्षेत्रफल पर (ख) प्लेटों के बीच की दूरी पर
(ग) विद्युत् अपघट्य की सांद्रता पर (घ) उपर्युक्त सभी पर

682. किसी सेल का विभवांतर बल निर्भर करता है—
(क) प्लेटों के क्षेत्रफल पर
(ख) प्लेटों की बीच की दूरी पर
(ग) विद्युत् अपघट्य की सांद्रता पर
(घ) इनमें से कोई नहीं

683. किसी चालक का प्रतिरोध निर्भर नहीं करता—
(क) चालक के पदार्थ पर (ख) चालक की लंबाई पर
(ग) चालक की मोटाई पर (घ) विभवांतर पर

684. ह्वीटस्टोन सेतु में बैटरी को B और D के बीच में तथा धारामापी को A और C के बीच में जोड़ा जाता है। संतुलन की स्थिति में निम्न बिंदुओं के बीच विभवांतर शून्य होगा—
(क) B और D (ख) A और C
(ग) A और D (घ) B और C

685. यदि ह्वीटस्टोन सेतु में धारामापी और सेल का स्थान परस्पर बदल दिया जाए तो संतुलन अवस्था—
(क) बदल जाएगी
(ख) वही रहेगी
(ग) का बदलना धारामापी और सेल के आंतरिक प्रतिरोध पर निर्भर करेगा
(घ) इनमें से कोई नहीं।

686. मीटर ब्रिज के प्रयोग में संतुलन बिंदु तार के मध्य बिंदु पर मिलता है। यदि एक गेप में 10 Ω का प्रतिरोध है तो दूसरे गेप में उपलब्ध प्रतिरोध का मान होगा—
(क) 10 Ω (ख) 5 Ω
(ग) 1/5 Ω (घ) 500 Ω

687. ताँबे के दो तार क्रमश: 50 और 100 सेमी. लंबाई के हैं। इनके व्यास क्रमश: 1 मिमी. और 2 सेमी. हैं। इनके विशिष्ट प्रतिरोधों का अनुपात होगा—
(क) 1 : 1 (ख) 2 : 1
(ग) 1 : 2 (घ) 1 : 4

उत्तर के लिए कृपया पृष्ठ सं. 207 देखें।

688. यदि एक विभवमापी की विभव प्रवणता आधी कर दी जाए तो—
(क) शून्य विक्षेप की स्थिति वही रहेगी
(ख) संतुलन लंबाई दो गुनी हो जाएगी
(ग) सेल का विभवांतर बल आधा हो जाएगा
(घ) विभवमापी की सुग्रहिता बढ़ जाएगी

689. विभवमापी के तार की लंबाई 10 मीटर है। उसके सिरों पर 2 वोल्ट के विभवांतर बल का संचायक सेल जोड़ने पर विभव प्रवणता वोल्ट/सेमी. में होगी—
(क) 0.02 (ख) 0.002
(ग) 2.0 (घ) 0.2

690. विभवमापी के प्रयोग में अविक्षेप बिंदु प्राप्त होता है जबकि—
(क) प्राथमिक परिपथ में लगे संचायक सेल तथा द्वितीयक परिपथ में लगे प्रायोगिक सेल के विभवांतर बल के बराबर हो जाते हैं
(ख) तार के धनात्मक सिरे और जौकी के बीच का विभवांतर प्रायोगिक सेल के विभवांतर बल के बराबर हो जाता है
(ग) तार के धनात्मक सिरे और जौकी के बीच का विभवांतर संचायक सेल के विभवांतर के बराबर हो जाता है
(घ) इनमें से कोई नहीं

691. यदि विभवमापी के तार की लंबाई बढ़ा दी जाए तो संतुलन बिंदु की लंबाई—
(क) बढ़ जाएगी (ख) घट जाएगी
(ग) चार गुनी हो जाएगी (घ) वही रहेगी

692. विभवमापी के प्रयोग में जब धारामापी विक्षेप नहीं दर्शाता तब धारा का प्रवाह नहीं होता है—
(क) मुख्य परिपथ में
(ख) धारामापी परिपथ में
(ग) विभवमापी के तार में
(घ) मुख्यतया धारामापी परिपथ में

उत्तर के लिए कृपया पृष्ठ सं. 207 देखें।

693. किसी परिपथ का विभवांतर नापने के लिए वोल्टमीटर की अपेक्षा विभवमापी श्रेष्ठ है, क्योंकि—
(क) विभवमापी अधिक सुग्राही होता है
(ख) विभवमापी का प्रतिरोध कम होता है
(ग) विभवमापी कम कीमत का होता है
(घ) अविक्षेप की स्थिति में विभवमापी परिपथ से कार्ड धारा नहीं लेता है

694. एक धातु के तार के लिए अनुपात V/I —
(क) ताप पर निर्भर नहीं करता
(ख) ताप बढ़ने के साथ बढ़ता है
(ग) ताप बढ़ने के साथ घटता है
(घ) धातु की प्रकृति के अनुसार ताप बढ़ने के साथ घटता या बढ़ता है

695. दो आवेशित चालकों को सुचालक तार द्वारा जोड़ने पर धारा प्रवाहित नहीं होती, यदि—
(क) उनकी धारिता समान है (ख) उनका विभव समान है
(ग) उनमें आवेश समान है (घ) इनमें से कोई नहीं

696. अनओमीय प्रतिरोध का उदाहरण है—
(क) ताँबे का तार (ख) कार्बन प्रतिरोध
(ग) डायोड (घ) टंगस्टन का तार

697. इलेक्ट्रॉनों का अनुगमन वेग सेमी./सेकेंड में निम्न क्रम का होता है—
(क) 10^{10} (ख) 10^{4}
(ग) 10^{-2} (घ) 10^{-7}

698. अनुगमन वेग V_d क्षेत्र की तीव्रता E के साथ निम्न प्रकार से परिवर्तित होता है—
(क) $V_d \propto E$ (ख) $V_d \propto 1/E$
(ग) $V_d =$ एक नियतांक (घ) $V_d \propto E^2$

699. 0.1 मीटर^2 अनुप्रस्थ परिच्छेद वाले तार में प्रति सेकेंड 62.5×10^{18} इलेक्ट्रॉन प्रवाहित हो रहे हैं। धारा का मान होगा—
(क) 1 ऐम्पियर (ख) 0.1 ऐम्पियर
(ग) 10 ऐम्पियर (घ) 0.11 ऐम्पियर

उत्तर के लिए कृपया पृष्ठ सं. 207 देखें।

700. धातुओं में इलेक्ट्रॉनों का श्रांति काल—
(क) ताप के बढ़ने पर बढ़ता है
(ख) ताप के बढ़ने पर घटता है
(ग) ताप पर निर्भर नहीं करता
(घ) 400 K पर एकाएक बदल जाता है

701. एक तार का विशिष्ट प्रतिरोध (Specific Resistance) p है। उसका आयतन 3 मीटर^3 तथा प्रतिरोध 3 ओम है। उसकी लंबाई होगी—
(क) $\sqrt{\frac{1}{p}}$ (ख) $\frac{3}{\sqrt{p}}$
(ग) $\sqrt{\frac{3}{p}}$ (घ) $p\sqrt{\frac{1}{3}}$

702. जब किसी मनुष्य की नाड़ी से धारा प्रवाहित होती है
(क) वह हँसना प्रारंभ कर देता है
(ख) वह रोना शुरू कर देता है
(ग) वह उत्तेजित हो जाता है
(घ) वह पीड़ा के प्रति असंवेदनशील हो जाता है

703. किसी तार की प्रतिरोधकता (Resistivity)—
(क) लंबाई के साथ परिवर्तित होती है
(ख) अनुप्रस्थ परिच्छेद के साथ परिवर्तित होती है
(ग) द्रव्यमान के साथ परिवर्तित होती है
(घ) उसकी लंबाई, अनुप्रस्थ परिच्छेद और द्रव्यमान पर निर्भर नहीं करती

704. एक तार को खींचकर उसकी लंबाई दुगुनी कर दी जाती है। उसका प्रतिरोध हो जाएगा—
(क) आधा (ख) दो गुना
(ग) एक-चौथाई (घ) चार गुना

705. यदि तार की लंबाई को दुगुना कर दिया जाए तथा साथ ही अनुप्रस्थ काट के क्षेत्रफल को भी दुगुना कर दिया जाए, तो उसका प्रतिरोध हो जाएगा—
(क) दुगुना (ख) चार गुना
(ग) आठ गुना (घ) उतना ही रहेगा

उत्तर के लिए कृपया पृष्ठ सं. 207 देखें।

706. मेंगनीन के एक तार की लंबाई को चौथाई तथा तृज्या आधी करने पर उसका प्रतिरोध—

(क) आधा हो जाएगा (ख) दो गुना हो जाएगा

(ग) उतना ही रहेगा (घ) इनमें से कोई नहीं

707. एक ताँबे के गुटके की लंबाई 59 मीटर तथा अनुप्रस्थ काट का क्षेत्रफल 1 सेमी.^{2} है। यदि ताँबे की चालकता 0.59 (ओम/मीट)$^{-1}$ हो तो उसका प्रतिरोध होगा—

(क) 0.001 ओम (ख) 0.01 ओम

(ग) 1.0 ओम (घ) 0.1 ओम

708. 0.1 मिमी.^{2} अनुप्रस्थ परिच्छेद वाले तार के प्रति घन मीटर आयतन में प्रवाहित होने वाले इलेक्ट्रॉनों की संख्या 8.0×10^{23} है। उसमें 0.20 ऐम्पियर की धारा प्रवाहित हो रही है। इलेक्ट्रानों का अनुगमन वेग होगा—

(क) 0.16×10^{-5} मी./से. (ख) 1.6×10^{-5} मी./से.

(ग) 0.32×10^{-5} मी./से. (घ) 3.2×10^{-5} मी./से.

709. यदि यह मान लिया जाए कि ताँबे का प्रत्येक परमाणु एक इलेक्ट्रॉन का योगदान करता है। यदि 1 मिमी. व्यास के ताँबे के तार में 1.1 ऐम्पियर की धारा प्रवाहित होती है तो इलेक्ट्रॉनों का अनुगमन वेग होगा—(ताँबे का घनत्व 9 ग्राम/से.^{3} तथा ताँबे का परमाणु भार 63)

(क) 0.3 मिमी./सेकेंड (ख) 0.5 मिमी./सेकेंड

(ग) 0.1 मिमी./सेकेंड (घ) 0.2 मिमी./सेकेंड

710. r_1 और r_2 ओम ($r_1 < r_2$) के दो प्रतिरोध समांतर क्रम में जोड़े गए हैं। यदि तुल्य-प्रतिरोध R हो, तो—

(क) $R > (r_1 + r_2)$ (ख) $R < (r_1 + r_2)$

(ग) $r_1 < R > r_2$ (घ) $r_1 < r_2$

711. A और B के बीच तुल्य प्रतिरोध कितना होगा—

(क) 2 ओम (ख) 18 ओम

(ग) 6 ओम (घ) 3.6 ओम

उत्तर के लिए कृपया पृष्ठ सं. 207 देखें।

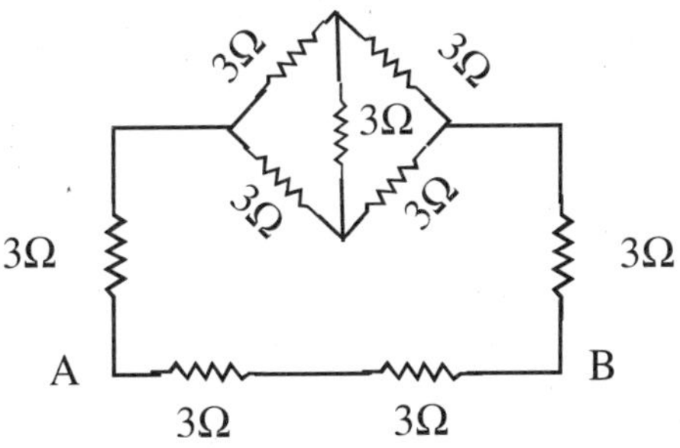

712. ताप बढ़ाने पर किसी चालक का प्रतिरोध बढ़ता है, क्योंकि—
   (क) श्रांति-काल कम होता है
   (ख) इलेक्ट्रॉन का द्रव्यमान बढ़ता है
   (ग) इलेक्ट्रान घनत्व कम होता है
   (घ) इनमें से कोई नहीं

713. r आंतरिक प्रतिरोध वाले एक सेल का विभवांतर बल E वोल्ट है। जब उसके सिरों के बीच r प्रतिरोध जोड़ा जाता है तो उसका टर्मिनल वोल्टेज होगा—
   (क) 2E (ख) E
   (ग) E/2 (घ) E/4

714. दो असमान प्रतिरोध समांतर क्रम में जुड़े हैं। निम्न में से कौन सा कथन सत्य है—
   (क) दोनों में धारा समान है
   (ख) बड़े प्रतिरोध में धारा अधिक है
   (ग) दोनों में वोल्टता पतन समान है
   (घ) छोटे प्रतिरोध की चालकता कम है

715. संलग्न चित्र में 2Ω वाले प्रतिरोध में धारा का मान है—
   (क) 1.4 ऐम्पियर
   (ख) 1.2 ऐम्पियर
   (ग) 0.4 ऐम्पियर
   (घ) 1.0 ऐम्पियर

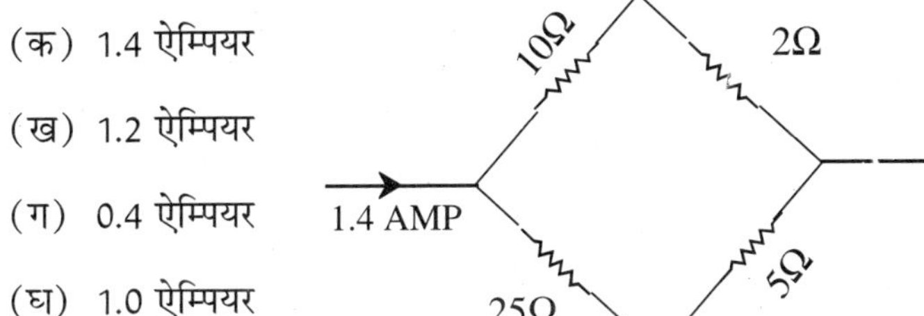

उत्तर के लिए कृपया पृष्ठ सं. 207 देखें।

716. संलग्न चित्र में A और B के बीच तुल्य प्रतिरोध होगा—

(क) 10Ω

(ख) 14Ω

(ग) 20Ω

(घ) 50Ω

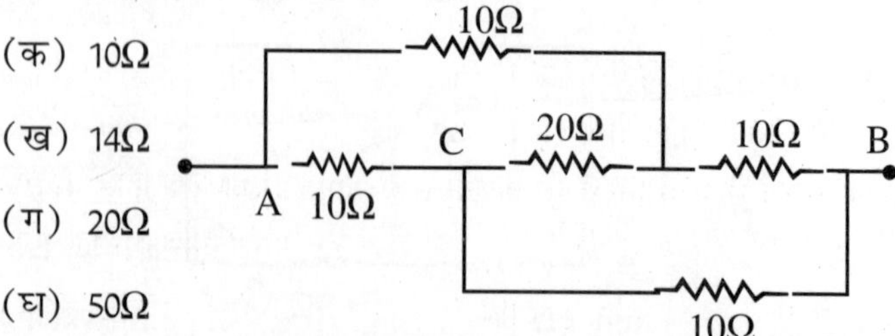

717. चार प्रतिरोध दिए हुए चित्र की तरह एक परिपथ में जुड़े हैं। 4Ω और 6Ω के प्रतिरोध में क्रमश: धारा के मान हैं—

(क) 2A, 4A

(ख) 1A, 2A

(ग) 2A, 1A

(घ) 2A, 2A

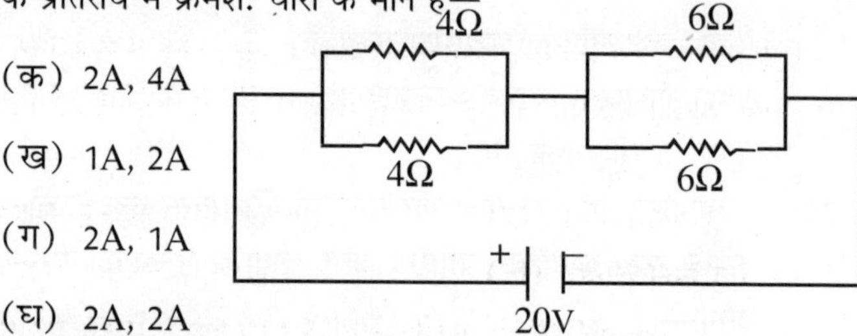

718. किरचॉफ के प्रथम और द्वितीय नियम क्रमश: दिखाते हैं संरक्षण—

(क) रैखिक संवेग और कोणीय संवेग का

(ख) आवेश और ऊर्जा का

(ग) संहति और ऊर्जा का

(घ) आवेश और रैखिक संवेग का

719. एक सेल का विभवांतर बल (e.m.f.) 2 V तथा आंतरिक प्रतिरोध 0.1Ω है। उसे 3.9Ω के प्रतिरोध के साथ जोड़ा जाता है। सेल के सिरों के बीच विभवांतर होगा—

(क) 0.5 V (ख) 1.9 V

(ग) 1.95 V (घ) 2.0 V

720. दो तार एक ही पदार्थ के बने हैं। प्रथम तार की लंबाई दूसरे तार की लंबाई की दुगुनी है तथा उसका व्यास दूसरे तार के व्यास का दुगुना है, तो प्रथम तार का प्रतिरोध होगा—

(क) दूसरे तार के प्रतिरोध का दुगुना

(ख) दूसरे तार के प्रतिरोध का आधा

उत्तर के लिए कृपया पृष्ठ सं. 207 देखें।

(ग) दूसरे तार के प्रतिरोध के बराबर

(घ) दूसरे तार के प्रतिरोध का चौगुना

721. दी हुई आवृत्ति में A और B बिंदु के बीच के प्रभावी प्रतिरोध का मान बताइए—

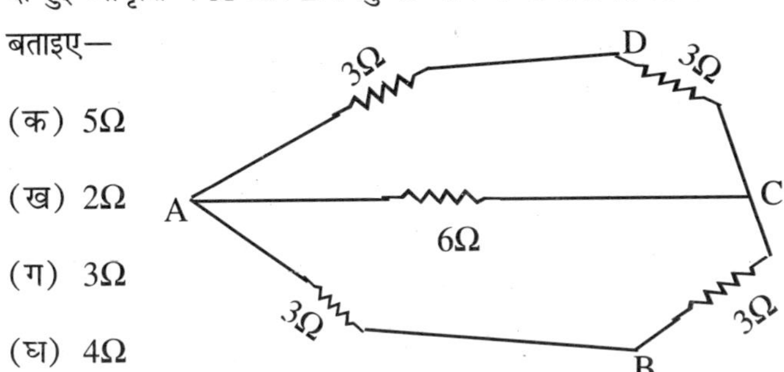

(क) 5Ω

(ख) 2Ω

(ग) 3Ω

(घ) 4Ω

722. एक फ्लैश लाइट 1.5 वोल्ट विभवांतर बल वाला नया सेल 1.5 ऐम्पियर विद्युत् धारा देता है। जब वह 0.04Ω प्रतिरोध वाले धारामापी के साथ जोड़ दिया जाता है तो सेल का आंतरिक प्रतिरोध बताइए—

(क) 0.44Ω (ख) 0.06Ω

(ग) 0.10Ω (घ) 10Ω

723. एक टॉर्च में 1.45 वोल्ट और 0.15 ओम के आंतरिक प्रतिरोध वाले 2 सेल रखे गए हैं। 1.5 ओम प्रतिरोध वाले लैंप के फिलामेंट में बहने वाली धारा का मान होगा—

(क) 16.11 A (ख) 1.611 A

(ग) 0.1611 A (घ) 2.6 A

724. एक प्राथमिक सेल का विभवांतर बल 2 वोल्ट है। जब वह लघुपथित (Short Circuit) कर दिया जाता है तो 4 ऐम्पियर की धारा देता है। सेल का ओम में आंतरिक प्रतिरोध है—

(क) 0.5 (ख) 5.0

(ग) 2.0 (घ) 8.0

725. व्यास d और लंबाई l के एक ताँबे के तार के सिरों पर विभवांतर V लगाया जाता है। केवल d दुगुना करने पर अनुगमन वेग—

(क) दो गुना हो जाएगा (ख) आधा रह जाएगा

(ग) अपरिवर्तित रहेगा (घ) चौथाई रह जाएगा

उत्तर के लिए कृपया पृष्ठ सं. 207 देखें।

726. तीन समान प्रतिरोध जिनमें से प्रत्येक का मान R है, चित्रानुसार जोड़े गए हैं। M और N के बीच तुल्य प्रतिरोध है—

(क) R

(ख) 2 R

(ग) R/2

(घ) R/3

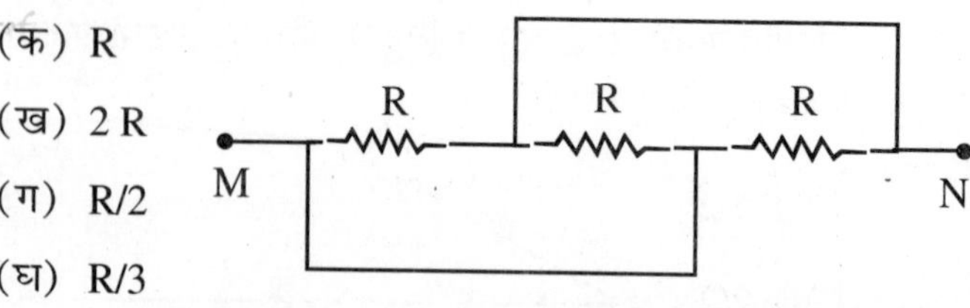

727. ह्वीटस्टोन ब्रिज द्वारा प्रतिरोध को नापने में ज्ञात तथा अज्ञात प्रतिरोधों को उत्क्रमित किया जाता है जिसका निराकरण करने के लिए वह है—

(क) अंत्य त्रुटि

(ख) सूचक त्रुटि

(ग) ताप-विद्युत्-प्रभाव के कारण त्रुटि

(घ) संयोगिक त्रुटि

728. एक अपरिवर्तित विद्युत्धारा I समान अनुप्रस्थ काट वाले चालक में बह रही है। चालक के किसी खंड में—

(क) शून्य आवेश है

(ख) सिर्फ धनावेश है

(ग) सिर्फ ऋणात्मक आवेश है

(घ) धारा I के आनुपातिक आवेश है

729. चित्र में 80 ओम प्रतिरोध के सिरों के बीच 48 वोल्ट का विभवांतर है X और Y बिंदुओं के बीच विभवांतर होगा—

(क) 160 वोल्ट

(ख) 128 वोल्ट

(ग) 90 वोल्ट

(घ) 62 वोल्ट

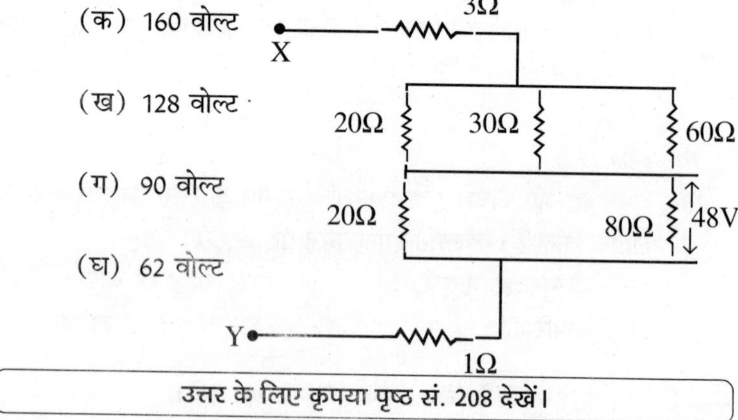

उत्तर के लिए कृपया पृष्ठ सं. 208 देखें।

730. 998 ओम प्रतिरोध वाला वोल्टमीटर 2 वोल्ट विभवांतर बल और 2 ओम आंतरिक प्रतिरोध वाले सेल से जोड़ा जाता है। विभवांतर बल के मापन में त्रुटि होगी—

(क) 4×10^{-1} वोल्ट (ख) 2×10^{-3} वोल्ट

(ग) 4×10^{-3} वोल्ट (घ) 2×10^{-1} वोल्ट

731. चित्र में परिपथ का एक जाल है। धाराओं के मान यहाँ दर्शाए गए हैं। धारा I का मान होगा—

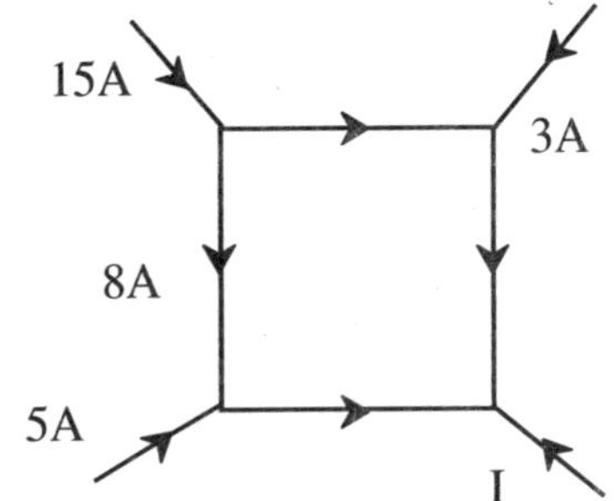

(क) 3A

(ख) 13A

(ग) 23A

(घ) -3A

732. निश्चित द्रव्यमान के चाँदी के एक टुकड़े का तार बनाना है। इसकी लंबाई L तथा अनुप्रस्थ काट का क्षेत्रफल A के निम्नलिखित संयोजनों में किसका प्रतिरोध सबसे कम होगा—

(क) L और A

(ख) 2 L और A/2

(ग) L/2 और 2 A

(घ) उपर्युक्त में से कोई नहीं, क्योंकि चाँदी का आयतन उतना ही रहता है।

733. निश्चित मान के पाँच प्रतिरोधकों को चित्र में दिखाए अनुसार जोड़ा गया है। भुजा BD में धारा होगी—

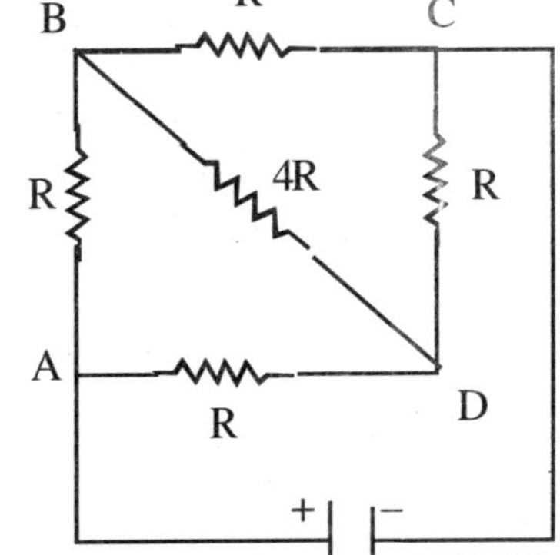

(क) भुजा ABC में धारा की आधी

(ख) शून्य

उत्तर के लिए कृपया पृष्ठ सं. 208 देखें।

(ग) भुजा ABC में धारा की दुगुनी

(घ) भुजा ABC में धारा की चार गुनी

734. विभवांतर बल E और आंतरिक प्रतिरोध r की एक बैटरी को परिवर्ती प्रतिरोध R से जोड़ा गया है जैसा चित्र में दिखाया गया है। निम्नलिखित में से कौन सा सत्य है—

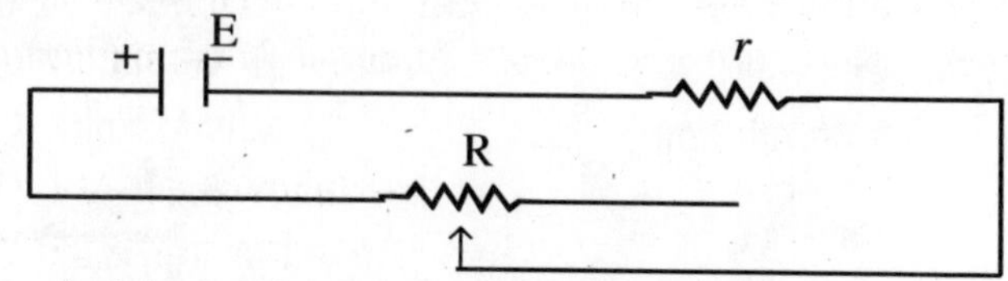

(क) बैटरी के सिरों के बीच विभवांतर उच्चतम है जब $R = r$

(ख) प्रतिरोध को दी गई शक्ति उच्चतम है जब $R = r$

(ग) परिपथ में धारा उच्चतम है जब $R = r$

(घ) परिपथ में धारा उच्चतम है जब $R >> r$

735. यदि एक ताँबे के तार को खींचकर उसकी लंबाई 0.1% बढ़ा दी जाए, तो तार के प्रतिरोध में प्रतिशत वृद्धि का मान होगा—

(क) 2% (ख) 0.2%

(ग) 1% (घ) 0.1%

736. पाँच प्रतिरोध आरेख के अनुसार जोड़े गए हैं। A और B के बीच तुल्य प्रतिरोध का मान होगा—

(क) 6Ω

(ख) 9Ω

(ग) 12Ω

(घ) 15Ω

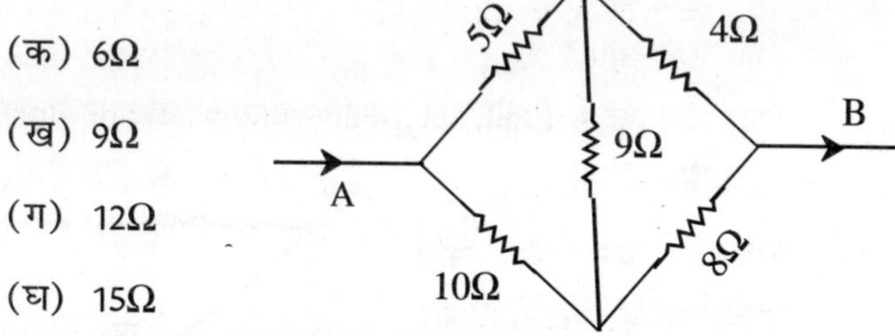

737. जब एक सेल के सिरों के बीच 2 ओम का प्रतिरोध जोड़ा जाता है तो 0.5 A की धारा बहती है। प्रतिरोध बढ़ाकर 5Ω बना देने पर धारा का मान 0.25 ऐम्पियर हो जाता है। सेल का आंतरिक प्रतिरोध है—

(क) 0.5Ω (ख) 1.0Ω

(ग) 1.5Ω (घ) 2.0Ω

उत्तर के लिए कृपया पृष्ठ सं. 208 देखें।

738. एक समान प्रतिरोध का एक तार AB है। धारामापी G में कोई धारा नहीं है जब AC = 20 सेमी. और BC = 80 सेमी. प्रतिरोध R का मान होगा—

(क) 2Ω

(ख) 8Ω

(ग) 20Ω

(घ) 40Ω

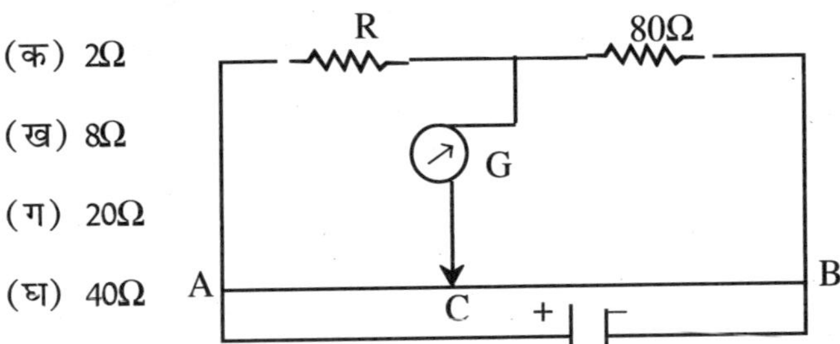

739. ताप बढ़ने पर निम्नलिखित का वैद्युत प्रतिरोध घटता है—

(क) धातुओं का (ख) अर्धचालकों का

(ग) सोने का (घ) कांसटेंटन का

740. यदि सीधे समतल धातु के चालक के दोनों सिरों के बीच विभवांतर स्थापित किया जाए तो—

(क) मुक्त इलेक्ट्रॉन लगातार त्वरित होंगे चालक के कम विभव की छोर से अधिक विभव के छोर की ओर

(ख) मुक्त इलेक्ट्रॉन लगातार त्वरित होंगे चालक के अधिक विभव के छोर से कम विभव के छोर की ओर

(ग) मुक्त इलेक्ट्रॉन एक स्थिर अनुगमन वेग से चालक के कम विभव के छोर से अधिक विभव के छोर की ओर चलते हैं

(घ) मुक्त इलेक्ट्रॉन अपनी विरामावस्था से चलायमान हो जाते हैं।

741. किसी तार की प्रतिरोधकता निर्भर नहीं करती है—

(क) उसकी लंबाई पर

(ख) उसके अनुप्रस्थ काट के क्षेत्रफल पर

(ग) उसकी आवृत्ति पर

(घ) उसके पदार्थ पर

742. एक प्रतिरोध R को n बराबर भागों में काटा जाता है। फिर इन भागों को समांतर क्रम में जोड़ा जाता है। संयोजन का तुल्य प्रतिरोध होगा—

(क) nR (ख) R/n

(ग) n/R (घ) R/n^2

उत्तर के लिए कृपया पृष्ठ सं. 208 देखें।

743. निम्न अनंत लंबाई के परिपथ के बिंदु A और B के मध्य प्रतिरोध का मान होगा—

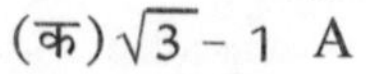

(क) $\sqrt{3} - 1$

(ख) $1 - \sqrt{3}$

(ग) $1 + \sqrt{3}$

(घ) $2 + \sqrt{3}$

744. चित्र में दिए गए परिपथ में भुजा CD में धारा होगी—

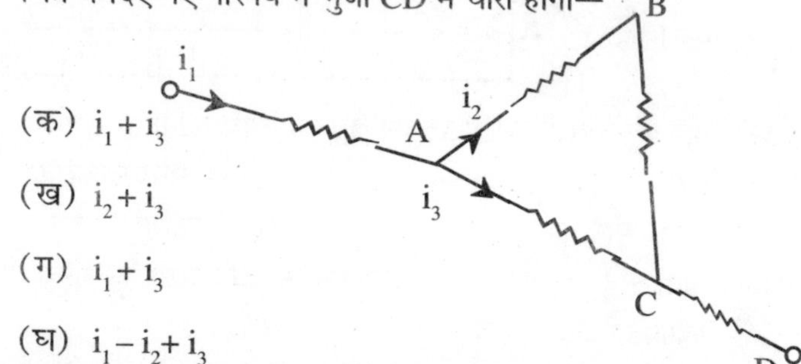

(क) $i_1 + i_3$

(ख) $i_2 + i_3$

(ग) $i_1 + i_3$

(घ) $i_1 - i_2 + i_3$

745. एक धारामापी का प्रतिरोध 7 ओम है और वह 1.0 ऐम्पियर धारा के लिए पूर्ण स्केल विक्षेप देता है। इसे 10 वोल्ट परास के वोल्टमीटर में कैसे बदलेंगे—

(क) श्रेणी में 3Ω लगाकर

(ख) समांतर क्रम में 3Ω लगाकर

(ग) श्रेणी में 17Ω लगाकर

(घ) श्रेणी में 30Ω लगाकर

746. एक विभवमापी के तार की प्रतिरोधकता 40×10^{-8} ओम मीटर तथा अनुप्रस्थ काट का क्षेत्रफल 8×10^{-6} मीटर^2 है। यदि उसमें 0.2 ऐम्पियर की धारा प्रवाहित होती है तो तार पर विभव-प्रवणता का मान होगा—

(क) 10^{-2} वोल्ट/मीटर (ख) 10^{-1} वोल्ट/मीटर

(ग) 3.2×10^{-2} वोल्ट/मीटर (घ) 1 वोल्ट/मीटर

747. निम्न में से कौन सा कथन असत्य है—

(क) अर्द्धचालक का प्रतिरोध ताप बढ़ने पर कम होता है

(ख) विद्युत्क्षेत्र में होल का विस्थापन इलेक्ट्रॉन के विपरीत दिशा में होता है

उत्तर के लिए कृपया पृष्ठ सं. 208 देखें।

(ग) ताप बढ़ने पर एक सुचालक का प्रतिरोध कम होता है

(घ) N– प्रकार के अर्द्धचालक आवेशित होते हैं

748. 5V विभवांतर बल तथा 0.5 ओम के आंतरिक प्रतिरोध वाली एक सेल के अंदर ऋणात्मक इलेक्ट्रोड से धनात्मक इलेक्ट्रोड की ओर 2 ऐम्पियर की धारा प्रवाहित हो रही है। यदि ऋणात्मक इलेक्ट्रोड का विभव 10V हो तो धनात्मक इलेक्ट्रोड का विभव होगा–

(क) 5 V (ख) 14 V

(ग) 15 V (घ) 16 V

749. 100 सेलों को, जिसमें से प्रत्येक का विभवांतर बल 5V और आंतरिक प्रतिरोध 1 ओम है, इस प्रकार व्यवस्थित करना है कि 25 ओम के प्रतिरोध में अधिकतम धारा प्रवाहित की जा सके। प्रत्येक पंक्ति में सेलों की संख्या समान होनी चाहिए। पंक्तियों की संख्या होगी–

(क) 2 (ख) 5

(ग) 14 (घ) 10

750. यदि एक सेल के सिरों पर वोल्टमीटर लगाया जाए तो वह 5V मापता है और यदि ऐमीटर लगाया जाए तो 10A की धारा मापता है। इस सेल के सिरों के बीच 2 ओम का प्रतिरोध लगाया गया है। इस प्रतिरोध में प्रवाहित धारा का मान होगा–

(क) 2.5 A (ख) 2.0 A

(ग) 5.0 A (घ) 7.5 A

751. पार्श्व दिए गए परिपथ में सेल का विभवांतर बल 10V और आंतरिक प्रतिरोध 1 ओम है। अन्य प्रतिरोधों को चित्र में दर्शाया गया है। $V_A - V_B$ होगा–

(क) 6V

(ख) 4V

(ग) 2V

(घ) –2V

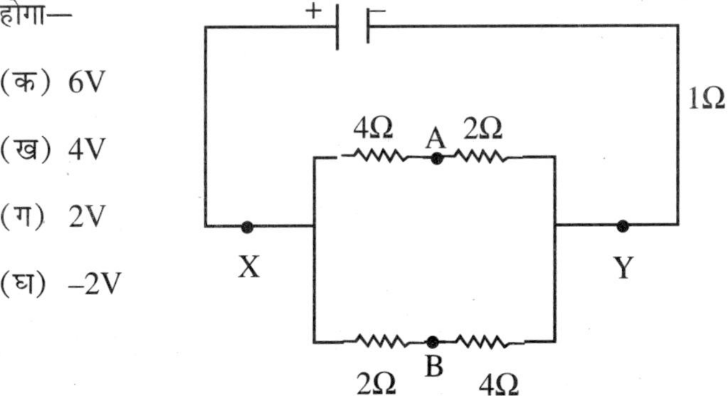

उत्तर के लिए कृपया पृष्ठ सं. 208 देखें।

752. दो प्रतिरोध R_1 और R_2 भिन्न पदार्थों के बने हुए हैं। R_1 के पदार्थ का प्रतिरोध ताप गुणांक α और R_2 के पदार्थ का प्रतिरोध ताप गुणांक β है। R_1 एवं R_2 के श्रेणी क्रम संयोजन का प्रतिरोध ताप के साथ परिवर्तित नहीं होगा यदि R_1/R_2 का मान होगा—

(क) α/β (ख) $\frac{\alpha+\beta}{\alpha-\beta}$

(ग) $\frac{\alpha^2+\beta^2}{\alpha\beta}$ (घ) β/α

753. नीचे दिखाए गए प्रतिरोध के विन्यास में बिंदुओं A और B के मध्य प्रभावी प्रतिरोध है—

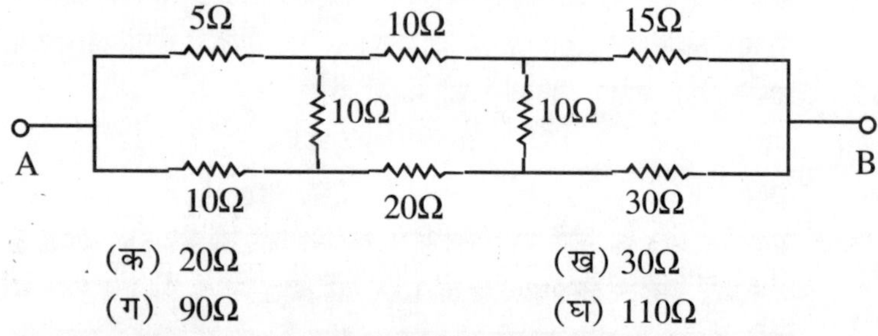

(क) 20Ω (ख) 30Ω

(ग) 90Ω (घ) 110Ω

754. 4 ओम का प्रतिरोध और 5 मीटर लंबा 5 ओम का एक तार श्रेणी क्रम में जोड़कर एक सेल से संबद्ध गए हैं जिसका विभवांतर बल 10 V और आंतरिक प्रतिरोध 1 ओम है। दो सामन सेलों का समांतर क्रम का संयोजन इस तार के 300 सेमी. से संतुलित होता है, प्रत्येक सेल के विभवांतर बल E का मान है—

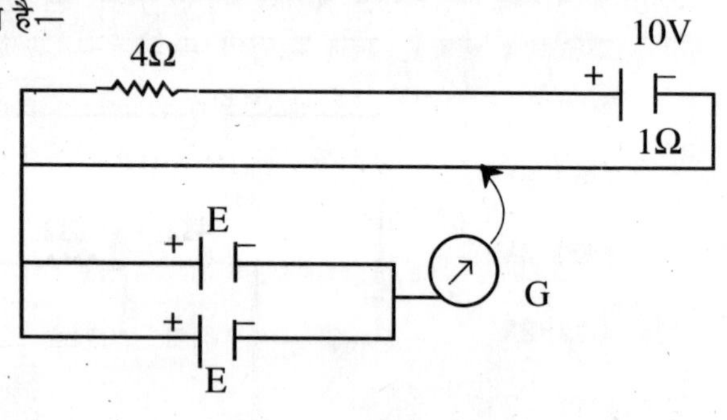

(क) 1.5 V (ख) 3.0 V

(ग) 0.67 V (घ) 1.33 V

उत्तर के लिए कृपया पृष्ठ सं. 208 देखें।

755. वृत्ताकार अनुप्रस्थ क्षेत्रफल की r त्रिज्या के एक तार में विद्युतधारा I प्रवाहित करने पर मुक्त इलेक्ट्रॉन ड्रिफ्ट वेग V से चलते हैं। इसी धातु के एक अन्य तार, जिसकी त्रिज्या $r/2$ है, से कितनी विद्युत्धारा प्रवाहित की जाए की इलेक्ट्रॉन का ड्रिफ्ट वेग 2 V हो जाए—

(क) 2 I (ख) I

(ग) I/2 (घ) I/4

□

उत्तर के लिए कृपया पृष्ठ सं. 208 देखें।

14

विद्युत् धारा के चुंबकीय प्रभाव
(MAGNETIC EFFECTS OF ELECTRIC CURRENT)

756. एक गतिमान आवेश उत्पन्न करता है—
   (क) केवल स्थिर विद्युत् क्षेत्र
   (ख) केवल चुंबकीय क्षेत्र
   (ग) स्थिर विद्युत् क्षेत्र और चुंबकीय क्षेत्र दोनों
   (घ) इनमें से कोई नहीं

757. एक ऊर्ध्वाधर तल में बहने वाली धारा क्षैतिज पृष्ठ के लंबवत् अंदर की ओर जाने वाली है। यदि एक क्षैतिज चुंबकीय क्षेत्र दाहिनी ओर से कार्यरत है तब तार के ऊपर लगने वाला बल क्षैतिज तल में—
   (क) दाहिनी ओर होगा
   (ख) बाईं ओर होगा
   (ग) हमारी ओर होगा
   (घ) हमसे विपरीत दिशा में होगा

758. एक धुराग्रस्थ कुंडली धारामापी के प्रयुक्त चुंबक ध्रुवीय खंड—
   (क) छड़ चुंबक के समतल तल होते हैं
   (ख) नाल चुंबक के समतल तल होते हैं
   (ग) छड़ चुंबक के बेलनाकार तल होते हैं
   (घ) नाल चुंबक के बेलनाकार तल होते हैं

759. एक तार में जिसकी लंबाई l है, I विद्युत् धारा प्रभावित हो रही है। यदि उसे B तीव्रता के चुंबकीय क्षेत्र में रखा जाए तो उस पर अधिकतम बल कार्य करेगा—
   (क) BIl (ख) IB/l
   (ग) I/Bl (घ) B/Il

उत्तर के लिए कृपया पृष्ठ सं. 208 देखें।

760. एक तार में विद्युत् धारा पश्चिम से पूरब की ओर प्रवाहित हो रही है जो कि उत्तर की ओर दिष्ट चुंबकीय क्षेत्र में रखा है। तार पर पर कार्यशील बल की दिशा होगी—

(क) पूर्व की ओर (ख) पश्चिम की ओर
(ग) ऊर्ध्वाधर नीचे की ओर (घ) ऊर्ध्वाधर ऊपर की ओर

761. विद्युत् धारा के चुंबकीय प्रभाव की खोज निम्न में से किस वैज्ञानिक ने की—

(क) फ्लेमिंग (ख) ऐम्पियर
(ग) ओर्स्टेड (घ) फैराडे

762. एक इलेक्ट्रॉन पूरब की ओर गतिशील है और चुंबकीय क्षेत्र उत्तर की दिशा में कार्यरत है। इलेक्ट्रॉन पर बल की दिशा होगी—

(क) ऊर्ध्वाधर ऊपर की ओर (ख) ऊर्ध्वाधर नीचे की ओर
(ग) उत्तर की ओर (घ) इनमें से कोई नहीं

763. कण जिन पर धनावेश है, अकस्मात् तीव्र वेग से आकाश से पृथ्वी की ओर आते हैं। पृथ्वी के चुंबकीय क्षेत्र के कारण ये कण विक्षेपित हो जाते हैं—

(क) उत्तर की ओर (ख) दक्षिण की ओर
(ग) पूरब की ओर (घ) पश्चिम की ओर

764. जब किसी चालक में विद्युत् धारा प्रवाहित हो जाती है तो वह आकाश में उत्पन्न करता है—

(क) चुंबकीय क्षेत्र (ख) विद्युत् क्षेत्र
(ग) गुरुत्वीय क्षेत्र (घ) इनमें से कोई नहीं

765. उपर्युक्त प्रश्न में क्षेत्र की दिशा निम्न नियम से ज्ञात की जाती है—

(क) फ्लेमिंग के बाएँ हाथ का नियम
(ख) फ्लेमिंग के दाएँ हाथ का नियम
(ग) ऐम्पियर के तैरने का नियम
(घ) इनमें से कोई नहीं

766. प्रोटॉन को चुंबकीय क्षेत्र के लंबवत् प्रक्षेपित किया जाता है—

(क) प्रोटॉन की गति पर चुंबकीय क्षेत्र का प्रभाव नहीं होगा
(ख) प्रोटॉन उसी दिशा में गति जारी रखेगा, किंतु संवेग प्राप्त करेगा
(ग) प्रोटॉन उसी दिशा में गति जारी रखेगा, किंतु संवेग प्राप्त नहीं करेगा
(घ) वह वृत्त के चाप में मुड़ जाएगा

उत्तर के लिए कृपया पृष्ठ सं. 208 देखें।

767. कुछ दूरी पर स्थित दो समांतर तारों में I_1 और I_2 धारा एक ही दिशा में प्रवाहित हो रही है। दोनों तार—

(क) एक-दूसरे को आकर्षित करेंगे

(ख) एक-दूसरे को प्रतिकर्षित करेंगे

(ग) एक-दूसरे को न तो आकर्षित करेंगे और न ही प्रतिकर्षित

(घ) इनमें से कोई नहीं

768. दो समांतर तारों में विपरीत दिशा में धारा बह रही है। वे—

(क) एक-दूसरे को आकर्षित करेंगे

(ख) एक-दूसरे को प्रतिकर्षित करेंगे

(ग) एक-दूसरे पर कोई प्रभाव नहीं डालेंगे

(घ) इनमें से कोई नहीं

769. एक α - कण चुंबकीय क्षेत्र के समांतर गति कर रहा है। उस पर बल लगेगा—

(क) 2 न्यूटन (ख) 0.2 न्यूटन

(ग) शून्य (घ) इनमें से कोई नहीं

770. l लंबाई के एक तार में 2 ऐम्पियर की धारा बह रही है। इसे एक चुंबकीय क्षेत्र B के समांतर रखा गया है। उस पर कितना बल कार्य करेगा—

(क) शून्य (ख) $2Bl$

(ग) $IBl/2$ (घ) $2IBl$

771. R त्रिज्या के एक वृत्ताकार चालक के लूप में स्थायी धारा I बहती है। यह एक समान चुंबकीय क्षेत्र B में इस प्रकार रखा जाता है कि क्षेत्र B लूप के तल के लंबवत् है। लूप पर लगने वाला चुंबकीय बल है—

(क) IRB (ख) $2\pi IRB$

(ग) πIRB (घ) शून्य

772. एक आवेशित कण चुंबकीय क्षेत्र की दिशा में गति कर रहा है। कण पर लगने वाला चुंबकीय बल—

(क) उसके वेग की दिशा में है

(ख) उसके वेग की विपरीत दिशा में है

(ग) उसके वेग के लंबवत् है

(घ) शून्य

उत्तर के लिए कृपया पृष्ठ सं. 208 देखें।

773. एक ही दिशा में चलती हुई दो समांतर इलेक्ट्रॉन की किरण पुँज ()Beam of Electron के बीच आपस में उत्पन्न बल होगा—

(क) कागज के तल में आकर्षण बल

(ख) कागज के तल में विकर्षण बल

(ग) कागज के तल के लंबवत् ऊपर की ओर

(घ) कागज के तल के लंबवत् नीचे की ओर

774. चल कुंडली धारामापी को अमीटर में बदलने के लिए इसकी कुंडली के साथ जोड़ते हैं—

(क) समांतर क्रम में कम मान का प्रतिरोध

(ख) समांतर क्रम में उच्च मान का प्रतिरोध

(ग) श्रेणी क्रम में कम मान का प्रतिरोध

(घ) श्रेणी क्रम में उच्च मान का प्रतिरोध

775. चल कुंडली धारामापी को वोल्टमीटर में बदलने के लिए उसकी कुंडली के साथ जोड़ते हैं—

(क) समानांतर क्रम में कम प्रतिरोध का तार

(ख) समानांतर क्रम में उच्च मान का प्रतिरोध

(ग) श्रेणी क्रम में कम मान का प्रतिरोध

(घ) श्रेणी क्रम में उच्च मान का प्रतिरोध

776. विद्युत् धारा के बाह्य परिपथ में जोड़ते समय निम्न कथनों में से कौन सा कथन सत्य है—

(क) अमीटर को श्रेणी क्रम में और वोल्टमीटर को समांतर क्रम में जोड़ते हैं

(ख) अमीटर को समांतर क्रम में और वोल्टमीटर को श्रेणी क्रम में जोड़ते हैं

(ग) अमीटर और वोल्टमीटर दोनों को श्रेणी क्रम में जोड़ते हैं

(घ) अमीटर और वोल्टमीटर दोनों को समांतर क्रम में जोड़ते हैं

777. धारामापी, अमीटर और वोल्टमीटर के प्रतिरोध क्रमशः G, A और V हैं। निम्न में से कौन सा कथन सत्य है—

(क) $V > A > G$ (ख) $A > V > G$

(ग) $V > G > A$ (घ) कोई नहीं

उत्तर के लिए कृपया पृष्ठ सं. 208 व 209 देखें।

778. एक चल कुंडली धारामापी का सिद्धांत आधारित है—
(क) धारा के उष्मीय प्रभाव पर
(ख) धारा के रासायनिक प्रभाव पर
(ग) धारा के तापीय प्रभाव पर
(घ) धारा के चुंबकीय प्रभाव पर

779. चल कुंडली धारामापी में कुंडली के मध्य नरम लोहे का क्रोड रखते हैं ताकि—
(क) चुंबकीय क्षेत्र समरूप हो जाए
(ख) चुंबकीय क्षेत्र का मान प्रबल हो जाए
(ग) चुंबकीय क्षेत्र त्रिज्यीय हो जाए
(घ) कुंडली का प्रतिरोध शून्य हो जाए

780. धारावाही वृत्तीय कुंडली (Circular loop) के केंद्र पर उत्पन्न चुंबकीय क्षेत्र होता है—
(क) कुंडली के तल में (ख) कुंडली के तल के लंबवत्
(ग) कुंडली के तल से 45° पर
(घ) कुंडली के तल से 135° पर

781. एक वृत्तीय कुंडली में बहने वाली धारा को दुगुना करने तथा इसमें फेरों की संख्या आधी करने पर इसके केंद्र पर चुंबकीय क्षेत्र का मान होगा—
(क) दुगुना (ख) आधा
(ग) अपरिवर्तित (घ) चौगुना

782. चल कुंडली धारामापी में त्रिज्यीय क्षेत्र बनाने के लिए—
(क) कुंडली में फेरों की संख्या बढ़ाते हैं
(ख) चुंबक नाल चुंबक के रूप में लेते हैं
(ग) ध्रुव अवतलाकार काटे जाते हैं
(घ) कुंडली को ऐल्युमिनियम फ्रेम पर लपेटते हैं

783. 10mA तक पढ़ने वाले अमीटर जिसका प्रतिरोध 0.2Ω (ओम) है, से 1 वोल्ट तक विभवांतर पढ़ना चाहते हैं। इसके लिए जोड़ना पड़ेगा—
(क) 99.8 ओम का प्रतिरोध श्रेणी क्रम में
(ख) 99.8 ओम का प्रतिरोध समांतर क्रम में
(ग) 0.1 ओम का प्रतिरोध समांतर क्रम में
(घ) 0.1 ओम का प्रतिरोध श्रेणी क्रम में

उत्तर के लिए कृपया पृष्ठ सं. 209 देखें।

784. एक अमीटर की कुंडली का प्रतिरोध 50 ओम है। उसके पैमाने के विस्तार को 10 गुना करने के लिए कितने प्रतिरोध के शंट की आवश्यकता होगी—

(क) 500 ओम (ख) 5 ओम
(ग) 9/50 ओम (घ) 50/9 ओम

785. एक धारामापी में उसकी कुंडली के प्रतिरोध के 1/10 वें मान का शंट लगाया जाता है। उसकी सुग्राहिता हो जाती है—

(क) 10 गुनी (ख) 1/10 गुनी
(ग) 11 गुनी (घ) 1/11 गुनी

786. धारामापी द्वारा ज्ञात किया जाता है—

(क) धारा (ख) विभव
(ग) विभवांतर (घ) प्रतिरोध

787. दो लंबे तार स्वतंत्रतापूर्वक लटके हैं। यदि उन्हें पहले समांतर क्रम में फिर श्रेणी क्रम में जोड़कर एक बैटरी से जोड़ा जाए तो दोनों दशा में तारों के बीच कैसा बल लगेगा—

(क) समांतर क्रम में आकर्षण बल और श्रेणी क्रम में प्रतिकर्षण बल
(ख) समांतर क्रम में प्रतिकर्षण बल और श्रेणी क्रम में आकर्षण बल
(ग) दोनों क्रम में प्रतिकर्षण बल
(घ) दोनों क्रम में आकर्षण बल

788. एक 95 ओम का धारामापी 5 ओम का शंट प्रयोग करने पर 50 खाने तक विक्षेप देता है। जब श्रेणी क्रम में 20 किलो ओम का प्रतिरोध और 2.0 वोल्ट का संचायक सेल लगाते हैं तो माइक्रो ऐम्पियर में धारामापी की धारा सुग्राहिता होगी—

(क) 1/2 (ख) 1
(ग) 5 (घ) 10

789. एक 5 ओम प्रतिरोध वाला धारामापी 5 mA तक पढ़ सकता है। इसे 100 वोल्ट तक पढ़ सकने वाला वोल्टमीटर बनाने के लिए श्रेणी क्रम में आवश्यक प्रतिरोध है—

(क) 19.9995 ओम (ख) 199.995 ओम
(ग) 1999.95 ओम (घ) 19999 ओम

उत्तर के लिए कृपया पृष्ठ सं. 209 देखें।

790. चुंबकीय क्षेत्र में गतिमान कण का निम्न अपरिवर्तित रहता है—

(क) वेग (ख) केवल चाल

(ग) केवल गतिज ऊर्जा (घ) चाल और गतिज ऊर्जा

791. q आवेश वाला एक कण X-अक्ष की दिशा में कार्यरत चुंबकीय क्षेत्र B में विरामावस्था में है। क्षेत्र के कारण आवेश पर बल—

(क) X-अक्ष के अनुदिश qB के अनुक्रमानुपाती होता है

(ख) X-अक्ष के अनुदिश q^2B के अनुक्रमानुपाती होता है

(ग) शून्य

(घ) YZ तल में qB के अनुक्रमानुपाती होता है

792. किसी आवेशित कण का पथ उसकी गति के लंबवत् चुंबकीय क्षेत्र में है—

(क) सरल रेखीय (ख) वृत्तीय

(ग) दीर्घ वृत्तीय (घ) परवलयिक

793. 20 ऐम्पियर की धारा दो अमीटर A और B से होकर प्रवाहित होती है। A के सिरों पर 0.2 वोल्ट तथा B के सिरों पर 0.3 वोल्ट का विभवांतर है। अब A और B समांतर क्रम में जोड़ दिए जाते हैं। A और B में धारा प्रवाहित होगी—

(क) 14 और 6 ऐम्पियर (ख) 12 और 8 ऐम्पियर

(ग) 15 और 5 ऐम्पियर (घ) 16 और 4 ऐम्पियर

794. एक आयताकार लूप में धारा I_1 बह रही है। यह एक लंबे तार के समीप इस प्रकार रखा गया है कि तार लूप की एक भुजा के समांतर है तथा लूप के तल में है। यदि तार में स्थायी धारा I प्रवाहित हो रही है तो लूप—

(क) तार के समांतर अक्ष के परितः घूमेगा

(ख) तार से दूर जाएगा

(ग) तार के समीप आएगा

(घ) स्थिर रहेगा

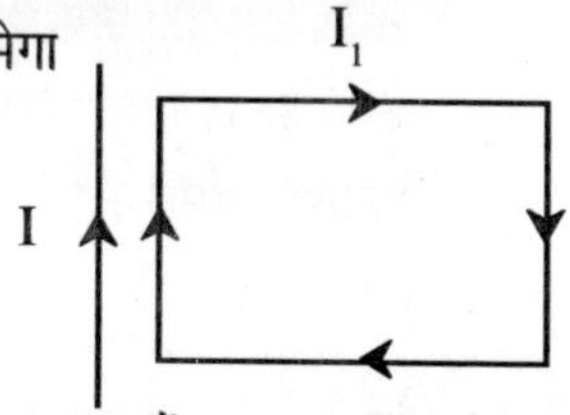

I_1

I

795. निम्न चित्र में P,Q और R तीन धारावाही चालक हैं। Q पर परिणामी बल की दिशा होगी—

P Q R

(क) कागज के तल में दाईं ओर

(ख) कागज के तल में बाईं ओर

(ग) कागज के तल के लंबवत् नीचे की ओर

(घ) कागज के तल के लंबवत् ऊपर की ओर

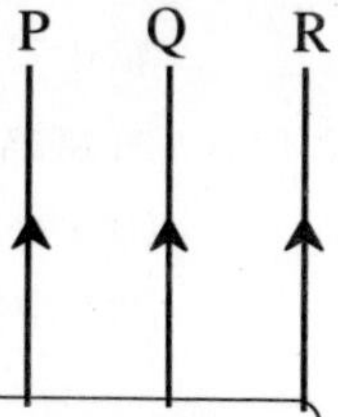

उत्तर के लिए कृपया पृष्ठ सं. 209 देखें।

796. लारेंज बल का परिकलन करने के लिए सूत्र बताइए—

(क) $\vec{F} = q(\vec{E} + \vec{V} \times \vec{B})$ (ख) $\vec{F} = q(\vec{E} - \vec{V} \times \vec{B})$

(ग) $\vec{F} = q(\vec{E} + \vec{V} . \vec{B})$ (घ) $\vec{F} = q(\vec{E} \times \vec{B} + \vec{V})$

797. चुंबकीय क्षेत्र—

(क) हर समय आवेशित कण पर बल लगाता है

(ख) आवेशित कण पर बल कभी नहीं लगाता है

(ग) जब आवेशित कण चुंबकीय क्षेत्र में लंबवत् गति करता है तब बल लगाता है

(घ) जब आवेशित कण चुंबकीय क्षेत्र के अनुदिश गति करता है तब बल लगाता है

798. दो सीधे समांतर तार में से 10A की धारा एक ही दिशा में प्रवाहित होती है। दोनों एक-दूसरे की तरफ 1×10^{-3} न्यूटन का बल लगाते हैं। अगर दोनों में बहने वाली धारा का मान दो गुना हो जाता है, तो आकर्षित बल होगा—

(क) 1×10^{-3} न्यूटन (ख) 2×10^{-3} न्यूटन

(ग) 4×10^{-3} न्यूटन (घ) 0.25×10^{-3} न्यूटन

799. अनंत लंबाई के सीधे तार में I विद्युत धारा प्रवाहित होती है। तार से r दूरी पर उत्पन्न होने वाले चुंबकीय प्रेरण का मान होगा—

(क) $|\vec{B}| = \frac{\mu o}{4\pi} . \frac{2I}{r}$ (ख) $|\vec{B}| = \frac{\mu o}{4\pi} . \frac{r}{2I}$

(ग) $|\vec{B}| = \frac{4\pi}{\mu o} . \frac{2I}{r}$ (घ) $|\vec{B}| = \frac{4\pi}{\mu o} . \frac{r}{2I}$

800. नीचे दिए गए कथन में से गलत कथन बताइए—

(क) वोल्टमीटर का प्रतिरोध अधिक होता है

(ख) अमीटर का प्रतिरोध कम होता है

(ग) परिपथ में अमीटर समांतर क्रम में जोड़ा जाता है

(घ) परिपथ में वोल्टमीटर समांतर क्रम में जोड़ा जाता है

801. चुंबकीय क्षेत्र का फ्लक्स घनत्व 1.5 वेबर/मीटर^2 है। उसमें एक प्रोटॉन 2×10^7 मी./से. के वेग से क्षेत्र के साथ 30° का कोण बनाता हुआ प्रवेश करता है तो प्रोटॉन पर लगा हुआ बल होगा—

(क) 2.4×10^{-12} न्यूटन (ख) 0.24×10^{-12} न्यूटन

(ग) 24×10^{-12} न्यूटन (घ) 0.024×10^{-12} न्यूटन

उत्तर के लिए कृपया पृष्ठ सं. 209 देखें।

802. समान त्रिज्या की कुंडलियों वाले दो स्पर्शज्या-धारामापी श्रेणी क्रम में जोड़े गए हैं। प्रवाहित धारा उनमें क्रमशः 60° और 45° के विक्षेप उत्पन्न करती है। कुंडली में फेरों की संख्या का अनुपात है—

(क) 4 : 3 (ख) $\sqrt{3+1} : 1$

(ग) $\sqrt{3+1} : (\sqrt{3}-1)$ (घ) $\sqrt{3} : 1$

803. एक प्रोटॉन तथा एक ड्यूट्रॉन जिनकी गतिज ऊर्जाएँ समान हैं, एक समान चुंबकीय क्षेत्र में लंबवत् प्रवेश करते हैं। प्रोटॉन और ड्यूट्रॉन के वृत्तीय पथों की त्रिज्याएँ R_p तथा R_d के लिए सही कथन है—

(क) $R_d = \sqrt{2}\, R_p$ (ख) $R_d = R_p / \sqrt{2}$

(ग) $R_d = R_p$ (घ) $R_d = 2\, R_p$

804. 2 मीटर लंबे सीधे तार में एक ऐम्पियर की धारा प्रवाहित की जाती है। तार के अक्ष पर तार के किसी सिरे से 3 मीटर की दूरी पर स्थित बिंदु पर वायु में चुंबकीय क्षेत्र होगा—

(क) $b_o/2\pi$ (ख) $b_o/4\pi$

(ग) $b_o/8\pi$ (घ) शून्य

805. यदि 10 सेमी. त्रिज्या वाली एक वृत्तीय कुंडली में 10 ऐम्पियर की धारा के कारण उसके केंद्र पर 3.14×10^{-3} वेबर/मीटर^2 का चुंबकीय क्षेत्र उत्पन्न हो तो कुंडली में फेरों की संख्या होगी—

(क) 5000 (ख) 100

(ग) 50 (घ) 25

806. एक लंबी परिनालिका (Solenoid) की प्रत्येक सेमी. लंबाई में तार के 50 फेरे हैं। यदि परिनालिका में 4 ऐम्पियर की धारा बह रही हो तो उसके अक्ष के भीतरी बिंदु पर तथा एक सिरे पर चुंबकीय क्षेत्र के क्रमशः लगभग मान होंगे—

(क) 12.6×10^{-3} वेबर/मी.^{2}, 6.3×10^{-3} वेबर/मी.^{2}

(ख) 12.6×10^{-3} वेबर/मी.^{2}, 25.1×10^{-3} वेबर/मी.^{2}

(ग) 25.1×10^{-3} वेबर/मी.^{2}, 12.6×10^{-3} वेबर/मी.^{2}

(घ) 25.1×10^{-5} वेबर/मी.^{2}, 12.6×10^{-5} वेबर/मी.^{2}

उत्तर के लिए कृपया पृष्ठ सं. 209 देखें।

807. एक कुंडली जिसका अनुप्रस्थ काट का क्षेत्रफल A, फेरों की संख्या n है, एक तीव्रता वाले चुंबकीय क्षेत्र में इस प्रकार रखी गई है कि कुंडली के तल का अभिलंब चुंबकीय क्षेत्र से θ कोण बनाता है। यदि कुंडली में विद्युत् धारा बह रही हो तो उस पर लगने वाले बलयुग्म आघूर्ण का व्यंजक होगा—

(क) $nIAB \tan\theta$ (ख) $nIAB \cos\theta$

(ग) $nIAB \sin\theta$ (घ) $nIAB$

808. दो पतले लंबे समांतर तार एक-दूसरे से r दूरी पर हैं। प्रत्येक में धारा I बह रही है। एक तार के कारण दूसरे तार पर प्रति एकांक लंबाई पर लगने वाले बल का मान होगा—

(क) $b_o I/2\pi r$ (ख) $b_o I^2/r^2$

(ग) $b_o I^2/2\pi r$ (घ) $b_o I/r^2$

809. एक इलेक्ट्रॉन जिसका आवेश 1.6×10^{-19} कूलॉम तथा द्रव्यमान 9×10^{-31} kg है, 2×10^{-1} टेसला के चुंबकीय क्षेत्र में 4×10^{6} मी./से. की चाल से वृत्तीय कक्ष में घूम रहा है। इलेक्ट्रॉन पर लगने वाला बल और वृत्तीय कक्षा की त्रिज्या का मान होगा—

(क) 12.8×10^{-3} न्यूटन, 1.1×10^{-4} मीटर

(ख) 1.28×10^{-14} न्यूटन, 1.1×10^{-3} मीटर

(ग) 1.28×10^{-13} न्यूटन, 1.1×10^{-3} मीटर

(घ) 1.28×10^{-13} न्यूटन, 1.1×10^{-4} मीटर

810. एक धारामापी का प्रतिरोध 90 ओम है। यदि धारामापी में मुख्य धारा का केवल 10% भाग जाना है तो प्रतिरोध को किस प्रकार उपयोग में लाना होगा और इसका मान कितना होगा—

(क) श्रेणी क्रम में 10 ओम (ख) समांतर क्रम में 10 ओम

(ग) श्रेणी क्रम में 810 ओम (घ) समांतर क्रम में 810 ओम

811. एक अनंत लंबे रेखीय चालक से 10 सेमी. की दूरी पर चुंबकीय क्षेत्र की तीव्रता 10^{-5} वेबर/मी.^{2} है। चालक में बहने वाली धारा का मान होगा—

(क) 5 A (ख) 10 A

(ग) 500 A (घ) 1000 A

उत्तर के लिए कृपया पृष्ठ सं. 209 देखें।

812. दो समांतर तार A और B में क्रमश: 10 और 2 ऐम्पियर की धारा विपरीत दिशाओं में प्रवाहित हो रही है। तारों के बीच की दूरी 10 सेमी. है। तार A की लंबाई अनंत तथा तार B की लंबाई 2 मीटर है। तार B पर लगने वाला बल है—

(क) $4\pi \times 10^{-7}$ न्यूटन (ख) $8\pi \times 10^{-7}$ न्यूटन

(ग) 4×10^{-5} न्यूटन (घ) 8×10^{-5} न्यूटन

813. 20 फेरे प्रति सेमी. की लंबी परिनालिका बनाई जाती है। परिनालिका के भीतर 20 मिली. टेसला का चुंबकीय क्षेत्र उत्पन्न करने के लिए आवश्यक धारा लगभग होगी—

(क) 8.0A (ख) 4.0A

(ग) 2.0A (घ) 1.0A

814. रुद्ध दोल धारामापी का संकेतक स्थिर विक्षेप देता है, क्योंकि—

(क) जिस फ्रेम पर कुंडली लिपटी होती है उस चालक फ्रेम में भँवर-धाराएँ उत्पन्न हो जाती हैं

(ख) उसका चुंबक बहुत शक्तिशाली होता है

(ग) उसका संकेतक बहुत हलका होता है

(घ) उसका फ्रेम एबोनाइट का बना होता है

815. किसी एक समान मोटे वृत्तीय चालक के दो बिंदुओं के बीच एक सेल जोड़ा जाता है। लूप के केंद्र पर चुंबकीय क्षेत्र होगा—

(क) शून्य (ख) $\frac{b_o}{2a}(I_1 - I_2)$

(ग) $\frac{b_o}{2a}(I_1 + I_2)$ (घ) $\frac{b_o}{a}(I_1 - I_2)$

816. L लंबाई के एक तार में प्रवाहित धारा I है। इसे मोड़कर एक फेरा का वृत्त बनाते हैं। इस लूप के केंद्र पर चुंबकीय क्षेत्र B है। इसी तार के दो फेरे का एक वृत्तीय लूप बनाते हैं। अब लूप के केंद्र पर चुंबकीय क्षेत्र है—

(क) 2B (ख) 4B

(ग) B/2 (घ) B/4

उत्तर के लिए कृपया पृष्ठ सं. 209 देखें।

817. आंतरिक त्रिज्या R वाली ताँबे की नली में I धारा प्रवाहित हो रही है। नली के भीतर चुंबकीय क्षेत्र B का मान होगा—

(क) $\frac{\mu_0 I}{2\pi R}$ (ख) $\frac{\mu_0 I}{4\pi R}$

(ग) $\frac{\mu_0 I}{2R}$ (घ) शून्य

818. एक विद्युत् आवेश को आकाश में जो असमान चुंबकीय क्षेत्र से भरा है पकड़कर स्थिर अवस्था में रखा गया है। उसको ज्यों ही स्वतंत्र करते हैं—

(क) वह चुंबकीय क्षेत्र की दिशा में गतिशील होगा

(ख) वह चुंबकीय क्षेत्र की विपरीत दिशा में गतिशील होगा

(ग) वह चुंबकीय क्षेत्र की दिशा के लंबवत् गतिशील होगा

(घ) वह स्थिर होगा

819. दो बहुत पतले धात्वीय तार X- अक्ष और Y- अक्ष पर हैं। दोनों में समान धारा प्रवाहित हो रही है। AB और CD दो रेखाएँ अक्षों से 45° कोण पर हैं तथा अक्षों का मूल बिंदु O है। चुंबकीय क्षेत्र जिस रेखा पर शून्य है वह है—

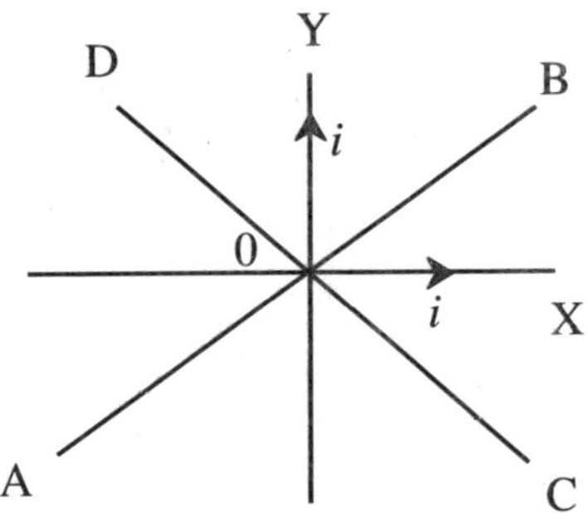

(क) AB

(ख) CD

(ग) AB रेखा के केवल OB भाग पर

(घ) CD रेखा के केवल OC भाग पर

820. एक समान वेग v से गतिशील एक इलेक्ट्रॉन और एक प्रोटॉन दोनों ऐसे क्षेत्र में प्रवेश करते हैं जहाँ चुंबकीय क्षेत्र कणों के वेग के लंबवत् हैं। ये कण अब वृत्तीय कक्षा में इस प्रकार परिक्रमण करेंगे कि—

(क) इनके आवर्त काल समान होंगे

(ख) प्रोटॉन का आवर्त काल उच्चतर होगा

(ग) इलेक्ट्रॉन आवर्त काल उच्चतर होगा

(घ) इनकी कक्षीय त्रिज्या समान होगी

उत्तर के लिए कृपया पृष्ठ सं. 209 व 210 देखें।

821. एक आवेश +Q ऊर्ध्व दिशा में ऊपर की ओर गतिशील है। यह आवेश किसी चुंबकीय क्षेत्र में जाता है, जिसकी दिशा उत्तर की ओर है। आवेश पर लगने वाले बल की दिशा होगी—

(क) उत्तर की ओर (ख) दक्षिण की ओर
(ग) पूर्व की ओर (घ) पश्चिम की ओर

822. धारायुक्त एक आयताकार कुंडली को एक समान चुंबकीय क्षेत्र में रखा गया है। किस अभिविन्यास में कुंडली में घूर्णन की प्रवृत्ति नहीं होगी—

(क) चुबंकीय क्षेत्र, कुंडली के तल के समांतर है
(ख) चुबंकीय क्षेत्र, कुंडली के तल के लंबवत् है
(ग) चुबंकीय क्षेत्र, कुंडली के तल से 45° पर है
(घ) सदा होगी, किसी भी अभिविन्यास में

823. धारायुक्त एक वृत्ताकार लूप को किसी लंबे धागे से स्वतंत्र लटकाया जाता है। लूप के तल की दिशा होगी—

(क) जहाँ भी स्वतंत्र छोड़ा जाए
(ख) उत्तर-दक्षिण
(ग) पूर्व-पश्चिम
(घ) पूर्व-पश्चिम की दिशा से 45° पर

824. एक परिनालिका की लंबाई 1.0 मीटर है। उसमें 4250 फेरे हैं। यदि उसमें 5.0 ऐम्पियर की धारा बह रही हो, तो परिनालिका के केंद्र पर चुंबकीय क्षेत्र का मान होगा—

(क) 5.4×10^{-2} वेबर/मी.^{2} (ख) 2.7×10^{-2} वेबर/मी.^{2}
(ग) 1.35×10^{-2} वेबर/मी.^{2} (घ) 0.675×10^{-2} वेबर/मी.^{2}

825. एक 50 ओम प्रतिरोध वाला धारामापी 10 मिली. ऐम्पियर तक पढ़ सकता है। इसका परास एक ऐम्पियर तक बढ़ाने के लिए शंट का प्रतिरोध होना चाहिए—

(क) 0.5005 ओम (ख) 5.00 ओम
(ग) 50.05 ओम (घ) 500.5 ओम

826. एक चलकुंडली धारामापी की सुग्राहिता बढ़ाने के लिए निम्नलिखित में से किसको कम होना चाहिए—

(क) कुंडली में फेरों की संख्या
(ख) कुंडली का क्षेत्रफल
(ग) चुंबकीय क्षेत्र
(घ) निलंबन का प्रति एकांक मरोड़ के लिए बल आघूर्ण

उत्तर के लिए कृपया पृष्ठ सं. 210 देखें।

827. एक चल कुंडली धारामापी को 0.03 ऐम्पियर तक पढ़ने वाले अमीटर में बदलने के लिए 4r प्रतिरोध का शंट लगाना पड़ता है जबकि उसे 0.06 ऐम्पियर तक पढ़ने वाले अमीटर में बदलने के लिए r प्रतिरोध का शंट लगाना पड़ता है। बिना शंट के इस धारामापी में अधिकतम धारा भेजी जा सकती है—

(क) 0.01A (ख) 0.02A

(ग) 0.03A (घ) 0.04A

828. यदि एक चलकुंडली धारामापी में धारा I द्वारा उत्पन्न विक्षेप θ हो तो—

(क) $I \propto \tan\theta$ (ख) $I \propto \theta$

(ग) $I \propto \theta^2$ (घ) $I \propto \theta^{-1}$

829. एक इलेक्ट्रॉन एक चुंबकीय क्षेत्र में प्रवेश करता है। यदि चुंबकीय क्षेत्र की दिशा इलेक्ट्रॉन के वेग के लंबवत् है तो—

(क) इलेक्ट्रॉन की चाल बढ़ेगी

(ख) इलेक्ट्रॉन की चाल घटेगी

(ग) इलेक्ट्रॉन की चाल वही रहेगी

(घ) इलेक्ट्रॉन का वेग वही रहेगा

830. स्पर्शज्या-धारामापी जब एक मानक प्रतिरोध के साथ श्रेणी क्रम में संबंधित कर दिया जाता है, तो इसे प्रयोग में लाया जा सकता है—

(क) अमीटर की तरह

(ख) वोल्टमीटर की तरह

(ग) वाट मीटर की तरह

(घ) अमीटर और वोल्टमीटर दोनों की तरह

831. उचित प्रकार के स्थापित स्पर्शज्या-धारामापी में प्रवाहित होनेवाली धारा का कोई मान 45° का विक्षेप उत्पन्न करता है। यदि धारा $\sqrt{3}$ के गुणांक से कम कर दी जाए तो विक्षेप—

(क) 30° घट जाएगा (ख) 15° से घट जाएगा

(ग) 15° से बढ़ जाएगा (घ) 30° से बढ़ जाएगा

832. निम्न में से किसके मापन हेतु-स्पर्शज्या-धारामापी का उपयोग किया जाता है—

(क) आवेश (ख) कोण

(ग) धारा (घ) चुंबकीय तीव्रता

उत्तर के लिए कृपया पृष्ठ सं. 210 देखें।

833. तीन लंबे, सीधे और समांतर तारों से चित्र में दर्शाए अनुसार धारा प्रवाहित होती है। तार Q के 10 सेमी. पर लगने वाला बल होगा—

(क) 1.4×10^{-4} N दाहिनी ओर

(ख) 1.4×10^{-4} N बाईं ओर

(ग) 2.6×10^{-4} N दाहिनी ओर

(घ) 2.6×10^{-4} N बाईं ओर

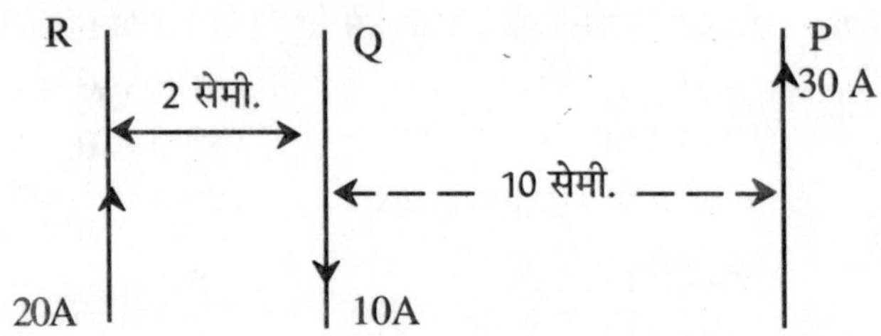

834. द्रव्यमान m तथा q आवेश का एक आवेशित कण B तीव्रता के एक समान चुंबकीय क्षेत्र में r त्रिज्या के वृत्ताकार पथ पर गतिमान है। वृत्ताकार पथ पर चक्कर लगाने की आवृत्ति होगी—

(क) $Bq/2\pi m$ (ख) $Bq/2\pi rm$

(ग) $2\pi m/Bq$ (घ) $Bm/2\pi q$

835. एक इलेक्ट्रॉन को 12000 वोल्ट के विभवांतर से त्वरित किया जाता है। जिसके पश्चात् यह 10^{-3} T के एक समान चुंबकीय क्षेत्र में प्रवेश करता है। चुंबकीय क्षेत्र की दिशा इलेक्ट्रॉन के पथ के लंबवत् है। इलेक्ट्रॉन के पथ की त्रिज्या होगी—

(क) 36.7 मीटर (ख) 36.7 सेमी.

(ग) 3.67 मीटर (घ) 3.67 सेमी.

836. चित्र में दर्शाए 100 फेरों की एक कुंडली में 2 ऐम्पियर की धारा प्रवाहित की जाती है। चुंबकीय क्षेत्र की तीव्रता B = 0.2 वेबर/मी.^{2} है। कुंडली पर लगने वाला बल आघूर्ण होगा—

(क) 0.32 Nm, भुजा AD को पृष्ठ के बाहर घुमाता हुआ

(ख) 0.32 Nm, भुजा AD को पृष्ठ के अंदर घुमाता हुआ

उत्तर के लिए कृपया पृष्ठ सं. 210 देखें।

(ग) 0.0032 Nm, भुजा AD को पृष्ठ के बाहर घुमाता हुआ

(घ) 0.0032 Nm, भुजा AD को पृष्ठ के अंदर की ओर घुमाता हुआ

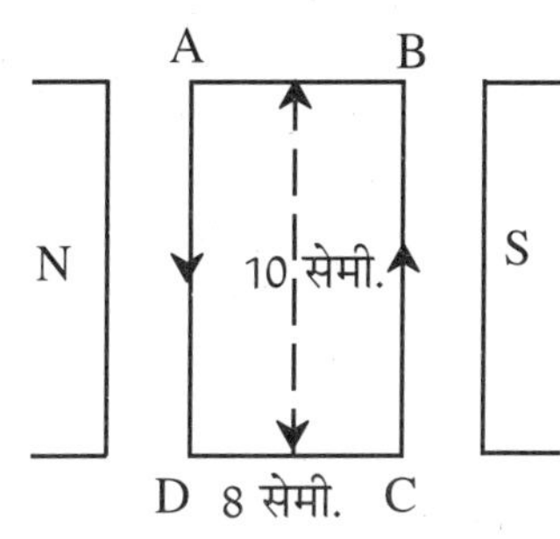

837. एक वृत्ताकार कुंडली में 50 फेरे हैं तथा इसका व्यास 10 सेमी. एवं प्रतिरोध 5 ओम है। कुंडली के छोरों के बीच कितना विभवांतर होना चाहिए जिससे कुंडली के केंद्र पर पृथ्वी के चुंबकीय क्षेत्र (H = 0.314 गाउस) को निरस्त किया जा सके तथा कुंडली को इस ध्येय की प्राप्ति के लिए किस प्रकार रखना होगा—

(क) 0.5 V जब कुंडली का तल चुंबकीय याम्योत्तर के लंबवत् हो

(ख) 0.5 V जब कुंडली का तल चुंबकीय याम्योत्तर के समांतर हो

(ग) 0.25 V जब कुंडली का तल चुंबकीय याम्योत्तर के लंबवत् हो

(घ) 0.25 V जब कुंडली का तल चुंबकीय याम्योत्तर के समांतर हो

838. 5 कूलॉम के एक आवेश को जब एक समान विद्युत्-क्षेत्र में रखते हैं तो उस पर 5000 N बल लगता है। दो बिंदु जो एक-दूसरे से 1 सेमी. दूरी पर हैं के बीच विभवांतर होगा—

(क) 10 V (ख) 250 V

(ग) 1000 V (घ) 2500 V

839. हाइड्रोजन परमाणु में एक इलेक्ट्रॉन 5.2×10^{-11} मीटर त्रिज्या की एक वृत्तीय कक्षा में घूमता है और नाभिक पर 12.56 T चुंबकीय प्रेरण उत्पन्न करता है। इलेक्ट्रॉन की गति के कारण उत्पन्न धारा का मान—

(क) 6.53×10^{-3} ऐम्पियर होगा

(ख) 13.25 ऐम्पियर होगा

(ग) 9.6×10^{-6} ऐम्पियर होगा

(घ) 1.04×10^{-3} ऐम्पियर होगा

उत्तर के लिए कृपया पृष्ठ सं. 210 देखें।

840. 1.5 मीटर लंबी तार में 5 ऐम्पियर की धारा प्रवाहित हो रही है। 2 टेसला के एक समान चुंबकीय क्षेत्र में रखने पर इस पर 7.5 N का बल लगता है। चुंबकीय क्षेत्र और धारा की दिशा के बीच कोण होगा—

(क) 30° (ख) 45°

(ग) 60° (घ) 90°

841. दो अनंत लंबाई के समांतर तार जिन पर रेखीय आवेश घनत्व क्रमशः λ_1 और λ_2 हैं, R मीटर की दूरी पर रखे हैं। उनमें से एक की एकांक लंबाई पर बल होगा ($K = 1/4\pi\varepsilon_0$)

(क) $K \dfrac{2\lambda_1 \lambda_2}{R^2}$ (ख) $K \dfrac{2\lambda_1 \lambda_2}{R}$

(ग) $K \dfrac{\lambda_1 \lambda_2}{R^2}$ (घ) $K \dfrac{\lambda_1 \lambda_2}{R}$

842. लंबे सीधे धारावाही तार के कारण किसी बिंदु पर चुंबकीय क्षेत्र—

(क) तार से दूरी के अनुक्रमानुपाती होता है

(ख) तार से दूरी के व्युत्क्रमानुपाती होता है

(ग) तार से दूरी के वर्ग के व्युत्क्रमानुपाती होता है

(घ) दूरी पर निर्भर नहीं करता

843. चित्र में दिखाए धारावाही तार के कारण बिंदु O पर चुंबकीय क्षेत्र की तीव्रता का मान होगा—

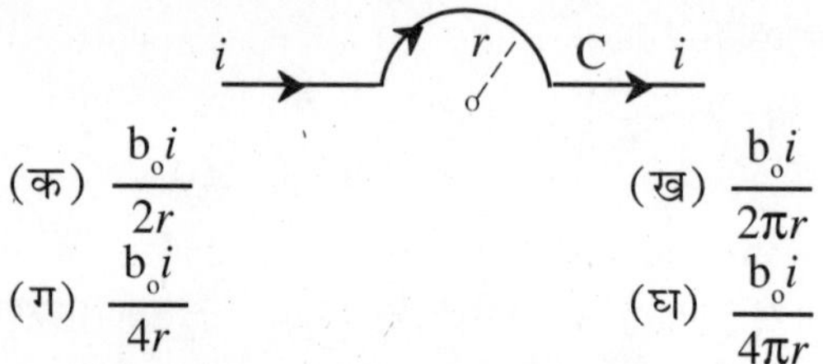

(क) $\dfrac{b_o i}{2r}$ (ख) $\dfrac{b_o i}{2\pi r}$

(ग) $\dfrac{b_o i}{4r}$ (घ) $\dfrac{b_o i}{4\pi r}$

844. L लंबाई, I धारा तथा N फेरों वाली परिनालिका के मध्य चुंबकीय क्षेत्र का व्यंजक होता है—

(क) $\dfrac{b_o N}{4\pi L} I$ (ख) $b_o NLI$

(ग) $\dfrac{b_o}{4\pi} NLI$ (घ) $b_o \dfrac{N}{L} I$

उत्तर के लिए कृपया पृष्ठ सं. 210 देखें।

845. यदि किसी कमानी (स्प्रिंग) में धारा प्रवाहित की जाए तो कमानी—
(क) संकुचित होती है
(ख) फैलती है
(ग) दोलन गति करती है
(घ) अपरिवर्तित रहती है

846. एक आवेशित कण V वेग से B चुंबकीय क्षेत्र में गतिमान है। कण पर लगने वाला बल अधिकतम होगा जब—
(क) V और B एक ही दिशा में हों
(ख) V और B एक-दूसरे के विपरीत दिशा में हों
(ग) V और B लंबवत् हों
(घ) V और B 45° के कोण पर हों

847. एक धारावाही लघु कुंडली लघु चुंबक की तरह व्यवहार करती है। यदि कुंडली का क्षेत्रफल A तथा चुंबकीय आघूर्ण का मान M हो तो कुंडली में धारा का मान होगा—
(क) M/A (ख) A/M
(ग) MA (घ) A^2M

848. आदर्श वोल्टमीटर का प्रतिरोध होता है—
(क) शून्य (ख) अति लघु
(ग) अति वृहद् (घ) अनंत

849. यदि G प्रतिरोध के धारामापी में मुख्य धारा की केवल 2% धारा प्रवाहित करनी हो तो पार्श्व प्रतिरोध का मान होगा—
(क) G/50 (ख) G/49
(ग) 50 G (घ) 49 G

850. R त्रिज्या की वृत्ताकार कुंडली में धारा प्रवाहित हो रही है और उसके केंद्र पर चुंबकीय क्षेत्र B_0 है। इस कुंडली के अक्ष पर इसके केंद्र से कितनी दूरी पर चुंबकीय क्षेत्र का मान $B_0/8$ होगा—
(क) $\sqrt{7}R$ (ख) $\sqrt{3}R$
(ग) 2 R (घ) 8 R

उत्तर के लिए कृपया पृष्ठ सं. 210 देखें।

851. दो समांतर पट्टिकाओं के बीच की दूरी 5 मिमी. है और इसके बीच 50 वोल्ट का विभावांतर है। 10^{-15} किग्रा. और 10^{-11} कूलॉम आवेश वाला एक कण 10^{-7} मी./से. के वेग से इसमें प्रवेश करता है। इस कण का त्वरण होगा—

(क) 10^8 मी./से.^{2} (ख) 5×10^5 मी./से.^{2}

(ग) 10^5 मी./से.^{2} (घ) 2×10^3 मी./से.^{2}

852. एक कण जिस पर 10^{-11} कूलॉम का आवेश है तथा जिसका द्रव्यमान 10^{-7} किग्रा है, Y–अक्ष की दिशा में 10^8 मी./से. के वेग से चल रहा है। X–अक्ष की दिशा में एक समान स्थिर चुंबकीय क्षेत्र $B = 0.5$ टेसला कार्यरत है। कण पर लगा बल होगा—

(क) 5×10^{-11} N, $\hat{i}$ की दिशा में

(ख) 5×10^{-3} N, $\hat{i}$ की दिशा में

(ग) 5×10^{-11} N, $\hat{j}$ की दिशा में

(घ) 5×10^{-4} N, $\hat{k}$ की दिशा में

853. समकोण ΔABC की आकृति के एक चालक में 10 A की धारा प्रवाहित हो रही है, जहाँ AB = 3 सेमी. तथा BC = 4 सेमी. कागज के तल की लंबवत् दिशा में 5 T का एक समान चुंबकीय क्षेत्र है। चालक पर लगने वाला बल होगा—

(क) 1.5 N (ख) 2.0 N

(ग) 2.5 N (घ) 3.5 N

854. आवेश q और द्रव्यमान m का एक कण X-अक्ष की दिशा में वेग v से चलता हुआ $x > 0$ के क्षेत्र में प्रवेश करता है, जहाँ एक समान चुंबकीय क्षेत्र $B\hat{k}$ दिशा में है। इस क्षेत्र में X दिशा में कण दूरी d तक जाएगा, जहाँ d का मान है—

(क) शून्य (ख) mv/qB

(ग) 2mv/qB (घ) अनंत

855. एक गैल्वेनोमीटर का प्रतिरोध 50 ओम है और इसके पूर्ण विक्षेप के लिए 100μA धारा की आवश्यकता होती है। 10 A तक के प्रेक्षण के लिए इसे अमीटर बनाने के लिए आवश्यक है कि इस पर निम्न प्रतिरोध लगाया जाए—

(क) $5\times10^{-3}\Omega$ का समांतर क्रम में

(ख) $5\times10^{-4}\Omega$ का समांतर क्रम में

उत्तर के लिए कृपया पृष्ठ सं. 210 देखें।

(ग) $10^5\Omega$ का श्रेणी क्रम में

(घ) 99, 950Ω का श्रेणी क्रम में

856. एक गैल्वेनोमीटर की कुंडली के 100 फेरे हैं और इसका प्रभावी क्षेत्रफल 1 वर्ग सेमी. है। प्रत्यानयन बल युग्म का मान 10^{-8} N*m*/ रेडियन है। चुंबक के ध्रुवों के बीच में चुंबकीय क्षेत्र का मान 5 टेसला है। इस गैल्वेनोमीटर की धारा सुग्राहिता का मान होगा—

(क) 5×10^4 रेडियन/μA
(ख) 5×10^{-6} प्रति ऐम्पियर
(ग) 5×10^{-7} प्रति ऐम्पियर
(घ) 5 रेडियन /μA

857. 20 सेमी. × 20 सेमी. वर्गाकार कुंडली में 100 फेरे हैं। इसमें 1 A की धारा प्रवाहित हो रही है। इसे एक समान चुंबकीय क्षेत्र B = 0.5 T में रखा गया है तथा चुंबकीय क्षेत्र की दिशा कुंडली के तल में है। इस कुंडली को इसी स्थिति में रखने के लिए निम्न मान के बल आघूर्ण की आवश्यकता होगी—

(क) शून्य
(ख) 200 N*m*
(ग) 2 N*m*
(घ) 10 N*m*

858. एक लंबे सीधे तार में धारा प्रवाहित हो रही है। इससे 20 सेमी. की दूरी पर चुंबकीय क्षेत्र 0.04 टेसला है। 40 सेमी. की दूरी पर चुंबकीय क्षेत्र का मान होगा—

(क) 0.01 T
(ख) 0.02 T
(ग) 0.08 T
(घ) 0.16 T

859. एक समान तार को मोड़कर R त्रिज्या का वृत्त बनाया गया है। धारा I बिंदु A पर प्रवेश करती है और बिंदु C से निकल जाती है जैसाकि आकृति में दिखाया गया है। यदि लंबाई ABC लंबाई ADC की आधी है तो केंद्र O पर चुंबकीय क्षेत्र का मान होगा—

(क) शून्य

(ख) $\frac{\mu_0 I}{2R}$

(ग) $\frac{\mu_0 I}{4R}$

(घ) $\frac{\mu_0 I}{6R}$

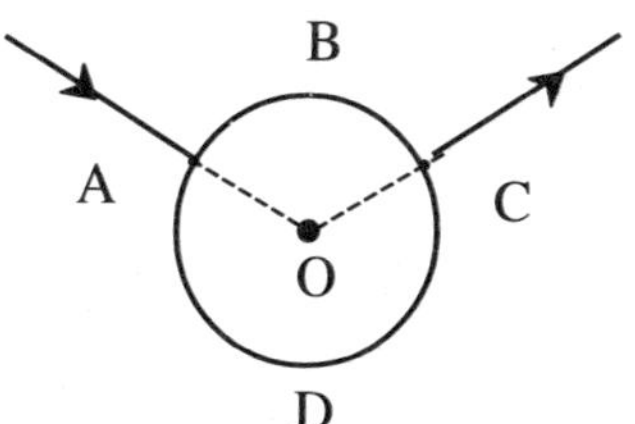

उत्तर के लिए कृपया पृष्ठ सं. 210 देखें।

860. यदि $\sqrt{3}$ ऐम्पियर की धारा भेजने से स्पर्शज्या-धारामापी में 30° का विक्षेप होता है तो 3 ऐम्पियर की धारा से विक्षेप उत्पन्न होगा—

(क) 30° (ख) 45°

(ग) 60° (घ) 75°

☐

उत्तर के लिए कृपया पृष्ठ सं. 210 देखें।

15

विद्युत् धारा के रासायनिक एवं ऊष्मीय प्रभाव
(CHEMICAL & THERMAL EFFECTS OF ELECTRIC CURRENT)

861. विद्युत् शक्ति का मात्रक है—

(क) वोल्ट (ख) वाट

(ग) ऐम्पियर (घ) कूलॉम

862. किलोवाट-घंटा मात्रक है—

(क) विभवांतर का (ख) ऊर्जा का

(ग) शक्ति का (घ) आवेश का

863. फ्यूज तार के लिए कौन सा कथन सत्य है—

(क) प्रतिरोध अधिक तथा गलनांक अधिक होता है

(ख) प्रतिरोध कम तथा गलनांक कम होता है

(ग) प्रतिरोध अधिक तथा गलनांक कम होता है

(घ) प्रतिरोध कम तथा गलनांक अधिक होता है

864. एक फ्यूज तार के लिए महत्वहीन है—

(क) इसका विशिष्ट प्रतिरोध (ख) इसकी लंबाई

(ग) इसकी त्रिज्या (घ) इसमें बहने वाली धारा

865. एक ही वोल्टेज के 200 वाट और 100 वाट वाले बल्बों के प्रतिरोध क्रमश: R_1 और R_2 है तो—

(क) $R_1=2R_2$ (ख) $R_2=2R_1$

(ग) $R_2=4R_1$ (घ) $R_1=4R_2$

उत्तर के लिए कृपया पृष्ठ सं. 210 व 211 देखें।

866. विद्युत् अपघट्य के अंदर विद्युत् धारा प्रवाहित होती है—
(क) इलेक्ट्रॉन द्वारा (ख) परमाणु द्वारा
(ग) धन और ऋण आयनों द्वारा (घ) उपर्युक्त सभी के द्वारा

867. विद्युत् अपघटन संभव है—
(क) तेल में (ख) आसवित जल में
(ग) कॉपर सल्फेट ($CuSO_4$) के घोल में (घ) पारे में

868. 4.2 ओम के प्रतिरोध तार में 2 ऐम्पियर की धारा 5 मिनट तक प्रवाहित करने पर उत्पन्न ऊष्मा होगी—
(क) 12 कैलोरी (ख) 1200 कैलोरी
(ग) 20 कैलोरी (घ) 120 कैलोरी

869. R प्रतिरोध के तार में t समय के लिए i ऐम्पियर धारा प्रवाहित करने पर उत्पन्न ऊष्मा होगी—
(क) $\frac{i2Rt}{4.2}$ कैलोरी (ख) $\frac{i2t}{4.2R}$ कैलोरी
(ग) $\frac{i^2R}{4.2t}$ कैलोरी (घ) $\frac{2t}{4.2i^2}$ कैलोरी

870. एक R प्रतिरोध वाले तार में अपरिवर्ती विभवांतर पर बहती धारा से उत्पन्न ऊष्मा का मान निम्न के अनुक्रमानुपाती होता है—
(क) $\frac{1}{R^2}$ (ख) $\frac{1}{R}$
(ग) R (घ) R^2

871. जल वोल्टामीटर में इलेक्ट्रोडों पर मुक्त हाइड्रोजन और ऑक्सीजन में अनुपात होता है—
(क) आयतन की दृष्टि से 2:1 (ख) आयतन की दृष्टि से 1:1
(ग) भार की दृष्टि से 2:1 (घ) भार की दृष्टि से 1:1

872. निम्न युक्तियों में से किससे विद्युत् उत्पन्न होता है—
(क) प्रतिरोधक (ख) ताप-युग्म
(ग) प्रकाश बल्ब (घ) निऑन ट्यूब

873. निम्न में से कौन सा विद्युत्-अपघट्य नहीं है—
(क) साधारण नमक (ख) कॉपर सल्फेट
(ग) सिल्वर नाइट्रेट (घ) पारा

उत्तर के लिए कृपया पृष्ठ सं. 211 देखें।

874. किसी ताप युग्म का व्युत्क्रमण-ताप (Temperature of Inversion) वह ताप है जिस पर उत्पन्न विभवांतर बल—

(क) शून्य होता है (ख) अधिकतम होता है

(ग) न्यूनतम होता है (घ) उपर्युक्त में से कोई नहीं

875. किसी ताप-वैद्युत् युग्म (Thermo-couple) के लिए जिस ताप पर विभवांतर बल का मान अधिकतम होता है उस ताप को कहते हैं—

(क) उत्क्रमण ताप (ख) परम ताप

(ग) उदासीन ताप (घ) अधिकतम ताप

876. ऐंटीमनी और बिस्मथ के तापीय युग्म के एक जोड़ को हिममिश्रण में और दूसरे जोड़ को लगातार गरम होने वाले द्रव के बीकर में रखा गया। तापांतर के कारण तापीय युग्म में विद्युत् धारा प्रवाहित होने लगती है। 270°C पर विभवांतर बल सबसे अधिक और 540°C पर विभवांतर बल का मान शून्य हो जाता है तो इस युग्म के लिए उदासीन ताप का मान होता है—

(क) 90°C (ख) 180°C

(ग) 270°C (घ) 540°C

877. ताँबे-लोहे के ताप-वैद्युत् युग्म की एक संधि का ताप 0°C रखकर दूसरी संधि का ताप क्रमशः बढ़ाया जाता है जिससे युग्म में धारा प्रवाहित होने लगती है। यदि उत्पन्न विभवांतर बल का मान 270°C पर महत्तम और 540°C पर शून्य हो, तो व्युत्क्रम ताप का मान होगा—

(क) 0°C (ख) 270°C

(ग) 540°C (घ) 810°C

878. ऐंटीमनी और बिस्मथ के एक ताप-वैद्युत युग्म में जब विद्युत् धारा प्रवाहित की जाती है तब—

(क) Bi से Sb की ओर धारा की दिशा में स्थित जोड़ गरम हो जाता है

(ख) Sb से Bi की ओर धारा की दिशा में स्थित जोड़ गरम हो जाता है

(ग) युग्म के दोनों जोड़ गरम हो जाते हैं

(घ) युग्म का मध्य भाग गरम हो जाता है

उत्तर के लिए कृपया पृष्ठ सं. 211 देखें।

879. यदि किसी ताप–वैद्युत युग्म में एक अतिरिक्त धातु संधि–स्थलों पर जोड़ दी जाए तथा जोड़ी गई धातु के सिरे संधि–स्थल के ताप पर हों, तो ताप विभवांतर बल—

(क) बढ़ जाएगा (ख) अपरिवर्तित रहेगा

(ग) शून्य हो जाएगा (घ) घट जाएगा

880. ताँबे और लोहे के ताप–वैद्युत युग्म में एक जोड़ गरम एवं दूसरा जोड़ ठंडा है, तो धारा की दिशा होगी—

(क) गरम जोड़ पर ताँबे से लोहे की ओर

(ख) गरम जोड़ पर लोहे से ताँबे की ओर

(ग) दोनों जोड़ों पर ताँबे से लोहे की ओर

(घ) दोनों जोड़ों पर लोहे से ताँबे की ओर

881. 100 वाट के विद्युत् बल्ब को 220 वोल्ट के बिजली स्रोत से जोड़ा गया है। बल्ब के तंतु का प्रतिरोध है—

(क) 484 ओम (ख) 100 ओम

(ग) 22000 ओम (घ) 242 ओम

882. दो विद्युत् बल्ब 40 वाट और 100 वाट के हैं। इनमें से कौन सा बल्ब ज्यादा चमकीला होगा जब पहले श्रेणी क्रम में, फिर समांतर क्रम में जोड़ा जाए—

(क) श्रेणी क्रम में 40 वाट और समांतर क्रम में 100 वाट

(ख) श्रेणी क्रम में 100 वाट और समांतर क्रम में 40 वाट

(ग) दोनों श्रेणी व समांतर क्रम में समान रूप से 40 वाट का

(घ) दोनों समांतर व श्रेणी क्रम में समान रूप से 100 वाट का

883. धातु के एक समान तार के सिरों के बीच एक नियत वोल्टेज लगाया जाता है। इसमें कुछ ऊष्मा उत्पन्न होती है। उत्पन्न ऊष्मा दुगुनी होगी यदि—

(क) तार की लंबाई व त्रिज्या दोनों आधी कर दी जाए

(ख) दोनों दो गुनी कर दी जाए

(ग) केवल त्रिज्या दुगुनी कर दी जाए

(घ) केवल लंबाई दो गुनी कर दी जाए

उत्तर के लिए कृपया पृष्ठ सं. 211 देखें।

884. दो बल्बों पर क्रमशः 25W–220V तथा 100W–220V लिखा है, उन्हें 440 वोल्ट की सप्लाई में श्रेणी क्रम में जोड़ा गया है। कौन सा बल्ब फ्यूज होगा—

(क) 100 वाट का (ख) 25 वाट का

(ग) इनमें से कोई नहीं (घ) दोनों ही

885. 60 वाट और 100 वाट वाले बल्बों के तंतु एक ही लंबाई के हैं तो—

(क) 100 वाट वाले बल्ब का तंतु मोटा है

(ख) 60 वाट वाले बल्ब का तंतु मोटा है

(ग) दोनों समान मोटाई के हैं

(घ) दोनों की लंबाई बराबर नहीं हो सकती

886. 100 वाट और 200 वाट के बल्बों को, जो 220 वोल्ट सप्लाई पर जलाए जाते हैं, श्रेणी क्रम में जोड़ा गया है। उनमें व्यय शक्ति होगी—

(क) 33 वाट (ख) 66 वाट

(ग) 100 वाट (घ) 300 वाट

887. दो विद्युत् बल्बों जिनके प्रतिरोधों का अनुपात 1:2 है, समांतर क्रम में एक नियत वोल्टेज के साथ जोड़े गए हैं। उनमें व्यय हुई शक्ति का अनुपात होगा—

(क) 1:2 (ख) 1:1

(ग) 2:1 (घ) 1:4

888. ताँबे के दो तार, जिनकी लंबाइयाँ समान एवं व्यासों का अनुपात 1:2 है श्रेणी क्रम में जोड़े गए हैं, उनमें स्थायी धारा प्रवाहित करने पर उत्पन्न ऊष्माओं का अनुपात होगा—

(क) 1:2 (ख) 1:3

(ग) 4:1 (घ) 1:5

889. दो विद्युत् बल्बों पर 100W–200V तथा 200W–200V लिखा है। उनके प्रतिरोधों का अनुपात होगा—

(क) 1:2 (ख) 2:1

(ग) 1:4 (घ) 4:1

उत्तर के लिए कृपया पृष्ठ सं. 211 देखें।

890. एक विद्युत् आयरन 10 ऐम्पियर, विद्युत् टोस्टर 5 ऐम्पियर और विद्युत् रेफ्रिजरेटर 3 ऐम्पियर धारा लेता है। तीनों उपकरण समांतर क्रम में जुड़े हैं। सप्लाई वोल्टेज 120 वोल्ट है। यदि सभी एक साथ कार्यरत हैं, प्रयुक्त फ्यूज को होना चाहिए—

(क) 18 ऐम्पियर फ्यूज (ख) 5 ऐम्पियर फ्यूज

(ग) 15 ऐम्पियर फ्यूज (घ) 20 ऐम्पियर फ्यूज

891. संलग्न परिपथ में 5 ओम के प्रतिरोध में उत्पन्न ऊष्मा का मान 10 कैलोरी/सेकेंड है। 4 ओम के प्रतिरोध में उत्पन्न ऊष्मा का मान होगा—

(क) 10 कैलोरी/सेकेंड

(ख) 2 कैलोरी/सेकेंड

(ग) 5 कैलोरी/सेकेंड

(घ) 6 कैलोरी/सेकेंड

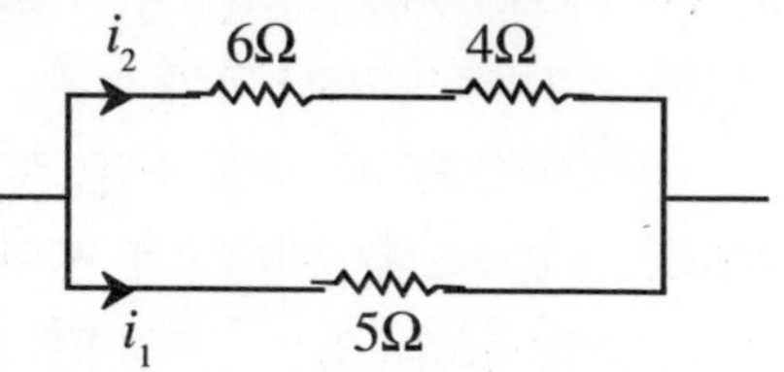

892. 220 वोल्ट पर चलने वाला हीटर 5 मीटर^3 पानी को 5 मिनट में उबल देता है। यदि हीटर को 110 वोल्ट पर चलाया जाए तो उतने ही पानी को उबालने में समय लगेगा—

(क) 10 मिनट (ख) 15 मिनट

(ग) 20 मिनट (घ) 25 मिनट

893. 50-50 वाट के दस बल्बों को प्रतिदिन 10 घंटे जलाया जाता है। इससे एक मास में व्यय हुई ऊर्जा का मान किलोवाट-घंटा में होगा—

(क) 1500 (ख) 15000

(ग) 15 (घ) 150

894. फैराडे के विद्युत्-अपघटन (Electrolysis) के नियमानुसार पदार्थ की विघटन मात्रा निम्न के अनुक्रमानुपाती होती है—

(क) $\frac{1}{\text{धारा प्रवाहित समय}}$

(ख) पदार्थ के विद्युत् रासायनिक तुल्यांक

(ग) $\frac{1}{\text{धारा}}$

(घ) $\frac{1}{\text{पदार्थ के विद्युत् रासायनिक तुल्यांक}}$

उत्तर के लिए कृपया पृष्ठ सं. 211 देखें।

895. यदि $CuSo_4$ के विलयन में 0.1 ऐम्पियर धारा 10^{-6} सेकेंड तक प्रवाहित होती है तो एकत्रित कॉपर आयनों की संख्या होगी—

(क) 6×10^{11} (ख) 3×10^{11}

(ग) 1.5×10^{10} (घ) 0.7×10^{10}

896. ताम्र वोल्टामीटर और रजत वोल्टामीटर समांतर क्रम में जोड़े गए हैं। 1000 कूलॉम आवेश कॉपर और चाँदी की समान मात्रा मुक्त करता है। कॉपर और चाँदी के विद्युत् रासायनिक तुल्यांक क्रमशः 3.36×10^{-7} और 1.008×10^{-6} किग्रा./कूलॉम हैं। ताम्र वोल्टामीटर में बहने वाला आवेश है—

(क) 500 कूलॉम (ख) 550 कूलॉम

(ग) 700 कूलॉम (घ) 750 कूलॉम

897. एक फैराडे आवेश से स्थानांतरित होने वाले एक संयोजी आयनों की संख्या है—

(क) 3.3×10^{26} (ख) 6.0×10^{26}

(ग) 6.6×10^{26} (घ) 3×10^{26}

898. एवोगैड्रो संख्या का मान 6.6×10^{26} परमाणु/किग्रा. परमाणु भार है और फैराडे संख्या 9.65×10^{7} कूलॉम/किग्रा. तुल्यांक भार है। रजत वोल्टामीटर में $Ag+$ आयन पर आवेश होगा—

(क) 16×10^{-19} कूलॉम (ख) 1.6×10^{-19} कूलॉम

(ग) 0.16×10^{-19} कूलॉम (घ) 0.06×10^{-19} कूलॉम

899. श्रेणी में जुड़े हुए ताम्र वोल्टामीटर और रजत वोल्टामीटर में 1 ऐम्पियर की धारा प्रवाहित की जाती है। दोनों वोल्टामीटरों में कैथेडों के द्रव्यमानों में वृद्धि की दर होगी—

(क) Cu और Ag के घनत्वों के अनुपात में

(ख) Cu और Ag के परमाणु भारों के अनुपात में

(ग) Cu के परमाणु भार के आधे और Ag के परमाणु भार के अनुपात में

(घ) Cu के परमाणु भार के आधे और Ag के परमाणु भार के आधे के अनुपात में

900. विद्युत् अपघटन द्वारा किसी पदार्थ के 1 ग्राम तुल्यांकी भार (Equivalent Weight) को निक्षेपित करने के लिए आवश्यक आवेश की मात्रा कूलॉम में होगी—

(क) 96500 (ख) 6×10^{24}

(ग) 48×10^{-10} (घ) 9600

उत्तर के लिए कृपया पृष्ठ सं. 211 देखें।

901. एक सेल 10 कूलॉम आवेश को बंद विद्युत् परिपथ में 1 चक्कर ले जाने में 5 जूल कार्य करता है। उसका विभवांतर बल होगा—

(क) 2 वोल्ट (ख) ½ वोल्ट

(ग) 4 वोल्ट (घ) ¼ वोल्ट

902. विभवांतर बल E और आंतरिक प्रतिरोध r के सेलों द्वारा बाह्य परिपथ R में अधिकतम शक्ति व्यय $E^2/4r$ होती है जो निम्न के लिए प्राप्त किया जाता है—

(क) $R < r$

(ख) $R > r$

(ग) $R = r$

(घ) r के किसी भी मान के लिए

903. किसी ताप-वैद्युत् युग्म के लिए उदासीन ताप 270°C तथा ठंडे संधि-स्थल का ताप 20°C है, तो व्युक्रमण ताप का मान होगा—

(क) 540°C (ख) 520°C

(ग) 560°C (घ) 500°C

904. ताप-वैद्युत् युग्म का उदासीन ताप 270°C है। ठंडी संधि का ताप 20°C है। गरम संधि का ताप होगा यदि धारामापी का विक्षेप शून्य है—

(क) 210°C (ख) 540°C

(ग) 520°C (घ) 209°C

905. सीबेक श्रेणी में Sb, Si के पहले आती है। तो Sb-Bi ताप-वैद्युत् युग्म में प्रवाह की दिशा बताइए—

(क) गरम जंक्शन पर Sb से Bi की ओर

(ख) ठंडे जंक्शन पर Sb से Bi की ओर

(ग) ठंडे जंक्शन पर Bi से Sb की ओर

(घ) उपर्युक्त में से कोई नहीं

906. निम्नलिखित प्राक्कथनों में से कौन सा सत्य है—

(क) पेल्टियर और जूल प्रभाव दोनों उत्क्रमणीय हैं

(ख) पेल्टियर और जूल प्रभाव दोनों अनुक्रमणीय हैं

(ग) जूल प्रभाव उत्क्रमणीय और पेल्टियर प्रभाव अनुत्क्रमणीय हैं

(घ) जूल प्रभाव अनुत्क्रमणीय और पेल्टियर प्रभाव अनुत्क्रमणीय हैं

उत्तर के लिए कृपया पृष्ठ सं. 211 देखें।

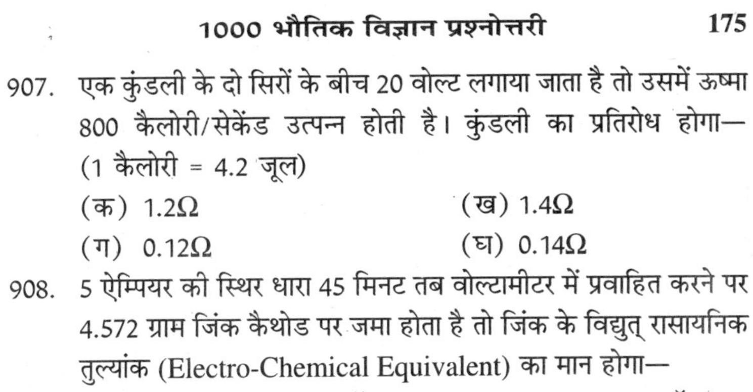

907. एक कुंडली के दो सिरों के बीच 20 वोल्ट लगाया जाता है तो उसमें ऊष्मा 800 कैलोरी/सेकेंड उत्पन्न होती है। कुंडली का प्रतिरोध होगा—
(1 कैलोरी = 4.2 जूल)
(क) 1.2Ω (ख) 1.4Ω
(ग) 0.12Ω (घ) 0.14Ω

908. 5 ऐम्पियर की स्थिर धारा 45 मिनट तब वोल्टामीटर में प्रवाहित करने पर 4.572 ग्राम जिंक कैथोड पर जमा होता है तो जिंक के विद्युत् रासायनिक तुल्यांक (Electro-Chemical Equivalent) का मान होगा—
(क) 3.387×10^{-4} ग्राम/कूलॉम (ख) 3.387×10^{-4} कूलॉम/ग्राम
(ग) 3.394×10^{-3} ग्राम/कूलॉम (घ) 3.394×10^{-3} कूलॉम/ग्राम

909. एक ताप-वैद्युत् युग्म ताँबे और लोहे का बनाया जाता है। गरम संधि पर धारा का प्रवाह—
(क) ताँबे से लोहे की ओर होगा (ख) लोहे से ताँबे की ओर होगा
(ग) घट जाएगा (घ) बढ़ जाएगा

910. निम्नलिखित में से कौन सा कथन असत्य है—
(क) विद्युत् अपघट्यों की प्रतिरोधकता ताप बढ़ाने पर कम होती है
(ख) पारे का प्रतिरोध ताप घटाने पर घटता है
(ग) श्रेणी में 40 वाट और 60 वाट वाले बल्बों को जोड़ने पर 40 वाट का बल्ब अधिक चमकेगा
(घ) 40 वाट बल्ब का प्रतिरोध कम और 60 वाट बल्ब का प्रतिरोध अधिक होता है

911. फैराडे नियतांक F, इलेक्ट्रॉन आवेश e और अवोगैड्रो संख्या N में संबंध है—
(क) $F = \frac{N}{e}$ (ख) $F = Ne$
(ग) $N = Fe^2$ (घ) $F = N^2e$

912. 500 वाट और 200 वाट के दो बल्ब 220 वोल्ट विभवांतर पर प्रयोग करने के लिए बनाए गए हैं। यदि बल्बों को पहले समांतर क्रम में और दूसरी बार श्रेणी क्रम में जोड़ा जाए तो दोनों दशाओं में 500 वाट एवं 200 वाट बल्बों द्वारा उत्पन्न ऊष्माओं का अनुपात होगा—
(क) $\frac{5}{2}, \frac{2}{5}$ (ख) $\frac{5}{2}\ \frac{5}{2}$
(ग) $\frac{2}{5}\ \frac{5}{2}$ (घ) $\frac{2}{5}\ \frac{2}{5}$

उत्तर के लिए कृपया पृष्ठ सं. 211 व 212 देखें।

913. दिए हुए चित्र में धारा बहने से यदि 6 ओम प्रतिरोध से उत्पन्न ऊष्मा का मान 6 कैलोरी प्रति सेकेंड हो तो 3 ओम प्रतिरोध से प्रति सेकेंड निकलने वाली ऊष्मा होगी—

(क) 30 कैलोरी

(ख) 60 कैलोरी

(ग) 100 कैलोरी

(घ) 120 कैलोरी

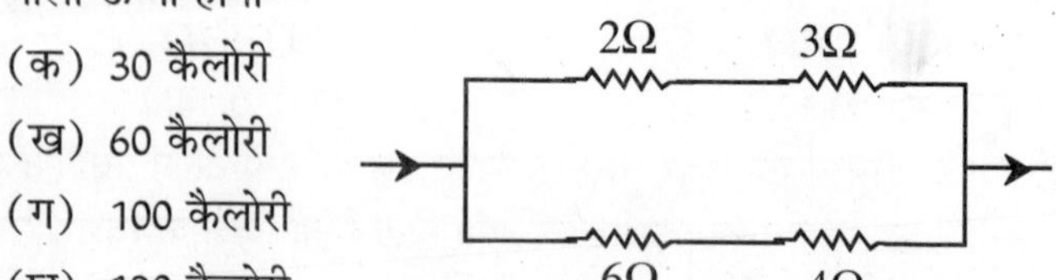

914. फैराडे नियतांक का मान होता है—

(क) 9.65×10^4 कूलॉम (ख) 9.65×10^4 जूल

(ग) 6.03×10^{27} जूल (घ) 1.6×10^{-19} कूलॉम

915. एक विद्युत् केतली में पानी धारा प्रवाहित होने के 15 मिनट पश्चात् पानी उबल जाता है। यदि तापक तार की लंबाई घटाकर मूल लंबाई की 2/3 कर दी जाए तो उसी विद्युत् वोल्टता पर पानी की उतनी ही मात्रा उबलने में लगा समय होगा—

(क) 15 मिनट (ख) 12 मिनट

(ग) 10 मिनट (घ) 8 मिनट

916. किसी ताप-वैद्युत् युग्म की एक संधि निश्चित ताप T_r पर तथा दूसरी संधि T ताप पर है। इसके लिए ताप विभवांतर बल को : $E = \frac{k}{2}(T - T_r)[T_O - \frac{1}{2}(T+T_r)]$ द्वारा प्रदर्शित किया जाता है। ताप $T = \frac{1}{2}To$ पर ताप-वैद्युत् शक्ति का मान होगा—

(क) $\frac{1}{2}kT_O$ (ख) kT_O

(ग) $\frac{1}{2}kT_O^2$ (घ) $\frac{1}{2}k(T_O - T_r)^2$

917. ताँबे के वोल्टामीटर में 1.6 ऐम्पियर की धारा प्रवाहित हो रही है। कैथोड पर प्रति मिनट एकत्र होने वाले Cu^{++} आयनों की संख्या होगी—

(क) 3.0×10^{20} (ख) 1.5×10^{20}

(ग) 1.6×10^{19} (घ) 3.2×10^{19}

($e = 1.6\times10^{-19}$ कूलॉम)

उत्तर के लिए कृपया पृष्ठ सं. 212 देखें।

918. एक 220 वोल्ट – 100 वाट का बल्ब 110 वोल्ट की विद्युत् आपूर्ति से जुड़ा है। व्यय होने वाली शक्ति होगी—

(क) 100 वाट (ख) 50 वाट

(ग) 25 वाट (घ) 2 वाट

919. समान वोल्टता के दो बल्बों के प्रतिरोधों का अनुपात 1:2 है। उन्हें समांतर क्रम में जोड़ने पर शक्ति के व्यय का अनुपात होगा—

(क) 1:2 (ख) 1:1

(ग) 1:4 (घ) 2:1

920. किसी ताप–वैद्युत् युग्म की ठंडी संधि 10°C ताप पर है। गरम संधि को 530°C पर रखने से कोई भी ताप विभवांतर बल उत्पन्न नहीं होता है। उदासीन ताप है—

(क) 260°C (ख) 270°C

(ग) 265°C (घ) 520°C

921. 40, 60 और 100 वाट के तीन प्रकाश बल्ब श्रेणी संबंध में 220V के स्रोत में जोड़े गए हैं। तीनों में से किस बल्ब की दीप्ति अधिक होगी—

(क) 40 W

(ख) 60 W

(ग) 100 W

(घ) तीनों की दीप्ति समान होगी

922. मैग्नीशियम का विद्युत् रासायनिक तुल्यांक 0.126 mg/C है। किसी उचित घोल में 5 ऐम्पियर की धारा 1 घंटे तक प्रवाहित करते हैं। निक्षेपित मैग्नीशियम का द्रव्यमान होगा—

(क) 0.0378 ग्राम (ख) 0.227 ग्राम

(ग) 0.378 ग्राम (घ) 2.27 ग्राम

923. P और Q तारों का सामान्य (कक्ष) ताप पर समान प्रतिरोध है। गरम करने पर P का प्रतिरोध बढ़ता है और Q का घटता है। इससे हम निष्कर्ष निकालते हैं कि—

(क) P और Q विभिन्न पदार्थों के चालक हैं

(ख) P, N–प्रारूपी अर्धचालक और Q, P –प्रारूपी अर्धचालक है

(ग) P अर्धचालक है और Q चालक है

(घ) P चालक है और Q अर्धचालक

उत्तर के लिए कृपया पृष्ठ सं. 212 देखें।

924. एक 60 वाट वाले बल्ब में 0.5 ऐम्पियर की धारा बह रही है। बल्ब में एक घंटे में जाने वाले कुल आवेश का मान होगा—

(क) 3600 कूलॉम (ख) 3000 कूलॉम
(ग) 2400 कूलॉम (घ) 1800 कूलॉम

925. 6 ओम प्रतिरोध वाला एक विद्युत् तापक 120 वोल्ट के लाइन पर 10 मिनट तक चलाया जाता है। इस समय में उत्पन्न ऊर्जा का मान होगा—

(क) 7.2×10^3 जूल (ख) 14.4×10^5 जूल
(ग) 43.2×10^4 जूल (घ) 28.8×10^4 जूल

926. एक धातु के तार के दो सिरों के बीच एक नियत वोल्टता लगाई जाती है। यदि तार की लंबाई व त्रिज्या दोनों दुगुनी कर दी जाए तो तार में उत्पन्न ऊष्मा की दर का मान—

(क) दो गुना हो जाएगा (ख) आधा रह जाएगा
(ग) वही रहेगा (घ) चार गुना हो जाएगा

927. पूर्णरूप से समान दो तापक तारों को पहले श्रेणी क्रम में तथा बाद में समांतर क्रम में जोड़ा जाता है। यदि इन दो परिस्थितियों में उत्पन्न ऊष्मा की दर के मान क्रमशः H_1 और H_2 हों तो H_1/H_2 का मान होगा—

(क) 2 (ख) 1/2
(ग) 4 (घ) 1/4

928. दो विद्युत् अपघटनी सेल जिनमें $CuSO_4$ तथा $AgNO_3$ अंतर्विष्ठित हैं श्रेणी क्रम में जोड़े जाते हैं और उनमें विद्युत् धारा पहले सेल में 1 मिलीग्राम ताँबे का निक्षेपण होने तक बहाई जाती है। इस अवधि में दूसरे सेल में विक्षेपित चाँदी की मात्रा लगभग होगी (ताँबे और चाँदी के परमाणु भार क्रमशः 63.57 और 107.88 हैं)—

(क) 1.7 मिलीग्राम (ख) 3.4 मिलीग्राम
(ग) 5.1 मिलीग्राम (घ) 6.8 मिलीग्राम

929. यदि एक सेल से दो स्वतंत्र प्रतिरोध R_1 और R_2 को एक के बाद एक अलग-अलग इस सेल से जोड़ने पर बराबर समय में बराबर ऊष्मा उत्पन्न होती है तो सेल का आंतरिक प्रतिरोध होगा—

(क) $\frac{R_1 + R_2}{2}$ (ख) $\frac{R_1 - R_2}{2}$
(ग) $\sqrt{\frac{R_1 R_2}{2}}$ (घ) $\sqrt{R_1 - R_2}$

उत्तर के लिए कृपया पृष्ठ सं. 212 देखें।

930. दो धातुओं की संधि के लिए पेल्टियर गुणांक अनुक्रमानुपाती होता है—
(क) संधि के परम ताप के
(ख) संधि के परम ताप के वर्ग के
(ग) 1/संधि के परम ताप के
(घ) 1/संधि के परम ताप के वर्ग के

931. 2.2 किलोवाट शक्ति को 10 ओम की लाइन से 22000 वोल्ट पर भेजने में ऊष्मा के रूप में शक्ति की क्षति होगी—
(क) 0.1 वाट (ख) 1 वाट
(ग) 10 वाट (घ) 100 वाट

932. किसी चम्मच पर विद्युत् लेपन (Electropluting) के लिए उसे वोल्टामीटर में रखते हैं—
(क) एनोड के स्थान पर (ख) कैथोड के स्थान पर
(ग) एनोड व कैथोड के ठीक मध्य में
(घ) अपघटनी घोल में भी किसी स्थान पर

933. किसी तत्त्व के रासायनिक ग्राम तुल्यांक के बराबर पदार्थ निक्षेपित करने के लिए विद्युत की आवश्यकता होती है—
(क) 1 ऐम्पियर की (ख) 96500 ऐम्पियर की
(ग) 96500 कूलॉम की (घ) 96500 फैराडे की

934. दो भिन्न धातुओं की संधि से धारा गुजारने पर संधि के गरम या ठंडे होने की क्रिया को कहते हैं—
(क) सीबेक प्रभाव (ख) जूल प्रभाव
(ग) पेल्टियर प्रभाव (घ) टॉमसन प्रभाव

935. 220V, 100W अंकित किसी विद्युत् बल्ब का प्रतिरोध है—
(क) 2.2Ω (ख) $\frac{5}{11}\Omega$
(ग) $\frac{500}{11}\Omega$ (घ) 482Ω

936. एक बरतन में पानी को 20°C से 60°C तक एक तापक कुंडली द्वारा गरम करने में 30 मिनट लगते हैं। ऐसे ही दो तापक कुंडलियों को श्रेणी क्रम में रखकर उतने ही पानी को उतने ही ताप तक गरम किया जाता है। कुंडलियों की ऊष्मा धारिता नगण्य मानते हुए अब इसके लिए समय होगा—
(क) 60 मिनट (ख) 30 मिनट
(ग) 15 मिनट (घ) 7.5 मिनट

उत्तर के लिए कृपया पृष्ठ सं. 212 देखें।

937. अनेक वोल्टामीटरों में धारा I को समय t के लिए प्रवाहित किया जाता है। यदि इलेक्ट्रोड पर निक्षेपित पदार्थ का द्रव्यमान m और इसका विद्युत् रासायनिक तुल्यांक Z हो तो—

(क) $\frac{ZIt}{m}$ = स्थिरांक (ख) $\frac{Z}{m/t}$ = स्थिरांक

(ग) $\frac{1}{Zmt}$ = स्थिरांक (घ) $\frac{It}{Zm}$ = स्थिरांक

☐

उत्तर के लिए कृपया पृष्ठ सं. 212 देखें।

16

ठोस तथा अर्धचालक युक्तियाँ

(SOLID & SEMI-CONDUCTOR DEVICES)

938. जर्मेनियम क्रिस्टल में अबंध होता है—

(क) धात्विक (ख) आयनिक

(ग) वांडरवाल्स (घ) सहसंयोजक

939. निज जर्मेनियम में निम्न के डोपिंग द्वारा N– प्रकार का अर्धचालक बनाया जाता है—

(क) ऐल्युमिनियम (ख) सोना

(ग) फॉस्फोरस (घ) इनमें से कोई नहीं

940. जर्मेनियम में निम्न को मिलाकर P– प्रकार का अर्धचालक बनाया जाता है—

(क) धनावेश (ख) फॉस्फोरस

(ग) त्रिसंयोजी तत्त्व (घ) पंच संयोजी तत्त्व

941. जर्मेनियम क्रिस्टल को P– प्रकार के अर्धचालक बनाने में उसमें मिलाए जाने वाले पदार्थ की संयोजकता है—

(क) 6 (ख) 5

(ग) 4 (घ) 3

942. P– प्रकार का अर्धचालक (Semi conductor) प्राप्त होता है निम्नलिखित मिलाने से—

(क) शुद्ध सिलिकॉन में आर्सेनिक

(ख) शुद्ध सिलिकॉन में गैलियम

(ग) शुद्ध जर्मेनियम में एंटीमनी

(घ) शुद्ध जर्मेनियम में फॉस्फोरस

उत्तर के लिए कृपया पृष्ठ सं. 212 देखें।

943. P– प्रकार के अर्धचालक (Semi conductor) में होता है—

(क) एक इलेक्ट्रॉन का आधिक्य (ख) एक अनुपस्थित इलेक्ट्रॉन

(ग) एक अनुपस्थित परमाणु (घ) एक दाता स्तर

944. P– प्रकार के अर्धचालक में बहुसंख्यक वाहक हैं—

(क) केवल इलेक्ट्रॉन (ख) केवल प्रोटॉन

(ग) केवल होल (घ) इलेक्ट्रॉन तथा होल दोनों

945. एक ताँबे तथा दूसरा जर्मेनियम का टुकड़ा कमरे के ताप से 80 K तक ठंडा किया जाता है, तो—

(क) प्रत्येक का प्रतिरोध बढ़ता है

(ख) प्रत्येक का प्रतिरोध घटता है

(ग) ताँबे का प्रतिरोध बढ़ता है तथा जर्मेनियम का प्रतिरोध घटता है

(घ) ताँबे का घटता है तथा जर्मेनियम का बढ़ता है

946. ट्राँजिस्टर निम्न से बनाया जाता है—

(क) ताँबा (ख) सिलिकॉन

(ग) ऐल्युमिनियम (घ) कांसटेंटन

947. ट्राँजिस्टर बनाए जाते हैं—

(क) चालकों से (ख) विद्युतरोधी से

(ग) डॉपित (Doped) अर्धचालकों से (घ) उपधातु से

948. दिष्टकरण (Rectification) के लिए प्रयुक्त किया जाता है—

(क) चोक (ख) ट्रांसफॉर्मर

(ग) डायोड (घ) संधारित्र

949. N-P-N ट्राँजिस्टर, P-N-P ट्राँजिस्टर की तुलना में श्रेष्ठ होता है, क्योंकि—

(क) यह सख्त होता है

(ख) इसमें ऊर्जा ह्रास कम होता है

(ग) इसमें इलेक्ट्रॉनों का प्रवाह अधिक होता है

(घ) यह अधिक शक्ति सहन करने की क्षमता रखता है

950. सिलिकॉन एक अर्धचालक है। इसमें थोड़ा सा एल्युमिनियम मिलाने पर इसकी विद्युत्-चालकता—

(क) घट जाती है (ख) बढ़ जाती है

(ग) उतनी ही रहती है (घ) शून्य हो जाती है

उत्तर के लिए कृपया पृष्ठ सं. 212 देखें।

951. ट्राँजिस्टर को प्रवर्धक (Amplifier) की भाँति उपयोग करने के लिए—
(क) उत्सर्जक-आधार संधि अग्र अभिनत तथा आधार संग्राहक संधि उत्क्रम अभिनत होती है।
(ख) दोनों संधि अग्र अभिनत होती हैं
(ग) दोनों संधि उत्क्रम अभिनत होती हैं
(घ) इनमें से कोई नहीं

952. P– प्रकार के अर्धचालकों में धारा का प्रवाह होता है—
(क) इलेक्ट्रॉनों द्वारा
(ख) होल द्वारा
(ग) होल या इलेक्ट्रॉन किसी के भी द्वारा
(घ) इनमें से कोई नहीं

953. यदि डायोड का अग्र वोल्टेज बढ़ा दिया जाए तो अवक्षय पर्त की लंबाई—
(क) घट जाती है
(ख) बढ़ जाती है
(ग) अपरिवर्तित रहती है
(घ) लगाए गए वोल्टेज के अनुपात में बढ़ती है

954. एक अर्धचालक में इलेक्ट्रॉन सांद्रता 8×10^{13} प्रति सेमी.^{3} तथा होल सांद्रता 5×10^{12} प्रति सेमी.^{3} है। अर्धचालक है—
(क) N– प्रकार का (ख) P– प्रकार का
(ग) निज (घ) बाह्य

955. किसी संधि (Junction) डायोड में उत्क्रम अभिनत—
(क) संधि प्राचीर विभव को कम करता है
(ख) संधि प्राचीर को बढ़ाता है
(ग) अल्पसंख्यक वाहक को काफी अधिक बढ़ाता है
(घ) बहुसंख्यक वाहक को काफी बढ़ाता है

956. P-N संधि डायोड का प्रयोग नहीं किया जा सकता—
(क) दिष्टकारी की तरह
(ख) प्रकाश ऊर्जा को विद्युत् ऊर्जा में परिवर्तित करने के लिए
(ग) प्रकाश किरण प्राप्त करने के लिए
(घ) ए.सी. सिग्नल के आयाम को बढ़ाने के लिए

उत्तर के लिए कृपया पृष्ठ सं. 212 व 213 देखें।

957. N-P-N ट्राँजिस्टर का प्रयोग प्रवर्धक की तरह किया जाता है। निम्न में से कौन सा कथन सही नहीं है—

(क) इलेक्ट्रॉन आधार क्षेत्र से संग्राहक क्षेत्र में जाते हैं

(ख) इलेक्ट्रॉन उत्सर्जक क्षेत्र से आधार क्षेत्र में जाते हैं

(ग) इलेक्ट्रॉन संग्राहक क्षेत्र से आधार क्षेत्र में जाते हैं

(घ) होल आधार क्षेत्र से उत्सर्जक क्षेत्र में जाते हैं

958. जब किसी अर्धचालक की चालकता केवल सहसंयोजक बंधों के टूटने के कारण होती है तब अर्ध-चालक कहलाता है—

(क) दाता (ख) ग्राही

(ग) निज (घ) बाह्य

959. शुद्ध अर्धचालक में—

(क) 0°C पर अनंत प्रतिरोध होता है

(ख) परिमित प्रतिरोध होता है जो ताप पर निर्भर करता है

(ग) परिमित प्रतिरोध होता है जो ताप पर निर्भर नहीं करता है

(घ) परिमित प्रतिरोध होता है जो ताप बढ़ाने पर बढ़ता है

960. P– प्रकार का अर्धचालक है—

(क) आर्सेनिक अशुद्धि से डॉपित सिलिकॉन क्रिस्टल

(ख) ऐल्युमिनियम अशुद्धि से डॉपित सिलिकॉन क्रिस्टल

(ग) बोरॉन अशुद्धि से डॉपित जर्मेनियम क्रिस्टल

(घ) फॉस्फोरस अशुद्धि से डॉपित जर्मेनियम क्रिस्टल

उपर्युक्त कथनों में से निम्न सही है—

(क) कथन (1) और (2) सही हैं

(ख) कथन (1) और (4) सही हैं

(ग) कथन (2) और (3) सही हैं

(घ) कथन (4) सही है

961. जब P-N संधि डायोड अग्र अभिनत होता है, संधि में धारा प्रवाह मुख्यत: निम्न के कारण है—

(क) आवेशों की गति

(ख) आवेशों का विसरण

(ग) आवेशों की गति और विसरण दोनों के कारण

(घ) पदार्थ की प्रकृति पर निर्भर करता है

उत्तर के लिए कृपया पृष्ठ सं. 213 देखें।

962. P-N संधि डायोड में विद्युत् रोधी की तरह कार्य किया जाता है, जबकि इसे जोड़ा जाता है—

(क) A.C. से (ख) अग्र अभिनति में

(ग) उत्क्रम अभिनति में (घ) इनमें से कोई नहीं

963. दो समरूप P-N संधियाँ एक बैटरी के साथ श्रेणी क्रम में तीन प्रकार से जोड़ी जा सकती हैं। इन संधियों के बीच विभवांतर बराबर हैं—

(क) परिपथ (1) और (2) में

(ख) परिपथ (2) और (3) में

(ग) परिपथ (1) और (3) में

(घ) परिपथ (1) में

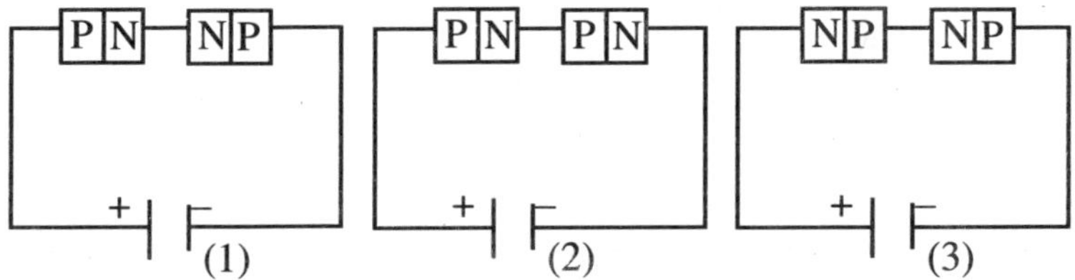

964. उभयनिष्ठ आधार परिपथ में ट्राँजिस्टर का धारा प्रवर्धन 0.98 है। उत्सर्जक धारा में 5 mA का परिवर्तन करने के लिए संग्राहक धारा में परिवर्तन करना होगा—

(क) 0.196 mA (ख) 2.45 mA

(ग) 4.9 mA (घ) 5.1 mA

965. निज अर्धचालक में ऊर्जा गैप (Energy Gap) लगभग होता है—

(क) 0.5 ev (ख) 1 ev

(ग) 5 ev (घ) 10 ev

966. पूर्ण तरंग दिष्टकारी में निवेशी सिगनल प्रत्यावर्ती है तो निर्गत सिगनल होगा—

(क) विशुद्ध D.C.

(ख) विशुद्ध A.C.

(ग) D.C. और A.C. दोनों का मिश्रण

(घ) इनमें से कोई नहीं

उत्तर के लिए कृपया पृष्ठ सं. 213 देखें।

967. ट्राँजिस्टर में संग्राहक और उत्सर्जक दोनों अग्र अभिनत हैं। इसे निम्न रूप में प्रयोग नहीं कर सकते—

(क) स्विच (ख) प्रवर्धक

(ग) दोलित्र (घ) उपर्युक्त सभी

968. P-N संधि डायोड को उत्क्रम अभिनति में जोड़ने पर उसका प्रतिरोध होता है—

(क) 0 (ख) कुछ ओम

(ग) उच्च (घ) ∞

969. अर्धचालक में विद्युत्-चालकता उसका—

(क) ताप बढ़ने के साथ घटती है

(ख) ताप बढ़ने के साथ बढ़ती है

(ग) ताप बढ़ने पर नहीं बदलती

(घ) ताप बढ़ने के साथ पहले बढ़ती है फिर घटती है

970. तीन अर्धचालकों को उनके बढ़ते हुए ऊर्जा अंतराल के क्रम में निम्न प्रकार से व्यवस्थित किया जाता है। इनमें सही व्यवस्था है—

(क) टेल्यूरियम, जर्मेनियम, सिलिकॉन

(ख) टेल्यूरियम, सिलिकॉन, जर्मेनियम

(ग) सिलिकॉन, जर्मेनियम, टेल्यूरियम

(घ) सिलिकॉन, टेल्यूरियम, जर्मेनियम

971. P-प्रकार का सिलिकॉन अर्धचालक प्राप्त करने के लिए हमें शुद्ध सिलिकॉन में मिलाना होगा—

(क) ऐल्युमिनियम (ख) फॉस्फोरस

(ग) ऑक्सीजन (घ) जर्मेनियम

972. कुचालकों में—

(क) संयोजी बैंड इलेक्ट्रॉन से आंशिक भरा है

(ख) चालन बैंड इलेक्ट्रॉन से आंशिक भरा है

(ग) चालन बैंड इलेक्ट्रॉन से भरा है और संयोजी बैंड रिक्त है

(घ) चालन बैंड रिक्त है और संयोजी बैंड इलेक्ट्रॉनों से भरा है

उत्तर के लिए कृपया पृष्ठ सं. 213 देखें।

973. P-N संधि डायोड में—

(क) उत्क्रम अभिनति की अवस्था में धारा साधारणत: बहुत कम होती है

(ख) उत्क्रम अभिनति की अवस्था में धारा कम है, किंतु अग्र अभिनति की अवस्था में धारा अभिनति वोल्टता पर निर्भर नहीं करती

(ग) उत्क्रम अभिनति की अवस्था में धारा लगाई गई अपभिनति वोल्टता पर अधिक निर्भर करती है

(घ) अग्र अभिनति की अवस्था में धारा की मात्रा उत्क्रम अभिनति की अवस्था में धारा की मात्रा से बहुत कम है

974. N- प्रारूपी अर्धचालक, Si अर्धचालक का निम्नलिखित के साथ अपमिश्रण करके बनाया जाता है—

(क) एक-संयोजक अपद्रव्य (ख) द्वि-संयोजक अपद्रव्य

(ग) त्रि-संयोजक अपद्रव्य (घ) पंच-संयोजक अपद्रव्य

975. सिलिकॉन की बैंड अंतराल ऊर्जा होती है—

(क) 0.70 eV (ख) 1.1 eV

(ग) 0.70 और 1.1 eV के बीच (घ) 5 eV

976. P-N संधि अग्र अभिनत कही जाती है—

(क) बैटरी का धन ध्रुव P- अर्धचालक से और ऋण ध्रुव N- अर्धचालक से जोड़ा जाता है

(ख) बैटरी का धन ध्रुव N- अर्धचालक से तथा ऋण ध्रुव P- अर्धचालक से जोड़ा जाता है

(ग) बैटरी का धन ध्रुव चाहे P- अर्धचालक से चाहे N- अर्धचालक से जोड़ा जाए

(घ) आगे की दिशा में एक यांत्रिक बल लगाया जाता है

977. एक अर्धचालक में होल और चालन इलेक्ट्रॉनों की संख्या n_p और n_s हैं तो—

(क) एक शुद्ध अर्धचालक में $n_p < n_s$

(ख) एक अपद्रव्यी अर्धचालक में $n_p = n_s$

(ग) एक शुद्ध अर्धचालक में $n_p = n_s$

(घ) एक शुद्ध अर्धचालक में $n_s > n_p$

उत्तर के लिए कृपया पृष्ठ सं. 213 देखें।

978. एक P- प्रकार के अर्धचालक में ग्राही स्तर संयोजकता बैंड से 57 MeV ऊपर स्थित है। एक होल उत्पन्न करने के लिए प्रकाश का आवश्यक अधिकतम तरंग-दैर्घ्य (Wave length) होगा—

(क) 57 A^0 (ख) 57×10^{-3} A^0

(ग) 217100 A^0 (घ) 11.61×10^{-33} A^0

979. एक अर्धचालक युक्ति श्रेणी क्रम में एक बैटरी और प्रतिरोध के साथ जोड़ दी जाती है। परिपथ में होकर विद्युत् धारा प्रवाहित होती है। यदि बैटरी का ध्रुव उलट दिया जाए तो धारा लगभग शून्य हो जाती है। युक्ति हो सकती है—

(क) एक P-प्रकार का अर्धचालक

(ख) एक N-प्रकार का अर्धचालक

(ग) एक P-N संधि

(घ) एक शुद्ध अर्धचालक

980. विद्युतरोधी पदार्थों के संयोजक तथा चालन बैंड का ऊर्जा अंतराल लगभग होता है—

(क) 0.1 eV (ख) 1.0 eV

(ग) 5.0 eV (घ) शून्य

981. P-प्रकार के अर्धचालक में एक होल बताता है—

(क) एक इलेक्ट्रॉन का आधिक्य

(ख) एक इलेक्ट्रॉन की अनुपस्थिति

(ग) एक अनुपस्थित परमाणु

(घ) एक दाता स्तर

982. एक P-N संधि के दोनों ओर भिन्न-भिन्न विभव लगाकर प्रत्येक विभव के लिए धारा मापी जाती है। धारा एवं विभव के बीच निम्न में से कौन सा ग्राफ मिलता है—

(क) (ख)

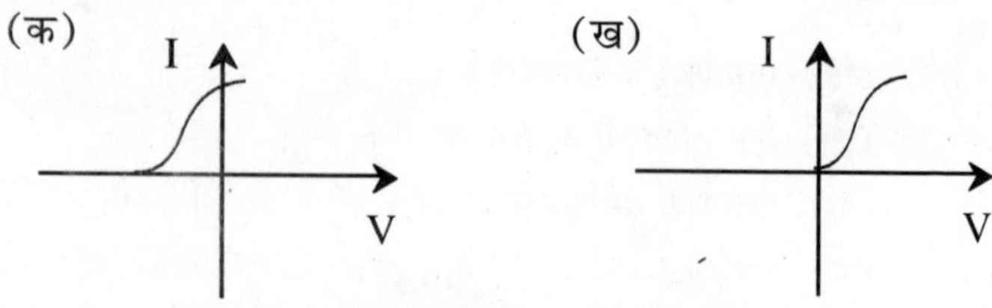

उत्तर के लिए कृपया पृष्ठ सं. 213 देखें।

(ग)

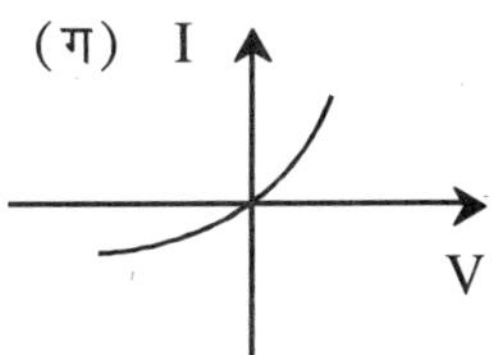

(घ)

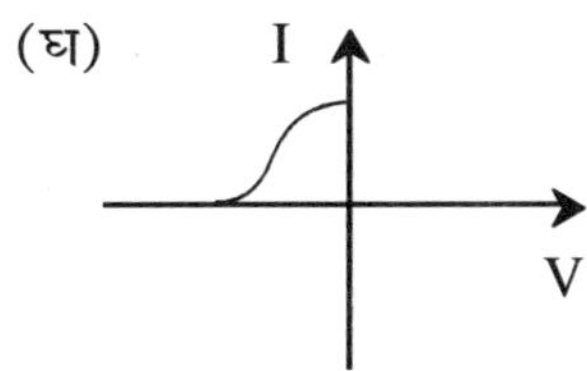

983. कौन सा कथन सही है—

(क) N- प्रकार का जर्मेनियम ऋणावेशित होता है तथा P- प्रकार का जर्मेनियम धनावेशित होता है

(ख) N- प्रकार का जर्मेनियम व P- प्रकार का जर्मेनियम दोनों ही उदासीन होते हैं

(ग) N- प्रकार का जर्मेनियम धनावेशित तथा P- प्रकार का जर्मेनियम ऋणावेशित होते हैं

(घ) N- प्रकार व P- प्रकार दोनों ही ऋणावेशित होते हैं

984. अवक्षय पर्त में होते हैं—

(क) केवल इलेक्ट्रॉन

(ख) केवल होल

(ग) इलेक्ट्रॉन और होल

(घ) इलेक्ट्रॉन व होल दोनों ही नहीं

985. अर्धचालकों को गरम करने पर उनका प्रतिरोध—

(क) बढ़ता है

(ख) घटता है

(ग) वही रहता है

(घ) पहले बढ़ता है फिर घटता है

986. P- प्रारूप का अर्धचालक बनाने के लिए शुद्ध सिलिकॉन में किस अशुद्धि के परमाणु मिलाए जाते हैं—

(क) फॉस्फोरस (ख) बोरॉन

(ग) एंटीमनी (घ) ताँबा

उत्तर के लिए कृपया पृष्ठ सं. 213 देखें।

987. यदि किसी अर्धचालक डायोड में अग्रगामी विभव को दुगुना कर दिया जाए तो अवक्षय पर्त की मोटाई—

(क) आधी हो जाएगी (ख) एक चौथाई हो जाएगी

(ग) अपरिवर्तित रहेगी (घ) दुगुनी हो जाएगी

988. सिलिकॉन एक अर्धचालक है। आर्सेनिक की थोड़ी सी मात्रा मिला देने से इसकी चालकता—

(क) बढ़ जाएगी (ख) घट जाएगी

(ग) अपरिवर्तित रहेगी (घ) शून्य हो जाएगी

989. P-N संधि के अग्र अभिनति में—

(क) N- सिरे को बैटरी के धन सिरे से जोड़ा जाता है

(ख) P-सिरे को बैटरी के धन सिरे से जोड़ा जाता है

(ग) डायोड के अंदर धारा को दिशा N-सिरे से P-सिरे की ओर होता है

(घ) P-सिरे को बैटरी के ऋण सिरे से जोड़ा जाता है

990. ''लोहे और सिलिकॉन के तारों को 30°C से 50°C तक गरम किया जाता है।'' सही कथन है—

(क) दोनों तारों का प्रतिरोध बढ़ता है

(ख) दोनों तारों का प्रतिरोध घटता है

(ग) लोहे के तार का प्रतिरोध बढ़ता तथा सिलिकॉन के तार का प्रतिरोध घटता है

(घ) लोहे के तार का प्रतिरोध घटता है तथा सिलिकॉन के तार का प्रतिरोध बढ़ता है

991. P-प्रकार का अर्धचालक बनाने के लिए शुद्ध जर्मेनियम के साथ मिलाई जाने वाली अशुद्धि होगी—

(क) फॉस्फोरस (ख) चाँदी

(ग) एंटीमनी (घ) ऐल्युमिनियम

उत्तर के लिए कृपया पृष्ठ सं. 213 व 214 देखें।

992. जर्मेनियम के ऊर्जा बैंडों में वर्जित अंतराल का मान कमरे के ताप पर लगभग होता है—

(क) 1.1eV (ख) 0.1eV

(ग) 0.67eV (घ) 6.7eV

993. P-प्रकार के अर्धचालक में बहुसंख्यक आवेश वाहक होते हैं—

(क) इलेक्ट्रॉन (ख) विवर

(ग) न्यूट्रॉन (घ) प्रोटॉन

994. P-प्रकार के अर्धचालक में बहुसंख्यक तथा अल्पसंख्यक आवेश वाहक होते हैं क्रमश:—

(क) प्रोटॉन और इलेक्ट्रॉन (ख) इलेक्ट्रॉन तथा प्रोटॉन

(ग) इलेक्ट्रॉन तथा विवर (घ) विवर तथा इलेक्ट्रॉन

995. एक अर्धचालक में इलेक्ट्रॉनों का सांद्रता घनत्व 8×10^{14} प्रति सेमी.^{3} है व होलों का 5×10^{12} प्रति सेमी.^{3} है। यह अर्धचालक है—

(क) N-प्रकार का (ख) P-प्रकार का

(ग) निज अर्धचालक (घ) P-N-P प्रकार का

996. जब अर्द्धचालक को गर्म करते हैं तो उसका प्रतिरोध—

(क) घटता है (ख) बढ़ता है

(ग) अपरिवर्तित रहता है (घ) कुछ निश्चित नहीं है

997. चालक, अर्द्धचालक और विद्युत्रोधी में वर्जित ऊर्जा बैंड क्रमशः EG_1, EG_2 और EG_3 है। इनमें संबंध होता है—

(क) $EG_1 = EG_2 = EG_3$ (ख) $EG_1 < EG_2 < EG_3$

(ग) $EG_1 > EG_2 > EG_3$ (घ) $EG_1 < EG_2 > EG_3$

998. यदि N_p तथा क्रमशः कोटरों तथा इलेक्ट्रॉनों की संख्याएँ हों, तो निज अर्द्धचालक में—

(क) $N_p > N_e$ (ख) $N_p = N_e$

(ग) $N_p < N_e$ (घ) $N_p \neq N_e$

उत्तर के लिए कृपया पृष्ठ सं. 214 देखें।

999. ताप में पर्याप्त वृद्धि करने पर किसकी चालकता बढ़ती है—

(क) चालक (ख) विद्युत्रोधी

(ग) अर्द्धचालक (घ) मिश्र धातु

1000. फॉस्फोरस के साथ अपमिश्रित अर्द्धचालक में यदि N_e और N_h क्रमशः इलेक्ट्रॉनों और होलों की संख्याएँ हैं, तो—

(क) $N_e >> N_h$ (ख) $N_e << N_h$

(ग) $N_e \leq N_h$ (घ) $N_e = N_h$

□

उत्तर के लिए कृपया पृष्ठ सं. 214 देखें।

उत्तरमाला

1. (ग) गणित
2. (घ) न्यूटन ने
3. (ख) हाइगेन ने
4. (ग) माइकल फैराडे ने
5. (ख) प्रकाश विद्युत प्रभाव के सिद्धांत की खोज
6. (क) ब्रह्मांड किरणों की बौछार से
7. (घ) चैडविक
8. (क) एच. यूकावा
9. (ख) डी-ब्रॉग्ली
10. (ग) $K_E = \frac{1}{2} mv^2$
11. (घ) चालन तथा विकिरण द्वारा
12. (क) मीटर
13. (ग) दाब और बल
14. (क) समय का
15. (ख) प्रतिबल
16. (ख) शक्ति
17. (क) 1553164.13
18. (ग) बल को
19. (घ) 9.46×10^{12} सेमी.
20. (ग) बल—$[M^0LT^{-1}]$
21. (ख) $[ML^2T^{-1}]$
22. (ग) संवेग तथा आवेग
23. (ग) सीज़ियम घड़ी के 1650763.73 आवर्त काल
24. (ख) 10^{-6} सेमी.
25. (ख) $[MLT^{-2}]$
26. (ख) क्यूरी
27. (क) मापन की पद्धति पर निर्भर करता है
28. (ग) S.I. पद्धति
29. (ग) संवेग
30. (घ) $[ML^2T^{-3}]$
31. (ख) 8 गुना
32. (ग) समय
33. (क) लंबाई तथा द्रव्यमान
34. (ग) 7×10^3 न्यूटन/मीटर
35. (ग) पोइज की $\frac{1}{9.8}$ गुनी
36. (घ) ऐम्पियर/वोल्ट
37. (ग) शक्ति
38. (क) $[M^0L^0T^2]$
39. (ख) $\frac{R}{L}$
40. (ग) ऊर्जा = कि.ग्रा. मीटर/सेकेंड

41. (ख) M^0LT
42. (क) 5%
43. (घ) इनमें से कोई नहीं
44. (ख) 5%
45. (घ) 6%
46. (क) 1.9144 मीटर
47. (क) $[ML^2T^{-2}]$
48. (ख) $[ML^2T^{-3}]$
49. (ख) भौतिक राशियों में परस्पर संबंध की प्राप्ति
50. (क) कोणीय संवेग, कार्य
51. (ग) जूल/K-मोल
52. (क) 3%
53. (ग) 2/3%
54. (क) 2%
55. (क) 3%
56. (घ) 9.3×10^{-6} मी.^{3}
57. (ग) 6%
58. (ख) आवृत्ति के
59. (क) K.E. का मात्रक न्यूटन मीटर है
60. (क) 0.5% बढ़ जाएगा
61. (क) 10 कि.ग्रा./मी.^{3}
62. (घ) उपर्युक्त में से कोई नहीं
63. (ख) न्यूटन/मीटर
64. (ख) सिर्फ वेग
65. (क) उसका वेग
66. (ख) उसके द्रव्यमान तथा वेग के गुणनफल के
67. (ग) केवल लंबी वस्तुओं में
68. (घ) इनमें से कोई नहीं
69. (ख) बाह्य अंतरिक्ष में विलीन हो जाएगा
70. (ग) उसके वेग परिवर्तन की दर के
71. (घ) इनमें से कोई नहीं
72. (ख) उसके भाई के हाथ से कुछ दूर ट्रेन के चलने की दिशा में
73. (क) न्यूटन के गति संबंधी प्रथम नियम पर
74. (घ) इनमें से कोई नहीं
75. (घ) तल की प्रकृति और अभिलंब प्रतिक्रिया पर
76. (ग) 5
77. (ग) 1
78. (ख) परिभाषानुसार एक जड़त्वीय तंत्र है
79. (ख) 2v
80. (ख) $0.7 \times 9.8 \times \;3$ N
81. (ख) हटाए गए द्रव के भार के बराबर
82. (ग) न्यूटन के गति के तृतीय नियम से
83. (ख) 1 कि.ग्रा. मीटर/सेकेंड
84. (घ) इनमें से कोई नहीं
85. (ख) धागे का BC भाग टूटेगा
86. (क) धागे का AB भाग टूटेगा
87. (क) 2:1
88. (ग)

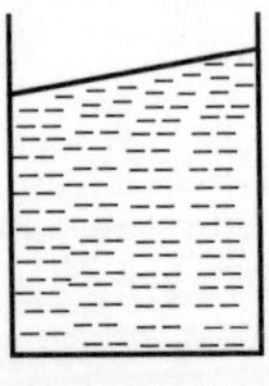

89. (क) $\sqrt{m}$ के
90. (घ) 1000 N
91. (क) $\frac{m_2T}{m_1+m_2+m_3}$
92. (ख) 10 सेकेंड
93. (ख) नीचे की ओर 4 मीटर/सेकेंड के स्थिर वेग से चल रहा है
94. (क) अगले पहिए पर पीछे की ओर तथा पिछले पहिए पर आगे की ओर कार्य करता है
95. (ग) $\frac{L}{l}F$
96. (क) 90°
97. (क) pmr
98. (क) 4.9 मी./से.^{2}
99. (ख) 0.2 कि.ग्रा.
100. (घ) शून्य
101. (क) 3
102. (घ) पहले बढ़ेगा तथा बाद में घटेगा
103. (घ) $\frac{M}{M+m}$ P
104. (ख) 0 मी./से.^{2}, 2 मी./से.^{2}
105. (ग) अभिकेंद्र बल के बराबर होता है
106. (ग) लिफ्ट नीचे की ओर आ रही है
107. (क) 10 मी./से.^{2}
108. (ग) न्यूटन के तृतीय नियम से
109. (क) $\frac{2}{3}g$
110. (ग) तृतीय नियम से
111. (ग) बल
112. (ग) 980 सेमी./से.^{2} का त्वरण
113. (ग) 980 kg
114. (ख) 100 न्यूटन
115. (ख) 100 न्यूटन
116. (घ) शून्य
117. (ग) आधी
118. (ग) 30 kg ms^{-1}
119. (ख) 2g कि.ग्रा.
120. (ख) 2 कि.ग्रा.
121. (घ) $\sqrt{g^2+a^2}$
122. (ख) 45 न्यूटन
123. (ख) 28×10^4 N
124. (क) 2×10^3 N
125. (ख) 0
126. (ख) 1250 N
127. (क) ऊर्जा
128. (क) ऊर्जा का संरक्षण
129. (ख) 1
130. (ग) संवेग परिवर्तन की दर
131. (ग) 4.8 मी./से.^{2}
132. (ख) 22 N
133. (ख) 16 मी.
134. (क) 245 मी.
135. (ग) $\frac{2}{3}g$
136. (क) $F = Mg$
137. (क) $\frac{FL}{L-x}$

138. (ग) 10 न्यूटन

139. (क) $\frac{20}{3}$ मीटर में

140. (ग) 0.04 सेकेंड

141. (ग) 26 N

142. (ख) 25 मीटर

143. (ग) 4000 न्यूटन

144. (घ) इनमें से कोई नहीं

145. (क) O

146. (क) शक्ति = $\frac{\text{कार्य}}{\text{समय}}$

147. (ख) ऊर्जा

148. (ग) स्थैतिक विद्युत ऊर्जा

149. (घ) वह कार्य नहीं करता है

150. (ख) 2 RF

151. (क) दुगुनी हो जाएगी

152. (ख) किलोवाट

153. (ग) $\frac{1}{2}mv^2$

154. (घ) 550 वाट

155. (क) $-V_1$ और $-V_2$

156. (ख) दोनों टुकड़े एक ही दिशा में चलते हैं

157. (ग) F/v^2

158. (घ) $E = m/c^2$

159. (ग) cx_1^2

160. (ख) 160 जूल

161. (ख) p^2m

162. (घ) इनमें से कोई नहीं

163. (ग) दोनों की गतिज ऊर्जा समान होगी

164. (क) 4 : 1

165. (ख) अधिक होगी

166. (ग) दोनों के लिए समान होगा

167. (ग) MgL/9

168. (ग) $\frac{E}{\sqrt{2}}$

169. (क) 48 जूल

170. (घ) $mu^2 = 4FS$

171. (क) 0.15 मी./से.

172. (ग) $t^{3/2}$

173. (घ) 40%

174. (ग) गेंद तथा पृथ्वी का कुल संवेग संरक्षित रहता है

175. (क) 8 सेमी.

176. (ग) 8 जूल

177. (क) 1 : 2

178. (ग) $2mgR$

179. (क) एक वस्तु का वेग शून्य हो फिर भी उसमें त्वरण हो सकता है

180. (ग) $\frac{2u}{1+\frac{m}{M}}$

181. (ग) 588 जूल

182. (क) $K(l_2-l_1)$

183. (ग) 0.495 जूल

184. (घ) $\sqrt{2/v}$

185. (ग) m = M

186. (क) 75%

187. (क) 0.05%

188. (ग) 5%

189. (ख) प्रत्येक कण की चाल

190. (ख) माध्य स्थिति पर अधिकतम

191. (ख) $\overrightarrow{-v}$
192. (क) केवल संवेग
193. (ख) शून्य
194. (क) $\frac{mgl}{6}$
195. (घ) इनमें से कोई नहीं
196. (ख) गतिज ऊर्जा
197. (ख) संवेग
198. (ख) A, B से अधिक दूरी तय कर सकता है
199. (क) 8 मी.से.$^{-1}$
200. (ग) चार गुनी
201. (ग) 4 मी.
202. (ख) 2v
203. (क) गतिज ऊर्जा
204. (ख) मनुष्य की शक्ति
205. (क) $\frac{1}{2}mv^2 \times \frac{1}{M+m}$
206. (ग) 3×10^6 मी.से.$^{-1}$ दाईं तरफ
207. (क) गतिज ऊर्जा
208. (ख) 4410 वाट
209. (क) $\frac{-4u}{234}$
210. (ग) 192 जूल
211. (क) स्प्रिंग को संपीडित करने पर
212. (ग) 10, 15
213. (क) $\frac{1}{2}$ गुना उसकी प्रारंभिक गतिज ऊर्जा के
214. (ख) $\frac{M}{m}\sqrt{2gh}$
215. (क) 1 : 2
216. (ख) संवेग और गतिज ऊर्जा, किंतु ताप नहीं
217. (घ) (ma –R)v
218. (घ) 3v
219. (घ) 1 : 2
220. (घ) 2 सेमी.
221. (घ) $M_1V_1 > M_2V_2$
222. (क) 2.8 जूल
223. (ख) अल्बर्ट आइंस्टीन
224. (क) प्रतिबल
225. (ख) $\frac{MgL}{\pi r^2 l}$
226. (घ) सीसे का प्रत्यास्थता गुणांक फौलाद की अपेक्षा अतुलनीय है
227. (घ) शून्य हो जाता है
228. (ग) प्लास्टिक
229. (क) यंग प्रत्यास्थता गुणांक से
230. (ख) विकृति
231. (ख) आयतन
232. (ख) स्टील का यंग मापांक अधिक है
233. (ख) बाईं ओर
234. (घ) उपर्युक्त सभी
235. (ग) लंबाई 200 सेमी. तथा व्यास 2 मिली.
236. (ख) लंबाई में वृद्धि, परिच्छेद के क्षेत्रफल के अनुक्रमानुपाती है
237. (घ) $4l$
238. (क) 10^{12} N/m^2

239. (क) $ML^{-2}T^{2}$
240. (घ) $ML^{-1}T^{-2}$
241. (घ) प्रतिबल/विकृति
242. (घ) $2\frac{S}{Y}$
243. (ग) – ½ तथा 1
244. (ग) 5×10^{-3} जूल
245. (ग) 2 : 1
246. (क) 2×10^{6} न्यूटन
247. (ख) 0.5 मिमी.
248. (ग) $\frac{10}{9}$ न्यूटन
249. (क) अलग-अलग प्रतिबल और विकृति
250. (क) 6250 जूल
251. (ख) $\frac{Yx^2A}{L}$
252. (घ) 1 : 2
253. (घ) बल
254. (ग) $\frac{1}{4}\times10^{3}$ N
255. (क) 12°
256. (ख) L = 2 मी., r = 1 मिमी.
257. (घ) $\frac{1}{rP}$
258. (ख) इसके दाब
259. (क) 6 न्यूटन
260. (क) लोड प्रतिबल की आधी
261. (ख) $YA \alpha Lt$
262. (ख) 560 N/m
263. (ग) 0.2
264. (क) Y/2 न्यूटन/मीटर^2
265. (ग) Y = 9nK (K + 3n)
266. (घ) इनमें से कोई नहीं
267. (ग) वहीं रहेगा
268. (ग) जहाज द्वारा विस्थापित पानी का भार जहाज के भार से कम है
269. (घ) 4 : 9
270. (घ) शीत लहर
271. (ख) ऊपर उठ जाएगा
272. (घ) ऊपर अथवा नीचे हो सकता है
273. (ख) 11%
274. (ख) तल में कोई परिवर्तन नहीं होगा
275. (ग) कोई परिवर्तन नहीं होगा
276. (घ) पृष्ठ तनाव
277. (ग) द्रव का उछाल
278. (घ) घर्षण बल
279. (घ) उपर्युक्त सभी
280. (ग) धूल के कण शोषित हो जाते हैं
281. (ग) अपरिवर्तित रहता है
282. (घ) अधिक कोण
283. (ख) नीचे की ओर उतरेगा
284. (क) आधी हो जाएगी
285. (क) उत्तल
286. (ग) मेनिस्कस के ऊपर दाब नीचे की अपेक्षा अधिक है
287. (ग) वायु छोटे बुलबुले से बड़े बुलबुले में जाती है, बड़े बुलबुले का आकार बढ़ता जाता है और छोटे का कम होता जाता है

288. (ख) द्रव के घनत्व से
289. (ख) क्षेत्रफल के साथ घटता है
290. (ख) कम है
291. (घ) 1.5 : 1
292. (क) 5×10^{-2} जूल
293. (घ) $3\sqrt{4W}$
294. (ख) 60 डाइन
295. (ख) ससंजक बल (Cohisive Force) अधिक होता है
296. (घ) 75.36 जूल
297. (क) नली में पारे का स्तर चढ़ता है
298. (क) $r_2 - r_1$
299. (घ) $2\pi (D^2-d^2)T$
300. (ख) पृष्ठ-तनाव
301. (ख) $(^4/_3\pi r^2 n - ^4/_3\pi R^2)S$
302. (ग) 1.25×10^{-4} जूल
303. (ख) 10^{-6} जूल
304. (क) पृष्ठ-तनाव
305. (ग) त्रिज्या के अनुक्रमानुपाती
306. (ख) A व B के आयतनों के बढ़ने के साथ C कम होना शुरू कर देगा
307. (ग) 8.95×10^{-7} जूल
308. (क) 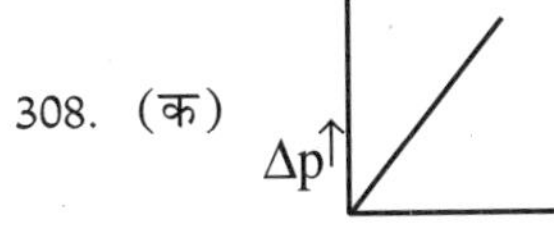

309. (क) 100 : 1
310. (क) 1.25×10^{-2} मी.
311. (ख) $\frac{3T}{RJ}$
312. (घ) 6×10^{-2} जूल
313. (ग) डाइन/सेमी.
314. (क) 1000 : 1
315. (ख) ससंजक बल आसंजक बल से अधिक है
316. (ग) 50° C
317. (क) 2.3 सेमी.
318. (क) 980 डाइन/सेमी.
319. (ख) 3.0×10^{-2} N/m
320. (ख) घटता है
321. (घ) घर्षण
322. (क) सिर्फ श्यान बल आवश्यक है
323. (घ) द्रव गाढ़ा लिया जाए
324. (ख) प्रवाह की दिशा के विपरीत स्पर्श-रेखीय
325. (क) कम होती है
326. (घ) शून्य हो जाती है
327. (क) वायु का उत्प्लावन बल
328. (क) द्रव के प्रवाह की दर से
329. (घ) नली के अनुदिश परिवर्तनशील घनत्व
330. (ख) क्षैतिज दिशा में
331. (ग) $\varphi/8$
332. (क) 16 सेमी.^{3}
333. (घ) जब जल बहता है, तो दाब की हानि होती है
334. (क) बरनौली के सिद्धांत पर
335. (ख) $\frac{m}{r}$ के
336. (ख) बूँद के आवेश पर
337. (ख) स्टोक का नियम
338. (क) $\sqrt{2gh}$

339. (ग) $4 \times 5^{1/3}$ सेमी./से.
340. (क) कम ताप
341. (क) 50 सेमी.
342. (क) 16.25 मी.
343. (घ) 2 : 1
344. (ग) 6.25 सेमी./से.
345. (क) संवेग संरक्षण
346. (ग) $\frac{H}{\sqrt{3}}$
347. (ख) 0.2
348. (ख) उच्च दाब तथा निम्न ताप पर
349. (ख) मोल/जूल–K
350. (ग) अपरिवर्तित
351. (ग) 1 लीटर गैस का
352. (क) इसमें अत्यधिक संख्या में अणु हैं
353. (ख) $2P_o$
354. (ख) $P = E$
355. (क) गैस की प्रकृति पर
356. (ग) $\frac{3}{2}KT$
357. (घ) इनमें से कोई नहीं
358. (ग) शून्य वेग से
359. (ख) अणुओं का आयतन नगण्य नहीं माना जा सकता
360. (ग) चार गुना हो जाता है
361. (क) कम हो जाती है
362. (ग) अणुभार के अनुक्रमानुपाती होता है
363. (ख) PV-अक्ष के समांतर रेखा
364. (ख) अणुओं की वर्ग–माध्य–मूल चाल दाब के अनुक्रमानुपाती होती है
365. (घ) दीवारों की ओर त्वरित हो रहे हैं
366. (क) वह पृथ्वी के निकट है
367. (घ) एक चौथाई
368. (घ) 273°C
369. (ख) 4 गुनी होगी
370. (क) 3 गुना
371. (ख) OK
372. (घ) गैस की मात्रा पर
373. (क) $\sqrt{T}$ के अनुक्रमानुपाती
374. (क) कम हो जाएगा
375. (क) 300 मीटर/सेकेंड
376. (ग) 250 घन सेमी.
377. (घ) 2 गुना हो जाती है
378. (ग) $P_2 = 2P_1, T_2 = T_1$
379. (ख) 2490 अर्ग
380. (ग) $\sqrt{3/r}$
381. (ख) −273° C
382. (क) 200K के मान का चार गुना
383. (क) 1
384. (ख) 1092°C
385. (क) 40°C
386. (क) $\frac{400}{\sqrt{3}}$ मीटर/सेकंड
387. (क) 10 लीटर
388. (घ) 300°C
389. (ख) 1.61×10^{12}
390. (ख) चार्ल्स का नियम
391. (क) $\frac{3}{2}KT$

392. (क) गैस का भार होता है

393. (ग) $\frac{1}{f}$

394. (क) –216°C

395. (ग) 2.0 atm

396. (घ) 50°C

397. (ख) $\frac{Pm}{kT}$

398. (घ) 171°C

399. (ख) एकांक आयतन में सब अणुओं की संपूर्ण गतिज ऊर्जा के

400. (क) 54°C

401. (ग) 4 : 1

402. (क) 1 : 4

403. (ख) $\frac{\sqrt{M_2}}{M_1}$

404. (ग) $\sqrt{2E_1}$ एवं (घ) $\frac{1}{\sqrt{2}}E_1$

405. (क) हीलियम के समान होगा

406. (क) उसके विशिष्ट अणुभार के अनुक्रमानुपाती

407. (ग) 4.2 जूल

408. (ग) $\frac{127}{27}$

409. (ख) दुगुनी

410. (घ) बढ़ेगा या घटेगा

411. (क) बढ़ेगा

412. (घ) उपर्युक्त में से कोई नहीं

413. (घ) 13.5°C

414. (ख) 93°C

415. (ख) $\frac{1}{2}$

416. (ख) 1 : 3

417. (क) 273°C

418. (ग) $\frac{PV}{T}$ = 4.2 जूल

419. (क) $C_s < C$

420. (ग) 21.4 K

421. (घ) D

422. (ग) संवेग

423. (ग) नाइट्रोजन

424. (ग) काल्पनिक

425. (घ) 6

426. (ग) –73 K

427. (ग) 4*mnu*

428. (घ) 11.35×10^{-21}

429. (ख) $700m^3$

430. (ख) 25°C

431. (क) 1 : 1

432. (क) $\frac{1}{P^2}$

433. (ख) चिकनी वक्राकार प्याली में लोहे की एक छोटी गोली की गति

434. (घ) $\text{Sin}^2\frac{2\pi t}{T}+\cos^2\frac{2\pi t}{T}$

435. (ख) $y = 5\sin\pi t$

436. (घ) आवर्त काल

437. (ख) केवल जड़त्व का

438. (ख) त्वरण/द्रव्यमान = एक नियतांक

439. (घ) प्रत्यानयन बल तथा साम्य

स्थिति से विस्थापन परस्पर अनुक्रमानुपाती

440. (क) समय के साथ बढ़ता है
441. (क) गतिज ऊर्जा संरक्षित रहती है
442. (घ) 1 सेकेंड
443. (ख) त्वरण विस्थापन के अनुक्रमानुपाती एवं उसी दिशा में होता है
444. (ग) गतिज ऊर्जा व स्थितिज ऊर्जा दोनों अधिकतम होती हैं
445. (क) वेग शून्य होगा
446. (क) आधा
447. (क) शून्य होता है
448. (क) दुगुनी
449. (घ) $\frac{1}{a}$
450. (ख) v^2
451. (ग) 5 सेकेंड
452. (ग) $2\pi\sqrt{\frac{A}{T}}$
453. (ग) 150 सेमी.
454. (घ) $-Ky^2$
455. (घ) $\frac{d^2y}{dt^2} = -\omega^2$
456. (क) $\frac{1}{2} m\omega^2 x^2$
457. (ख) अधिकतम
458. (ख) गुरुत्वीय त्वरण के वर्गमूल के व्युत्क्रमानुपाती होता है
459. (घ) पत्थर पृथ्वी के दूसरे सिरे पर पहुँचकर अंतरिक्ष में चला जाएगा
460. (घ) अप्रभावित रहेगा
461. (ग) $2\pi/b$
462. (क) $f/2$
463. (ग) $V \neq Vo$
464. (ख) 1:2
465. (घ) $\frac{1}{2}$ सेकेंड
466. (घ) $\sqrt{\frac{K_2}{K_1}}$
467. (ग) $a/\sqrt{3}$
468. (ख) $T = 2\pi \quad (M + m)\, x/mg$
469. (ग) गोलक के स्पर्शीय त्वरण का परिमाण $|a_t| = g \sin\theta$
470. (घ) $y = 0$ पर गतिज ऊर्जा अधिकतम है
471. (ग) $\alpha/2$
472. (घ) अनंत
473. (ग) 1:2
474. (क) $2f$
475. (ग) अधिक छोटा
476. (घ) $\frac{3\pi^2 a}{T}$
477. (ख) हमेशा स्थिर
478. (क) 7
479. (ग) $3A \cos \pi$
480. (ख) 1:2
481. (क) $\frac{a}{4}$
482. (ख) 2π

483. (ख) $\frac{T}{2}$

484. (क) $x = 0.16 \cos \pi t$

485. (क) $\frac{32}{3}$ मीटर

486. (घ) 3.14 सेकेंड

487. (घ) पहले बढ़ेगा बाद में घटेगा

488. (घ) $x = \sqrt{\frac{mv}{K}}$

489. (ग) 0.05 सेकेंड

490. (ख) $\frac{1}{3}$ मी./से.

491. (घ) 0.375 π^2 अर्ग

492. (ख) पूर्णतया रेखीय

493. (ग) 2 सेकेंड

494. (क) $\frac{K}{m}^{1/2}$

495. (घ) $y = 5 \sin \frac{2\pi}{0.5} t$

496. (ग) $\frac{2\pi}{100}$ सेकेंड

497. (घ) $F = -\frac{1}{x} - \frac{dU}{dx}$

498. (ग) $\frac{K_0}{2}$

499. (घ) $\pm \frac{A}{\sqrt{2}}$

500. (ग) $U = -\frac{1}{2} Kx^2$

501. (घ) $K_1 + K_2$

502. (क) $\frac{K_1 K_2}{K_1 + K_2}$

503. (घ) $T = 2\pi \sqrt{\frac{da}{g}}$

504. (क) 200 सेमी./से.

505. (ग) 22 सेकेंड

506. (घ) $\frac{m}{l} . 2\pi \sqrt{\frac{1}{g}}$

507. (क) mgH

508. (ख) प्रत्यानयन बल सदैव एक स्थिर बिंदु की ओर दिष्ट रहता है

509. (क) 3.14 सेकेंड

510. (ख) 5 न्यूटन

511. (ग) 90°

512. (ख) 4

513. (क) 5 कंपन सेकेंड$^{-1}$

514. (क) उत्पन्न आवृत्ति, श्रव्य आवृत्तियों से ऊपर की होती है

515. (ख) समतापीय रूप में गमन करती हैं

516. (घ) अनुप्रस्थ, प्रगामी तथा ध्रुवित

517. (क) 150 मी. से.$^{-1}$

518. (ग) $2 (f_1 - f_2)$

519. (क) आधा

520. (ख) हाइगेन का नियम

521. (ख) 327°C

522. (ग) 12 सेमी.

523. (घ) इनमें से कोई नहीं

524. (घ) व्यतिकरण

525. (क) 1
526. (क) 258 Hz
527. (क) घनत्व केवल
528. (घ) विद्युत चुंबकीय तरंगों द्वारा
529. (ख) λ/3
530. (ख) प्रगामी अनुदैर्घ्य कंपन
531. (घ) अनुप्रस्थ प्रगामी तरंगें
532. (क) केवल सम संनादी उत्पन्न होते हैं
533. (ग) वही रहेगी
534. (ख) कम होती है
535. (क) $\frac{n}{2}$
536. (क) 175 हर्ट्ज
537. (ख) 31.25 सेमी.
538. (ग) 200 Hz
539. (क) वास्तविक आवृत्ति से अधिक होगी
540. (ख) 240 Hz
541. (ख) प्रबलता पर
542. (ग) 10 : 9
543. (क) तरंग द्वारा उत्पन्न आवृत्ति पर
544. (घ) नष्ट होने वाली है
545. (घ) 252
546. (क) π/8
547. (ख) अवश्रव्य किरणें
548. (क) 1.11 f
549. (घ) 500 हर्ट्ज
550. (क) 50%
551. (घ) इनमें से कोई नहीं
552. (घ) 128
553. (ख) ऑक्सीजन
554. (क) 332 मी. से.$^{-1}$
555. (ग) 819 K
556. (ग) 4 : 1
557. (क) 2×10^8 मी. से.$^{-1}$
558. (घ) पदार्थ
559. (क) 166.6 मी. से.$^{-1}$
560. (घ) 0.2
561. (क) 332 मी. से.$^{-1}$
562. (ग) दोनों
563. (ख) संरचनात्मक या विनाशात्मक व्यतिकरण
564. (ग) हवा
565. (क) समान रहेगी
566. (ख) 4.0 सेकेंड बाद
567. (ग) 45 सेमी.
568. (घ) 680 मी. से.$^{-1}$
569. (क) प्रतिध्वनि (Echo)
570. (घ) दुगुना
571. (घ) M, m
572. (ख) घट जाएगा
573. (घ) 8 : 27
574. (ग) उत्तर दिशा में
575. (क) 4 : 1
576. (क) 425 C.G.S. मात्रक
577. (क) चुंबक की लंबाई पर
578. (ख) 1.0 सेकेंड
579. (ग) दोनों चुंबक एक-दूसरे के लंबवत् होते हैं
580. (ख) न्यूटन मीटर

581. (ख) चुंबकीय फ्लक्स
582. (घ) चुंबकीय फ्लक्स का
583. (घ) प्रतिष्टंभ
584. (घ) 2 : 1
585. (ग) वेबर
586. (घ) वेबर
587. (ग) पृथ्वी के चुंबकीय क्षेत्र के क्षैतिज घटक से
588. (ग) चित्र (iii) से
589. (ग) $i\pi r^2$
590. (क) 4 : 1
591. (क) $\frac{n}{2\sqrt{2}}$
592. (क) MH (1-Cosθ)
593. (ग) τ = niAH
594. (ख) 2M/π
595. (क) चुंबकीय आघूर्ण प्रति एकांक आयतन
596. (ग) छड़ चुंबक पर कार्य कर रहे बल और बल–आघूर्ण दोनों का
597. (क) हमेशा एक–दूसरे को काटती हैं
598. (ग) 4.18 जूल
599. (घ) कम होता है
600. (क) डिबाई
601. (ग) $\frac{\sqrt{3}}{2}W$
602. (ग) $1/d^3$ के अनुक्रमानुपाती
603. (घ) इनमें से कोई नहीं
604. (घ) 4 : 1 (लगभग)
605. (ग) $ML^2T^{-1}A^{-2}$
606. (क) कूलॉम (वोल्ट)$^{-1}$
607. (घ) 8 सेकेंड
608. (ख) ½ ev$r$
609. (ग) A.m
610. (ख) रेखाओं पर समान आवेश होते हैं अत: एक–दूसरे को प्रतिकर्षित करते हैं
611. (ग) उत्तर–पूर्व और दक्षिण–पश्चिम
612. (ख) Q, P के सर्वसम दंड चुंबक है और उसका उत्तरी ध्रुव P के उत्तरी ध्रुव पर रखा गया है
613. (क) चुंबकीय अक्ष पर
614. (क) 3:1
615. (क) T/3
616. (ख) $3\sqrt{3}$ सेकेंड
617. (क) T
618. (ग) एक चौथाई
619. (ख) H = B tanθ
620. (ग) दोनों क्षेत्र समतलीय हो
621. (क) H
622. (ख) H
623. (क) 0.3
624. (घ) 0.8 जूल
625. (ग) 5.0×10^8
626. (क) $\theta = 0°$
627. (ग) लूप R पर बलयुग्म सबसे अधिक लगेगा
628. (ग) $I^2L^2/4\pi$

629. (क) -MB
630. (ग) $\frac{\mu_0}{4\pi}\frac{2M}{r^2}$
631. (ग) MB (1-cosθ)
632. (ग) 0.25 सेकेंड
633. (घ) शून्य
634. (घ) कोई मात्रक नहीं, यह एक मात्रकहीन संख्या है
635. (क) विषुवत् रेखा पर
636. (ग) 90°
637. (घ) 75°
638. (ग) 90°
639. (ग) चुंबकीय विषुवत रेखा पर
640. (ग) 2:1
641. (घ) 1 सेकेंड
642. (क) 0°
643. (क) अनुचुंबकीय
644. (क) $x \propto T$
645. (घ) μ
646. (ख) टिन कोल के
647. (ख) अनंत
648. (ख) भौगोलिक याम्योत्तर की अवस्थिति
649. (घ) किसी भी दिशा में झुकी होगी
650. (घ) 5.0×10^{-5} वेबर/मी.^{2}
651. (क) चुंबकीय ध्रुवों पर
652. (घ) लोहे का घनत्व कम तथा धारणशीलता अधिक है
653. (घ) अचुंबकीय
654. (क) शून्य
655. (क) पैरामेग्नेटिक पदार्थ के लिए कम
656. (ख) नर्म लोहा
657. (ग) व्युत्क्रमण ताप
658. (ग) डाइमेग्नेटिक पदार्थ
659. (ग) अचुंबकीय
660. (क) चुंबकशीलता
661. (क) $\frac{eJ}{m}$
662. (क) डाइमेग्नेटिक पदार्थ
663. (घ) इनमें से कोई नहीं
664. (ग) शैथिल्य ह्रास अधिक और चुंबकशीलता कम होती है
665. (घ) इनमें से कोई नहीं
666. (घ) H का मान शून्य है
667. (ख) लौह और चुंबक के डोमेन अस्त-व्यस्त हो जाते हैं
668. (घ) चित्र (1) तथा (2) दोनों चुंबकीय बल रेखाओं को प्रदर्शित करते हैं
669. (घ) $\frac{1}{n}(I\vec{A} \cdot \vec{B})$
670. (ग) 60°
671. (घ) 6.25×10^{18}
672. (घ) धारा का
673. (ग) धनावेशों का प्रवाह
674. (क) 1154 K
675. (घ) उपर्युक्त में से कोई नहीं
676. (घ) परावैद्युत
677. (ग) R/5
678. (क) $T_1 > T_2$

679. (ख) संतुलित ह्वीटस्टोन सेतु में धारामापी और सेल का स्थान आपस में बदल देने पर सेतु का संतुलन प्रभावित हो जाता है
680. (ग) तारों की संख्या दस है
681. (क) प्लेटों के क्षेत्रफल पर
682. (घ) इनमें से कोई नहीं
683. (घ) विभवांतर पर
684. (घ) B और C
685. (ख) वही रहेगी
686. (ख) 5 Ω
687. (क) 1 : 1
688. (ख) संतुलन लंबाई दो गुनी हो जाएगी
689. (क) 0.02
690. (क) प्राथमिक परिपथ में लगे संचायक सेल तथा द्वितीयक परिपथ में लगे प्रायोगिक सेल के विभवांतर बल के बराबर हो जाते हैं
691. (क) बढ़ जाएगी
692. (ग) विभवमापी के तार में
693. (ग) विभवमापी कम कीमत का होता है
694. (ख) ताप बढ़ने के साथ बढ़ता है
695. (ख) उनका विभव समान है
696. (क) ताँबे का तार
697. (ख) 10^4
698. (क) $V_d \propto E$
699. (ग) 10 ऐम्पियर
700. (क) ताप के बढ़ने पर बढ़ता है
701. (ख) $\frac{3}{\sqrt{p}}$
702. (ख) वह रोना शुरू कर देता है
703. (ख) अनुप्रस्थ परिच्छेद के साथ परिवर्तित होती है
704. (ख) दो गुना
705. (घ) उतना ही रहेगा
706. (ख) दो गुना हो जाएगा
707. (ग) 1.0 ओम
708. (ख) 1.6×10^{-5} मी./से.
709. (क) 0.3 मिमी./सेकेंड
710. (ग) $r_1 < R > r_2$
711. (ग) 6 ओम
712. (घ) इनमें से कोई नहीं
713. (क) 2E
714. (क) दोनों में धारा समान है
715. (क) 1.4 ऐम्पियर
716. (ख) 14Ω
717. (घ) 2A, 2A
718. (ख) आवेश और ऊर्जा का
719. (ग) 1.95 V
720. (क) दूसरे तार के प्रतिरोध का दुगुना
721. (क) 5Ω
722. (ख) 0.06Ω
723. (ग) 0.1611 A
724. (क) 0.5
725. (ग) अपरिवर्तित रहेगा

726. (घ) R/3
727. (ग) ताप-विद्युत्-प्रभाव के कारण त्रुटि
728. (ग) सिर्फ ऋणात्मक आवेश है
729. (ग) 90 वोल्ट
730. (क) 4×10^{-1} वोल्ट
731. (घ) -3A
732. (ग) L/2 और 2 A
733. (क) भुजा ABC में धारा की आधी
734. (ख) प्रतिरोध को दी गई शक्ति उच्चतम है जब $R = r$
735. (ख) 0.2%
736. (घ) 15Ω
737. (ख) 1.0Ω
738. (घ) 40Ω
739. (ख) अर्धचालकों का
740. (क) मुक्त इलेक्ट्रॉन लगातार त्वरित होंगे चालक के कम विभव की छोर से अधिक विभव के छोर की ओर
741. (घ) उसके पदार्थ पर
742. (ख) R/n
743. (ख) $1-\sqrt{3}$
744. (घ) $i_1 - i_2 + i_3$
745. (ग) श्रेणी में 17Ω लगाकर
746. (क) 10^{-2} वोल्ट/मीटर
747. (ख) विद्युत्क्षेत्र में होल का विस्थापन इलेक्ट्रॉन के विपरीत दिशा में होता है
748. (ग) 15 V
749. (क) 2
750. (ख) 2.0 A
751. (ग) 2V
752. (क) α/β
753. (क) 20Ω
754. (घ) 1.33 V
755. (क) 2 I
756. (घ) इनमें से कोई नहीं
757. (ग) हमारी ओर होगा
758. (ग) छड़ चुंबक के बेलनाकार तल होते हैं
759. (घ) B/Il
760. (क) पूर्व की ओर
761. (ग) ओर्स्टेड
762. (क) ऊर्ध्वाधर ऊपर की ओर
763. (क) उत्तर की ओर
764. (ख) विद्युत् क्षेत्र
765. (घ) इनमें से कोई नहीं
766. (क) प्रोटॉन की गति पर चुंबकीय क्षेत्र का प्रभाव नहीं होगा
767. (घ) इनमें से कोई नहीं
768. (घ) इनमें से कोई नहीं
769. (क) 2 न्यूटन
770. (क) शून्य
771. (ख) $2\pi IRB$
772. (ख) उसके वेग की विपरीत दिशा में है
773. (ग) कागज के तल के लंबवत् ऊपर की ओर
774. (घ) श्रेणी क्रम में उच्च मान का प्रतिरोध

775. (ग) श्रेणी क्रम में कम मान का प्रतिरोध
776. (घ) अमीटर और वोल्टमीटर दोनों को समांतर क्रम में जोड़ते हैं
777. (ख) A > V > G
778. (ख) धारा के रासायनिक प्रभाव पर
779. (ख) चुंबकीय क्षेत्र का मान प्रबल हो जाए
780. (ख) कुंडली के तल के लंबवत्
781. (घ) चौगुना
782. (घ) कुंडली को ऐल्युमिनियम फ्रेम पर लपेटते हैं
783. (ख) 99.8 ओम का प्रतिरोध समांतर क्रम में
784. (क) 500 ओम
785. (ग) 11 गुनी
786. (ग) विभवांतर
787. (घ) दोनों क्रम में आकर्षण बल
788. (घ) 10
789. (घ) 19999 ओम
790. (ख) केवल चाल
791. (ख) X-अक्ष के अनुदिश q^2B के अनुक्रमानुपाती होता है
792. (ख) वृत्तीय
793. (ग) 15 और 5 ऐम्पियर
794. (ग) तार के समीप आएगा
795. (ग) कागज के तल के लंबवत् नीचे की ओर
796. (क) $\vec{F} = q(\vec{E} + \vec{V} \times \vec{B})$
797. (क) हर समय आवेशित कण पर बल लगाता है
798. (ग) 4×10^{-3} न्यूटन
799. (ग) $|\vec{B}| = \frac{4\pi}{\mu 0} \cdot \frac{2I}{r}$
800. (घ) परिपथ में वोल्टमीटर समांतर क्रम में जोड़ा जाता है
801. (ग) 24×10^{-12} न्यूटन
802. (क) 4 : 3
803. (ख) $R_d = R_p / \sqrt{2}$
804. (ग) $b_o/8\pi$
805. (क) 5000
806. (ख) 12.6×10^{-3} वेबर/मी.^{2}, 25.1×10^{-3} वेबर/मी.^{2}
807. (ग) $nIAB \sin\theta$
808. (ख) $b_o I^2/r^2$
809. (ग) 1.28×10^{-13} न्यूटन, 1.1×10^{-3} मीटर
810. (क) श्रेणी क्रम में 10 ओम
811. (ग) 500 A
812. (ग) 4×10^{-5} न्यूटन
813. (ग) 2.0A
814. (क) जिस फ्रेम पर कुंडली लिपटी होती है उस चालक फ्रेम में भँवर-धाराएँ उत्पन्न हो जाती हैं
815. (क) शून्य
816. (ग) B/2
817. (ख) $\frac{\mu_0 I}{4\pi R}$

818. (ख) वह चुंबकीय क्षेत्र की विपरीत दिशा में गतिशील होगा
819. (क) AB
820. (घ) इनकी कक्षीय त्रिज्या समान होगी
821. (क) उत्तर की ओर
822. (ग) चुबंकीय क्षेत्र, कुंडली के तल से 45° पर है
823. (क) जहाँ भी स्वतंत्र छोड़ा जाए
824. (क) 5.4×10^{-2} वेबर/मी.^{2}
825. (घ) 500.5 ओम
826. (क) कुंडली में फेरों की संख्या
827. (क) 0.01A
828. (ग) $I \propto \theta^2$
829. (क) इलेक्ट्रॉन की चाल बढ़ेगी
830. (क) अमीटर की तरह
831. (ख) 15° से घट जाएगा
832. (ग) धारा
833. (ख) 1.4×10^{-4} N बाईं ओर
834. (घ) $Bm/2\pi q$
835. (ग) 3.67 मीटर
836. (ख) 0.32 Nm, भुजा AD को पृष्ठ के अंदर घुमाता हुआ
837. (ग) 0.25 V जब कुंडली का तल चुंबकीय याम्योत्तर के लंबवत् हो
838. (क) 10 V
839. (घ) 1.04×10^{-3} ऐम्पियर होगा
840. (घ) 90°
841. (ख) $K\frac{2\lambda_1\lambda_2}{R}$
842. (ख) तार से दूरी के व्युत्क्रमानुपाती होता है
843. (ख) $\frac{b_0 i}{2r}$
844. (ग) $\frac{b_0}{4\pi}$ NLI
845. (ग) दोलन गति करती है
846. (क) V और B एक ही दिशा में हों
847. (क) M/A
848. (क) शून्य
849. (ख) G/49
850. (क) $\sqrt{7}$ R
851. (ख) 5×10^5 मी./से.^{2}
852. (क) 5×10^{-11} N, $\hat{i}$ की दिशा में
853. (क) 1.5 N
854. (ग) 2mv/qB
855. (ख) $5\times10^{-4}\Omega$ का समांतर क्रम में
856. (ग) 5×10^{-7} प्रति ऐम्पियर
857. (घ) 10 Nm
858. (ग) 0.08 T
859. (घ) $\frac{\mu_0 I}{6R}$
860. (ग) 60°
861. (क) वोल्ट
862. (घ) आवेश का
863. (ग) प्रतिरोध अधिक तथा गलनांक कम होता है
864. (ग) इसकी त्रिज्या

865. (ख) $R_2=2R_1$
866. (घ) उपर्युक्त सभी के द्वारा
867. (घ) पारे में
868. (ग) 20 कैलोरी
869. (ग) $\frac{i^2R}{4.2t}$ कैलोरी
870. (ग) R
871. (ख) आयतन की दृष्टि से 1:1
872. (ख) ताप-युग्म
873. (घ) पारा
874. (ख) अधिकतम होता है
875. (घ) अधिकतम ताप
876. (ख) 180°C
877. (ख) 270°C
878. (क) Bi से Sb की ओर धारा की दिशा में स्थित जोड़ गरम हो जाता है
879. (क) बढ़ जाएगा
880. (ग) दोनों जोड़ों पर ताँबे से लोहे की ओर
881. (घ) 242 ओम
882. (क) श्रेणी क्रम में 40 वाट और समांतर क्रम में 100 वाट
883. (घ) केवल लंबाई दो गुनी कर दी जाए
884. (क) 100 वाट का
885. (क) 100 वाट वाले बल्ब का तंतु मोटा है
886. (घ) 300 वाट
887. (घ) 1:4
888. (क) 1:2
889. (क) 1:2
890. (ग) 15 ऐम्पियर फ्यूज
891. (घ) 6 कैलोरी/सेकेंड
892. (घ) 25 मिनट
893. (घ) 150
894. (ख) पदार्थ के विद्युत् रासायनिक तुल्यांक
895. (ख) 3×10^{11}
896. (क) 500 कूलॉम
897. (ग) 6.6×10^{26}
898. (क) 16×10^{-19} कूलॉम
899. (घ) Cu के परमाणु भार के आधे और Ag के परमाणु भार के आधे के अनुपात में
900. (क) 96500
901. (ख) ½ वोल्ट
902. (क) $R < r$
903. (ग) 560°C
904. (घ) 209°C
905. (ग) ठंडे जंक्शन पर Bi से Sb की ओर
906. (घ) जूल प्रभाव अनुत्क्रमणीय और पेल्टियर प्रभाव अनुत्क्रमणीय हैं
907. (घ) 0.14Ω
908. (क) 3.387×10^{-4} ग्राम/कूलॉम
909. (ग) घट जाएगा
910. (घ) 40 वाट बल्ब का प्रतिरोध कम और 60

वाट बल्ब का प्रतिरोध अधिक होता है

911. (घ) $F = N^2e$

912. (क) $\frac{5}{2}, \frac{2}{5}$

913. (घ) 120 कैलोरी

914. (ग) 6.03×10^{27} जूल

915. (क) 15 मिनट

916. (ख) kT_ρ

917. (ख) 1.5×10^{20}

918. (घ) 2 वाट

919. (ग) 1:4

920. (क) 260°C

921. (ख) 60 W

922. (ख) 0.227 ग्राम

923. (ख) P, N–प्रारूपी अर्धचालक और Q, P –प्रारूपी अर्धचालक है

924. (क) 3600 कूलॉम

925. (ख) 14.4×10^5 जूल

926. (घ) चार गुना हो जाएगा

927. (घ) 1/4

928. (ख) 3.4 मिलीग्राम

929. (घ) $\sqrt{R_1 - R_2}$

930. (घ) 1/संधि के परम ताप के वर्ग के

931. (ग) 10 वाट

932. (ख) कैथोड के स्थान पर

933. (ख) 96500 ऐम्पियर की

934. (क) सीबेक प्रभाव

935. (ख) $\frac{5}{11}\Omega$

936. (घ) 7.5 मिनट

937. (क) $\frac{ZIt}{m}$ = स्थिरांक

938. (ख) आयनिक

939. (ग) फॉस्फोरस

940. (घ) पंच संयोजी तत्त्व

941. (ग) 4

942. (क) शुद्ध सिलिकॉन में आर्सेनिक

943. (ग) एक अनुपस्थित परमाणु

944. (क) केवल इलेक्ट्रॉन

945. (ग) ताँबे का प्रतिरोध बढ़ता है तथा जर्मेनियम का प्रतिरोध घटता है

946. (ख) सिलिकॉन

947. (क) चालकों से

948. (ख) ट्रांसफॉर्मर

949. (ग) इसमें इलेक्ट्रॉनों का प्रवाह अधिक होता है

950. (घ) शून्य हो जाती है

951. (ख) दोनों संधि अग्र अभिनत होती हैं

952. (ग) होल या इलेक्ट्रॉन किसी के भी द्वारा

953. (घ) लगाए गए वोल्टेज के अनुपात में बढ़ती है

954. (घ) बाह्य

955. (घ) बहुसंख्यक वाहक को काफी बढ़ाता है

956. (ख) प्रकाश ऊर्जा को विद्युत् ऊर्जा में परिवर्तित करने के लिए
957. (घ) होल आधार क्षेत्र से उत्सर्जक क्षेत्र में जाते हैं
958. (ख) ग्राही
959. (ख) परिमित प्रतिरोध होता है जो ताप पर निर्भर करता है
960. (ख) कथन (1) और (4) सही है
961. (ख) आवेशों का विसरण
962. (ग) उत्क्रम अभिनति में
963. (क) परिपथ (1) और (2) में
964. (क) 0.196 mA
965. (क) 0.5 ev
966. (ग) D.C. और A.C. दोनों का मिश्रण
967. (क) स्विच
968. (ग) उच्च
969. (ख) ताप बढ़ने के साथ बढ़ती है
970. (ख) टेल्यूरियम, सिलिकॉन, जर्मेनियम
971. (घ) जर्मेनियम
972. (घ) चालन बैंड रिक्त है और संयोजी बैंड इलेक्ट्रॉनों से भरा है
973. (ग) उत्क्रम अभिनति की अवस्था में धारा लगाई गई अपभिनति वोल्टता पर अधिक निर्भर करती है
974. (घ) पंच-संयोजक अपद्रव्य
975. (घ) 5 eV
976. (क) बैटरी का धन ध्रुव P- अर्धचालक से और ऋण ध्रुव N- अर्धचालक से जोड़ा जाता है
977. (घ) एक शुद्ध अर्धचालक में $n_s > n_p$
978. (घ) 11.61×10^{-33} A^0
979. (ग) एक P-N संधि
980. (घ) शून्य
981. (ग) एक अनुपस्थित परमाणु
982. (घ)

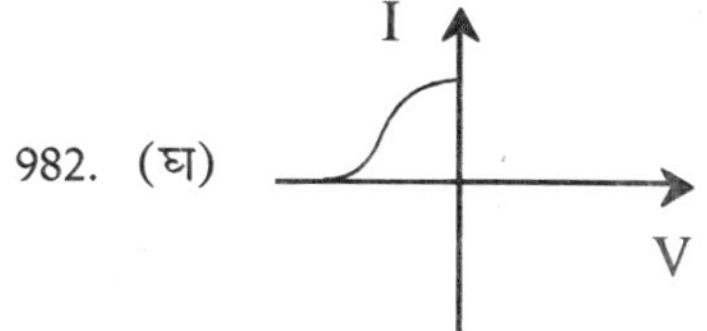

983. (ग) N- प्रकार का जर्मेनियम धनावेशित तथा P- प्रकार का जर्मेनियम ऋणावेशित होते हैं
984. (ग) इलेक्ट्रॉन और होल
985. (क) बढ़ता है
986. (घ) ताँबा
987. (ग) अपरिवर्तित रहेगी
988. (ख) घट जाएगी
989. (घ) P-सिरे को बैटरी के ऋण सिरे से जोड़ा जाता है

990. (ख) दोनों तारों का प्रतिरोध घटता है

991. (ख) चाँदी

992. (क) 1.1eV

993. (ख) विवर

994. (क) प्रोटॉन और इलेक्ट्रॉन

995. (क) N-प्रकार का

996. (क) घटता है

997. (ख) $EG_1 < EG_2 < EG_3$

998. (ख) $N_p = N_e$

999. (ग) अर्द्धचालक

1000. (क) $N_e >> N_h$

□□□